老子今解

陳高傭　著

商務印書館
The Commercial Press
创于1897

2020年·北京

圖書在版編目（CIP）數據

老子今解 / 陳高傭著. — 北京：商務印書館，
2016（2020.2重印）
ISBN 978 - 7 - 100 - 12262 - 7

Ⅰ. ①老… Ⅱ. ①陳… Ⅲ. ①道家②《道德經》—研究
Ⅳ. ①B223.15

中國版本圖書館CIP數據核字 (2016) 第117399號

老子今解

陳高傭 著

商 務 印 書 館 出 版
（北京王府井大街36號　郵政編碼 100710）
商 務 印 書 館 發 行
三 河 市 尚 藝 印 裝 有 限 公 司 印 刷
ISBN 978 - 7 - 100 - 12262 - 7

2016 年 6 月第 1 版　　開本 880×1230　1/32
2020 年 2 月第 2 次印刷　印張 10 3/4
定價：46.00 元

本書承蒙陝西師範大學重點學科基金
陝西師範大學優秀學術著作出版基金資助出版

張豈之序

　　已故著名歷史學者陳高傭先生（1902—1976）的學術文集將要出版了，這是學術界的一件幸事。

　　陳高傭先生與我的老師侯外廬先生是摯友，在當年白色恐怖的環境中，陳先生長期掩護侯外廬等進步文化學術工作者。新中國建立後，1951 年，陳先生應時任西北大學校長侯外廬先生的邀請，赴西安西北大學任教，當時在教育系。兩位先生有機會就中國思想文化史等學術問題交換意見。1952 年，西北大學教育系并入陝西師範大學，陳先生隨之到了該校，後擔任歷史系教授。但是，他與侯外廬先生還經常見面，探討學術問題。有幾次，我陪外廬先生去陝西師範大學看望陳先生，至今還有清晰的記憶。

　　陳先生閱歷豐富，治學謹嚴，在歷史學與中國文化典籍的研究上作出了重要貢獻。早在解放前，陳先生先後在商務印書館出版了《中國歷代天災人禍表》（十冊）、《論理學》、《名理通論》、《邏輯學概論》等著作，曾得到周谷城、鄭振鐸、周予同等先生的鼓勵和支持。由於歷史的原因，陳先生晚境淒涼，但是在艱難的條件下，他振奮精神，日夜伏案寫作，完成了《墨辯今解》、《老子今解》、《論語譯注批》、《鄧析子今解》、《鄧析子譯注》、《晏子春秋今解》、《鹽鐵論評注》等約百萬字的著作，爲我國史學研究留下了一筆寶貴的文化遺産。這些遺稿多數塵封已久，陳先生子女和陝西師範大學一直在共同努力，逐步整理核對，争取早日出版，以饗學界。

陳先生晚年主要選取先秦諸子及秦漢典籍加以研究，是獨具學術慧眼的。因爲我國古代學術有一種“和而不同”的學術傳統，在先秦諸子著作和漢代某些典籍（如《鹽鐵論》等）中表現得尤爲典型。這些典籍所承載的中華文化和民族精神，主要是圍繞着天道與人道相互關係而展開的。孔子開創了儒家學派，他在道德倫理思想上有巨大貢獻，提出并仔細論證了一個新觀念——“仁”（仁愛），并以此爲基礎建立了長期影響中國歷史文化的價值觀。老子是道家學派的創始者，他關於“天道”與“人道”的論述，展示出中國古代辯證思維的豐富内容，其中充滿智慧和洞察力，對中華民族的理論思維産生過重大影響。在我國，文化的價值觀念，形成多種理論體系，是在春秋（前770年至前476年）、戰國（前475年至前221年）五百多年裏。其觀點之繁富，辯論之激烈，反映出當時思想活躍的狀況。學派約有十家，“各引一端，崇其所善，以此馳説，取捨諸侯。其言雖殊，辟（譬）猶水火，相滅亦相生也”（《漢書·藝文志》）。百家争鳴，相反相成，唯其如此，纔有博大精深的中華文化。這是“百家之學”，并非一家獨鳴，其學術精神在今天依然具有現實意義。

陳高傭先生在研究古代文化典籍時注意到這種思想融合的特徵。例如《鄧析子譯注》，他在注釋、今譯的基礎上所做的扼要評論，就揭示了今本《鄧析子》雜糅儒家、道家、法家與名家的理論特色，"人君要用法治主義，不能用人治主義，能用法治就能無爲而無不爲。但描寫無爲而無不爲的情況，太神秘了，近於文字游戲。最後講名實的關係與所謂形名的相合與相成，是名家的主要理論"。陳先生從文本自身出發，認爲今本《鄧析子》中多談黄老之道，絕不是春秋晚年鄧析本人所著，但是含有鄧析的思想，這是很有見地的。關於先秦至秦漢間思想的融合，陳先生認爲："循名責實，原爲名法兩家的主張，韓非以後，黄老名法混爲一體了。漢朝初年，蕭何、曹參的作風，文帝、景帝的政治就是以黄老名法的思想爲基礎的。"這種論斷也是切合歷史實際的。

此外，陳先生遺稿所採取的形式值得仔細體味。譯注或今譯類著作，并不簡單和通俗、平庸相等。在中國思想文化史研究中，有不少以譯注形式流傳的著作，至今依然具有重要的學術價值，如楊伯峻先生的《論語譯注》、《孟子譯注》等。陳先生遺稿中除過一些專題論文，如《荀子論性》、《荀况的政治思想》、《荀子論禮》、《荀况論樂》等，大多採用譯注、評注、今解的形式，但是與某些譯注類作品不同的是，這些著作中都有精要的校勘和注解，即使今譯的文字，也要言不繁，典雅流暢，耐人尋味。作者對版本有深厚的功底和修養，作品一般都列舉有歷代的部分研究資料，代表性的版本，如《鄧析子》就列舉了明嘉靖本、子彙本、指海本、四部叢刊本、涵芬樓影印本、四部備要本等，《公孫龍子今解》也運用了子彙本、傅山本、宋山閣本、經史本等。解《老子》雖然没有遇上帛書本與楚簡本發現和公佈的良機，缺乏簡帛本的地下新史料，但也盡可能地搜集了王弼本、河上本、吳澄本、傅奕本、魏源本等，參核各種版本，吸納已有研究成果，對《老子》一書的内容進行章句校勘及訓釋。這些版本也方便讀者使用和參考。此外還有一些抄録劄記，如《老子音韻》等，也可作爲讀者研讀時的參考。其他如《墨辯今解》、《晏子春秋今解》、《尹文子今解》等都是在校勘和訓詁的基礎上，加以闡釋和評論。這種方法既可以避免游談無根的弊端，又能彰顯典籍的時代性和生命力。今譯也極通俗明暢，如"目貴明，耳貴聰，心貴公。以天下之目視，則無不見。以天下之耳聽，則無不聞。以天下之知慮，則無不知。得此三術，則存於不爲也"（《鄧析子·轉辭》），譯爲"眼睛要能看明，耳朵要能聽清，心思要能公正。用天下衆人的眼睛看，就沒有看不見的。用天下衆人的耳朵聽，就沒有聽不清的。用天下衆人的心思想，就沒有不知道的。人要得到這三個方術，則在於無爲"，簡明扼要，符合原意。總的來説，此類作品具有學術研究和文化普及的雙重意義，這也是陳先生文稿承載方式的優長吧。

中國優秀傳統文化的普及工作，早已受到學人們的關注。在學術研究基礎上的普及，已經出版了一些讀物，但是爲數還不能算很多，這個園地也需要更加具有扎實學術基礎的繁榮和推廣。

我自己也有這樣的體會，寫高質量的普及讀物并不容易，要下很大的功夫，力求做到忠實於原著，恰如其分地加以説明、解釋，并且將其中的精神加以提煉，使今人有所理解，從中得到一定的啓示和精神享受。從而使中華文化的傳統性和時代性、民族性和現代性更好地結合起來。在準確地理解和把握我國古代人文經典精神實質的基礎上，弘揚民族優秀文化傳統，這是我們建設和諧文化、鞏固和諧的思想道德基礎中的一項重要工作。陳高傭先生的研究成果爲我們提供了把握中國文化經典的又一橋梁，無疑在今天繼承民族精神和優秀傳統文化、實現民族振興的事業中具有重要的意義。

當然，這些遺稿完成於特定的歷史時代，免不了或多或少打有歷史的某些烙印。從事思想文化史研究，不可能脫離研究對象的歷史背景，也不可能完全脫離研究者所處的社會現實，這在一定程度上反映了人文學科的研究規律。所以，對待前人的著作，不能過分採用苛責的方法，以免一葉障目。

陳先生文稿經陝西師範大學歷史文化學院臧振教授仔細整理，并查對原文，加以校正，又有商務印書館的支持，纔得以公開出版。臧振教授寫有《整理例言》和《整理後記》，對陳高傭先生文稿做了仔細的質量評估，因此，我的序言就不必在這方面多用筆墨了。

陳先生的女兒就陳先生遺稿的整理出版，多次徵求我的意見，并誠懇地約請我寫序言。我將自己的一些感受寫下來，供讀者朋友們在閱讀先生文稿時參考。

是爲序。

張豈之

2008 年 2 月 12 日

整理例言

一、陝西師範大學歷史系教授陳高傭先生（1902—1976）留下手稿一百餘萬字，其主要内容是對於先秦諸子的解讀評説。著述寫作時間大體分爲兩段，即二十世紀六十年代和七十年代。1962 年 7 月到 1966 年 "文革" 開始，基本完成了《老子今解》（約 15 萬字）、《墨辯今解》（約 23 萬字）、《公孫龍子今解》（約 5 萬字）、《尹文子今解》（約 4 萬字）、《鄧析子今解》（約 3 萬字）。1962 年 1 月開始的《學晏劄記》，不久更名爲《晏子春秋今譯》，到當年 7 月中止（改讀《老子》）。1967 年 5 月，重新開始研讀《晏子春秋》，再更名爲《晏子春秋譯解評》，斷續寫作至 11 月份接近完成（共約 17 萬字）。七十年代則主要是 1975 年 5 月完成的《論語譯注評》（約 15 萬字）和 1976 年 6 月接近完成的《鹽鐵論評注》（約 17 萬字）。此外還有關於《莊子》、《荀子》、佛學和邏輯學的一些劄記片段。本次擬先行出版 "文革" 前完成的五部《今解》，即老子、鄧析子、尹文子、公孫龍子和墨辯的《今解》，而以 "先秦哲學卷" 概括之。其排列順序參考王啓湘《周秦名家三子校詮》（古籍出版社 1957 年版），以學術界大體認可的成書先後爲序。

　　二、陳高傭先生從大學二年級開始沉浸于科學的思維方式的探求，這種探求可謂伴其終身。1925 年完成的《名理通論》（1930年開明書店出版），論述邏輯學與哲學方法。1938 年出版的《論理學》，由商務印書館特約撰寫，是當時教育部頒佈的師範院校邏輯學教科書。此外，在抗日戰爭開始前四五年間，陳高傭先生在各種雜志上發表論文多篇，1937 年 6 月由商務印書館彙集出版，署題爲《中國文化問題研究》。該書由社會民生問題而及文化問題，由文化而及思想方法，涉及到當時學術界有關 "邏輯與辯證法" 的論争。陳高傭先生認爲，辯證法與邏輯 "在作用上是相互爲用的"，"若就運動過程的某一階段而研究認識，我們勢不得不就這一階段各種事實加以演繹及歸納，分析與綜合，統計與比較……然後纔能確實明瞭。根本不瞭解辯證法固然不能明瞭一切的運動與發展；不運用邏輯方法，亦難得系統知識"。（見《民國叢書》第四編 39，上海書店1992 年版，第 149—150 頁）由此可知，陳先生肯定邏輯學是哲學的組成部分。先秦時期的中國不僅有涉及本體論、認識論的著述如老子《道德經》，也有涉及邏輯學的《鄧析子》、《尹文子》、《公孫龍子》，以及《墨子》中的《經上、下》、《經説上、下》、《大取》、《小取》（合稱《墨辯》）。《漢書·藝文志》將鄧析、尹文、公孫龍三子歸入 "名家" 學派。名家之學即 "名學"，近人用西哲音譯爲 "邏輯學"。至於《墨辯》，出於墨家後學，在與名家的論辯中深入到古代形式邏輯諸多範疇，成爲先秦邏輯學之明珠。

　　三、手稿書寫於二十世紀六七十年代，原件文字爲二十世紀三四十年代學者所習用之字體，行書、草書隨手混用，繁體和未規範簡體字交錯出現。因本卷研究對象爲先秦古籍，我們將手稿文字全部統一爲繁體。由簡體返回繁體是一件複雜細緻的工作，目前網絡軟件尚不能避免差錯，我們祇能一字一句審讀。儘管我們力爭無誤，難免可能仍有遺漏，在此謹向讀者致歉。

四、陳先生當年工作條件十分艱難，因此手稿原文多處留白，意在得便時查證補充。對於這些空白，有的地方爲便於讀者閱讀而内容確切者（大多爲引文出處），我們徑替先生做了補充，放在黑方括弧【　】内以示區别；而大多數仍存留白原樣（或加【　】標明），我們不敢貿然徑補，以示尊重作者，亦尊重讀者。此外，在整理過程中，爲便於讀者閱讀，我們還加了一些必要的按語、解説詞，都放在【　】中，以便與原稿文字相區别。

五、原稿中作者已明確決定删去（劃框又劃叉）的内容，一律不録。原稿中欲删未删（劃框未劃叉）的内容，與原稿一樣，用方框標示。例如：

"鷄三足"説本是詭辯，各家解説更成爲詭辯（的詭辯）。
不過是他們自己的詭辯，非公孫龍的詭辯。

作者行文之外在字裏行間所加的内容，用單括號［　］標示。例如：

武王死，成王立，年幼，周公攝政，管叔、蔡叔等和殷人散佈流言説周公别有用心，將來一定對成王不利。他們因此發生叛亂。周公東征平叛，把管叔、蔡叔殺死。［此段查《史記》重寫。］

又如：

［各書徵引字句稍有出入，而於大義無關者，祇將引句舉

出作爲考異。]

作者眉批或加于邊欄空白處，可以看出是其後補充的內容，用 { }
或 {{ }} 標示。例如：

> {毛主席説：“在階級存在的條件之下，有多少階級就有
> 多少主義，甚至一個階級的各集團中還各有各的主義。”（《新
> 民主主義論》,《毛澤東選集》第二卷，人民出版社 1966 年版，
> 第 648 頁）}

又如：

> {{侯外廬等云：“‘知’的要素是以客觀作標準，客觀即此
> 派所講的‘平’字，故説‘平，知無欲惡也。’”（《中國思想通
> 史》第一卷，人民出版社 1957 年版，第 490 頁）}}

六、老子《道德經》，三國魏王弼注本爲八十一章，歷代學
者依據自己研究多有更動。少者如元吳澄撰《道德真經注》四卷，
并爲六十八章。陳高傭先生《老子今解》定爲七十七章，每章下列
有“章句異同”可資研究。讀者若引用《老子》章句，應注意版本。
另，陳先生寫有《老子今解》的《例言》十一條，實爲寫作前的自
我要求，此次出版，難以完全遵循，如第二條“前人解説有可供參考
的録在解説之後，用比解説較小的字印出”。又,《老子今解》後附有
《老子音韻》，陳先生標明“此稿是抄録劄記”，并非自己研究所得。

七、《鄧析子今解》後附録有西漢劉歆整理《鄧析子》後呈上的
《序》（標題《原序》）和清《四庫全書總目提要》的《鄧析子提要》。
《原序》中劉歆總結《鄧析子》內容：“其論無厚者，言之異同，與公

孫龍同類。"《漢書·藝文志》亦將《鄧析子》歸入"名家"。清《提要》因鄧析曾"作竹刑，鄭國用之"（見《列子·力命篇》），又因其内容"大旨則主於勢統於尊，事核於實，於法家爲近"，將《鄧析子》歸入"子部法家類"。實則今存《鄧析子》文與春秋時鄭國"竹刑"無關，其主旨側重於言談辯説致勝之術，在循名責實的過程中提倡注意轉換視角、拓寬思路，故應將《鄧析子》歸入名家。實際上，《鄧析子》爲戰國"名辯"之嚆矢，中國古代邏輯思想之正宗。

八、《尹文子今解》後録有魏黄初末年山陽仲長氏《舊序》。《舊序》作者因《莊子·天下篇》言尹文嚮往"願天下之安寧，以活民命"，遂不同意劉向將此書歸於"刑名家"（"刑名"即"形名"，"形"已由實物抽象出來成爲"名家"的概念）。《舊序》作者坦承自己"未能究其詳"，實未讀懂《尹文子》。《舊序》又謂尹文子"學于公孫龍"。按：尹文早于公孫龍，長沙王啓湘考證甚詳，見《尹文子校詮叙》（《周秦名家三子校詮》，古籍出版社1957年版，第20—21頁）。另，《四庫全書總目提要》將《尹文子》歸入"子部雜家類"也是不妥的。

九、先秦典籍之最難讀者，莫過於《公孫龍子》與《墨辯》。人謂《尚書》難讀，因其來自遠古，"佶屈聱牙"，然《尚書》所涉爲政治生活，常理之中尚能揣摩，邏輯學所討論，全在抽象概念之間争辯是非，若無專門基礎，則如墮五里霧中，此即司馬談論六家之要指所謂"名家苛察繳繞，使人不得反其意"。陳先生精通邏輯學，因此其《今解》能在前人基礎上更進一步，多有發明。如《公孫龍子》六篇之順序，前人多以《跡府》爲第一，隨後依次是《白馬論》、《指物論》、《通變論》、《堅白論》、《名實論》。陳先生指出：《跡府》爲後人所纂輯，應置最後；《名實論》是公孫龍"正名實"的根本理論和方法，即公孫龍的認識論，是《公孫龍子》的總論，應列爲首篇；《指物論》是正名實的原則，即公孫龍的世界觀，置第二；其餘《白馬論》、《堅白論》、《通變論》三篇，都是假物取譬，即都是用一件或一些具體事實説明正名實的道理。陳先生在每篇前撰有解題，每節後加有説明，這些是讀懂《公孫龍子》的鑰匙，也是陳先生分析批評《公孫龍子》的精華所在。

十、我們在整理的過程中，由鄧析子、尹文子到公孫龍子，有一種漸入佳境的快意。然《公孫龍子》仍是先民認識世界、探討名實關係過程中一個尚未成熟的階段，由老子的道，經儒墨的名，到公孫龍的"離堅白"、"白馬非馬"，走向了詭辯。（參見《墨辯今解》，《經上　經説上》第67條"堅白"解）詭辯亦是中國人理論思維能力提高過程中的一個環節。經名、墨辯論，到《墨辯》成書，中國先秦邏輯學大體成熟。讀《墨辯今解》，建議讀者在讀過《墨辯今解序》、《〈墨辯〉的作者和成書年代問題》之後，先讀《大取》篇目下的解，接着讀《小取》篇，再讀《大取》篇，再讀《經上　經説上》、《經下　經説下》，這是先易後難的辦法。晚清大儒孫詒讓著《墨子閒詁》，指出："此書最難讀者莫如《經》、《經説》四篇"，誠然。孫詒讓又云："竊謂先秦古子，誼恉深遠，如登岳觀海，莫能窮其涯涘……此書甫成，已有旋覺其誤者……疏陋之咎，無可自掩，且以睎望於後之能校讀是書者。"陳高傭先生，庶幾乎能校讀是書者也。

臧　振

2013 年 10 月 6 日

目　录

下　篇

凡　例

（一）各家對於字句的歧義作爲考異，列在解釋之後，本書字句所據如係一般向無問題的不加說明。如各家有歧異者，提出此從何本，或自己校勘結果。

（二）前人解說有可供參考的錄在解說之後，用比解說較小的字印出。[1]

（三）解說，一般是先解說字句，然後綜合解說全章意思，有時是對個別字句的解釋，放在綜合解說之後，或插入中間適當的地方，全視對於讀者的方便易解而定。如【整理者按：原稿下缺若干字】

（四）批判的話大體列在解說之後。

（五）引用前人話皆根據一般通行本（魏源引古書皆有改易處不知何據，如“治大國若烹小鮮”下引《韓非子·解老》和楊遇夫《老子古義》即有不同，注意。）

---

[1]　整理者按：陳先生寫有《老子今解》的《例言》十一條，實爲寫作前的自我要求，此次出版，難以完全遵循，如第 2 條“前人解說有可供參考的錄在解說之後，用比解說較小的字印出”。

（六）考異甚有用，目前所作只根據魏氏《老子本義》，以後要再增加魏氏未見的書，尤其是魏氏以後的書。

（七）仿陸德明《經典釋文》用漢字拼音注出，在每章之首或其尾。

（八）集前人解說大體是按古人的時代前後爲次，有時按所講的內容爲次，即將講全章意思的列在前面，將只講全章中某些語句的列在後面。

（九）前人解老大概可分爲二種形式：一種是用邏輯論證的方法解釋，如《韓非子》用連鎖推理的方式講"禍兮福所倚，福兮禍所伏"的道理是。另外一種是用事實證明的方法，如《淮南子》用九方堙相馬的事實證明"大巧若拙"的道理是。

（十）解古書要明訓詁，要明義理，更要從現實上瞭解事物的規律，如"天下有道，卻走馬以糞"，"糞"字的訓詁是"糞除"的意思，難通，見《陝西日報》1962 年 6 月 20 日《牛和草的關係及其他》一文，老農說牲口缺草吃，瞎主意是賣牛，好主意是買牛。買牛可以造糞肥田，草就能多。由此我解決了"卻走馬以糞"的"糞"即"造糞肥田"的意思。

（十一）魏氏正義多采元吳澄說，據四庫簡目，吳澄曾著有《禮記纂言》三十六卷。並云："以四十九篇顛倒割裂，重爲編次，全失戴氏之舊第，殊非先儒謹嚴之旨"。據此可知吳澄是專好割裂顛倒的，要注意。

上

篇

一　章[1]

　　道可道，非常道；名可名，非常名。無名天地之始；有名萬物之母。故常無，欲以觀其妙；常有，欲以觀其徼。此兩者，同出而異名，同謂之玄。玄之又玄，衆妙之門。

　　解　[道可道，非常道]《說文》辵部："道，所行道也。""道"是人們行走的道路，本來是一個具體概念，引伸爲道理、道德，成爲抽象概念。事物的條理就是道理，人們的言行合乎道理就是道德，道理、道德和人們行走的道路一樣，都是必須遵循的，所以孔子說："誰能出不由戶？何莫由斯道也？"（《論語·雍也》）又，"道"與"導"同。《說文》寸部："導，引也。"人們的言語有引導、開導與指導等作用，所以"道"作爲動詞是"說道"。"道可道"，前一"道"字是名詞，即道理或道德的"道"；後一"道"字是動詞，即說道的"道"。

　　在我國學說思想史上，道是最根本、最概括、最抽象的概念之一。自古以來，各派各家都談到所謂道，而對於道的理論和實際應用又多不相同。你有你的道，我有我的道；這一派講的是一種道，那一

1　原稿於 1965 年 7 月 20 日開始創作。——編者注

派講的另是一種道。所以早年孔子就說"道不同，不相為謀。"(《論語‧衛靈公》)後來韓愈攻擊佛老也說："道其所道，非吾所謂道也。"(《原道》)道究竟是一個什麼東西？我國古人所說的道，用今日的話來說，就是事物的規律。人們認識了事物的規律，用簡明扼要的命題表達出來，就是公理、定律、原則、法則、學說或主義，古人所說的道即相當於我們今日所說的公理、定律、原則、法則、學說或主義，所以《韓非子‧解老》云："道者，萬物之所然也，萬理之所稽也。"

　　事物的規律是離開人的意識而獨立存在的，它的真實性是不會因時因地因人而異的；但是在人們的認識過程中，因為主觀與客觀的條件限制，人們對於事物的規律，就有各種各樣的不同看法和說法了。因此，君子和小人的道不同，聖賢和盜賊的道不同；儒家和墨家的道不同，佛教和耶教的道不同；古人和今人的道不同，甲地和乙地的道不同；剝削階級和被剝削階級的道不同，統治者和被統治者的道不同。就是同為剝削階級，奴隸主和封建領主的道不同，封建領主和資本家的道不同；就是同為被剝削階級，奴隸和農民的道不同，農民和工人的道不同。〔毛主席說："在階級存在的條件之下，有多少階級就有多少主義，甚至一個階級的各集團中還各有各的主義。"(毛澤東：《新民主主義論》)〕【整理者按：〔　〕內文字為第二次修改補充的內容。】由此可見，人們所認識的道和所實行的道，即所談說的道，都是有局限性的，都是歷史過程中的產物，都是隨時間、地點與條件的變化而變化的，都不是永恆不變的。"道可道，非常道"是說：可以說道的道，不是永恆不變的道。"常道"即永恆不變的道。

　　《韓非子‧解老》云："凡理者，方圓、短長、麤靡、堅脆之分

也。故理定而後可得道也。故定理有存亡，有死生，有盛衰。夫物
之一存一亡，乍死乍生，初盛而後衰者，不可謂常；惟夫與天地之
剖判也俱生，至天地之消散也不死不衰者，謂常。而常者無攸易，
無定理。無定理，非在於常所（各本多缺‘所’字，茲據乾道本），
是以不可道也。聖人觀其玄虛，用其周行，强字之曰道，然而可
論，故曰‘道可道，非常道也’。”

　　［名可名，非常名］《說文》口部：“名，自命也。從口夕。夕
者冥也，冥不相見，故以自名。”“名”在六書爲會意，原爲黑暗
之中，人們彼此相遇，無法辨識，自己稱說我是某某的意思，引
伸爲所有事物的名稱。古人對於文字也只稱爲“名”，鄭康成注二
《禮》及《論語》皆云“古曰名，今曰字。”因此，所謂“名”就是
人們對於事物的稱呼，就是表達概念的名詞。概念是事物的本質屬
性在人們思維中的反映，是在語言的物質材料上形成的，有概念就
有名稱。事物是發展變化的，反映事物本質屬性的概念也是發展變
化的，因之表達概念的名稱也不是永恆不變。古人把從事生產勞
動的人們名爲“小人”、“野人”，我們現在則稱爲“勞動人民”。我
們把一種能製造生產工具的動物名爲“人”，英美人則名爲“man”。
荀子說：“名無固宜，約之以命，約定俗成之謂宜。”（《正名篇》）
約和俗是隨時可以變易的，所以可名之名，也就不是永恆不變的
名。“名可名”，前一“名”字是名詞，後一“名”字是動詞。“道
可道，非常道；名可名，非常名”是對文。

　　［無名天地之始；有名萬物之母］事物本來是沒有名稱的，事
物的名稱是人們擬定的。人們在認識事物的過程中由於反映事物的
本質屬性構成概念，擬定名稱，就對於事物的同異能明確分辨了，

就對於事物的種類認識清楚了。"無名天地之始；有名萬物之母"是說：最初無名的時候，人們對於事物是無分別的；有了名，人們對於事物纔有了分別。

　　[故常無，欲以觀其妙；常有，欲以觀其徼]《廣韻》："妙，神妙也。"王弼云："妙，微之極也。""妙"即生動、靈巧、細微的意思。《說文》彳部："徼，循也。"段玉裁注："引伸爲徼求，爲邊徼。"此所謂"徼"，即含有循、徼求、邊徼的三種意思。所謂"循名責實"，即循和徼求的意思。一個名詞（概念）都有一定的內涵和外延，邏輯學上特別注重名詞的外延，外延是有一定的範圍與限制的，即有一定的邊徼。《晏子春秋》云"徼者德之歸"，《列子》云"死者德之徼"，王弼云"徼，歸終也"，皆邊徼、盡頭的意思。"妙"即事物的生動性，即事物的辯證意義；"徼"即事物的確定性，即事物的邏輯意義。

　　這兩句是承上文"無名天地之始；有名萬物之母"而來。"常無"、"常有"即"常無名"、"常有名"的省略語。"常無"是要尋常擺脫名號，即不受名號的拘束。"常有"是要尋常執持名號，而根據名號的意義。事物本來是沒有名稱的，事物的名稱是人們給它擬定的，只從名稱上不能認識事物的真相，必須擺脫名稱符號對於現實事物作直觀具體的認識，纔能認識到事物的真相，即惟有從感覺材料與實踐經驗上纔能活生生地把握住事物的本質，把握住事物的靈活性，所以《老子》說"常無，欲以觀其妙"。但是我們要認識事物的種類、明辨事物的同異，卻不能不憑借概念或名稱作爲工具。如我們要認識馬的本質，不能不對馬作直觀認識；要瞭解階級鬥爭的規律，不能不從革命的實踐中去瞭解。但是要認識馬的內涵和外延，要給社會主義革命下一個定義，就不能不憑借概念的作用，所以《老子》說"常有，欲以觀其徼。"

[此兩者，同出而異名，同謂之玄。玄之又玄，衆妙之門]"此兩者"，指"妙"與"徼"言。事物的生動性與事物的確定性，二者爲同一事物所具有，只是因爲人們認識事物的方法不同，纔由兩種不同的看法得出兩個不同的名稱，一名爲"妙"，一名爲"徼"。也就是說，用辯證的方法認識到事物的生動性，是名爲"妙"；用邏輯的方法認識到事物的確定性，是名爲"徼"。事物的生動性與事物的確定性都爲事物本身所具有，本來都是具體的；但是一經反映到人們的意識中，成爲人的認識，就成爲抽象的思維了。人們的思維把事物的生動性與確定性抽象再抽象成爲極端抽象的概念，就產生一切奧妙的理論了。

《說文》玄部："玄，幽遠也。黑而有赤色者爲玄。象幽而入覆之也。"蘇轍云："凡遠而無所至極者，其色必玄，故老子嘗以玄寄極也。"（《道德真經注》道可道章第一）嚴復云："玄，懸也，凡物理之所通攝而不引滯於物者皆玄也，哲學謂之提挈歸功之物德。"（《<老子＞評語》上篇第十章）嚴復譯《穆勒名學》，把抽象名詞譯爲"玄名"。按："抽象"在英文爲 abstract，本有精奧、艱深、無形、抽出等義，和我國"玄"字字義略同，所以此處將"玄"譯解爲"抽象"。

"衆妙之門"的"妙"與上文"以觀其妙"的"妙"，稍有分別。"以觀其妙"是觀事物本身的"妙"，即觀察現實事物發展變化的生動性。"衆妙之門"的"妙"，是人們思維中的奧妙，即奧妙的理論或奧妙的思想。

　　此爲《老子》的首章。主要意義是說：道有可說的道，有不可說的道。可說的道不是永恆不變的道，永恆不變的道是不可說的。名有可叫的名，有不可叫的名。可叫的名不是永恆不變的名，永恆不變的名是不可叫的。事物在最初的時候是沒有名的，事物有了名，人們對於事物就有所分別了。人們對於事物的認識，一方面要擺脫名號的拘束，活生生地認識到事物的生動本質，另一方面又要運用名號作工具，確切地掌握到事物的規定意義；既要認識事物的對立統一與發展變化，又要明確概念的內涵外延與定義劃分。也就是說，對於事物的認識，既要用辯證法，又要用形式邏輯。事物本來是具體的，反映到人的意識中就成爲抽象的概念。人們的認識，抽象再抽象達到最抽象的程度，一切奧妙的道理即由此而出。

　　首章短短五十九字，即將《老子》全書的根本理論與根本方法完全揭出。"道可道，非常道；名可名，非常名。無名天地之始；有名萬物之母"，這是《老子》書的根本理論，即老子的世界觀。"常無，欲以觀其妙；常有，欲以觀其徼。此兩者，同出而異名，同謂之玄。玄之又玄，衆妙之門"，這是《老子》書的根本方法，即老子的認識論。

　　可道的道既不是常道，所以老子五千言所講的道都不是常道。可名的名既不是常名，所以老子五千言所舉的名都不是常名。"道常無名"，所以"聖人行不言之教"。例如"知和曰常，知常曰明，益生曰祥，心使氣曰强"（五十一章），這樣對於一個概念的意義明確予以規定，就是"常有，欲以觀其徼"。又如"禍兮，福所倚；福兮，禍所伏"（五十四章），這樣對於事物的對立統一與互相轉化的認識，就不是只從死板的概念上能認識到，必須從活生生的事實上綫能認識到，就是"常無，欲以觀其妙"。"無"和"有"這兩個概念是抽象又抽象的最抽象概念，尤其是"無"這個概念，在老子看來比"有"更抽象，因此一切奧妙道理都是由"無"而生，這就是所謂"玄之又玄，衆妙之門"。

章句異同　此章句讀歷來各家多歧異。"道可道，非常道；名可名，非常名"，有三種不同的讀法。第一種讀法是："道可道，非常道；名可名，非常名。"第二種讀法是："道，可道，非常道；名，可名，非常名。"第三種讀法是："道，可道非常道；名，可名非常名。"按：三種讀法，句讀不同，意義無異。一般習慣多采第一種讀法，兹從之。

"無名"、"有名"、"常無"、"常有"四句，河上公諸家皆以"名"字、"欲"字爲逗，司馬光、王安石、蘇轍皆以"有"字、"無"字爲逗。按："無名"、"有名"二句，河上公諸家讀是，"常無"、"常有"二句，司馬、王、蘇讀是。

"此兩者，同出而異名"，陳景元、吳澄、嚴復皆以"同"爲逗。按："兩者"無論指上文"道"與"名"、"始"與"母"、"無欲"與"有欲"、"無"與"有"，或"妙"與"徼"，都不是二名一實的重同，陳、吳、嚴讀非是。

"故常無，欲以觀其妙"，《永樂大典》無"故"字。

"徼"，彭耜云："黃（茂材）徼作竅"；畢沅云："李約本作儌"；馬敘倫云："羅卷作曒"。按：作"竅"當爲以意改，作"儌"與"曒"係形近而譌，作"徼"是。

二 章

　　天下皆知美之爲美，斯惡已；皆知善之爲善，斯不善已。故有無相生，難易相成，長短相形，高下相傾，音聲相和，前後相隨。是以聖人處無爲之事，行不言之教，萬物作焉而不辭，生而不有，爲而不恃，功成而弗居。夫唯弗居，是以不去。

　　解　［天下皆知美之爲美，斯惡已；皆知善之爲善，斯不善已］事物的發展都是向它的對立面發展着。例如，美麗的花朵，當它在含苞初放的時候，它的美麗沒有完全表現出來，有些人還看不出它的美麗，到它全部開放的時候，人人都看到它的美麗了，但是也就要開始謝落了，所以《老子》說“天下皆知美之爲美，斯惡已”。推之其他事物，如日中則昃，月盈則虧，冬至則陽生，夏至則陰生，都是這樣的情形。和平生活，現在人們都知道是最大的幸福，但是帝國主義者則假和平之名，實行侵略之實，現代修正主義者，則以和平爲藉口取消革命鬥爭，所以《老子》說“天下皆知善之爲善，斯不善已。”推之其他事情，如人人都知道自由、平等是善，就有人假自由而違法亂紀，假平等而不服從領導，都是這樣的情形。

〔故有無相生，難易相成，長短相形，高下相傾，音聲相和，前後相隨〕從美與惡及善與不善的對立轉化情形，我們可以知道，一切事物和人的一切概念都是相互構成的。如就有無、難易、長短、高下、音聲、前後等情形及概念來看，有不是無，無不是有；但是有無纔有有，有有纔有無。難不是易，易不是難；但是有難纔會感覺易，有易纔會感覺難。長不是短，短不是長；但是有長纔能顯出短，有短纔能顯出長。高不是下，下不是高；但是有高就有下，有下就有高。音不是聲，聲不是音；但是有音就有聲，有聲就有音。前不是後，後不是前；但是有前就有後，有後就有前。

"傾"即今日所謂"傾軋"的意思。"高下相傾"是說有高就有下，有下就有高，高壓下，下頂高，好像高下傾軋的樣子。"音聲"，《說文》音部："音，聲生於心，有節於外，謂之音。宮商角徵羽，聲也。絲竹金石匏土革木，音也。""音"即今日所謂琴音、笛音、鼓音、鐘音等。"聲"即調，即今日所謂道、來、米、弗、梭、拉、西。"音聲相和"，是說有音就有調，有調就有音。

〔是以聖人處無爲之事，行不言之教，萬物作焉而不辭，生而不有，爲而不恃，功成而弗居。夫唯弗居，是以不去〕因爲一切事物都有矛盾的兩方面，事物的發展總是向相反的方面發展着，所以聖人以無爲的態度處理事情，用不言的方法進行教育，對於一切事物，造作而不開創，生產而不佔有，有爲而不恃能，功成而不居功。只因爲不居功，功就永遠不會失去。

毛主席說："原來矛盾着的各方面，不能孤立地存在。假如沒有和它作對的矛盾的一方，它自己這一方就失去了存在的條件。試想一切矛盾着的事物或人們心中矛盾着的概念，任何一方能夠獨立地存在嗎？沒有生，死就不見；沒有死，生也不見。沒有上，無所謂下；沒有下，也無所謂上。沒有禍，無所謂福；沒有福；也無所謂禍。沒有順利，無所謂困難；沒有困難，也無所謂順利。沒有地主，就沒有佃農；沒有佃農，也就沒有地主。沒有資產階級，就沒有無產階級；沒有無產階級，也就沒有資產階級。沒有帝國主義的民族壓迫，就沒有殖民地和半殖民地；沒有殖民地和半殖民地，也就沒有帝國主義的民族壓迫。一切對立的成份都是這樣，因為一定的條件，一面互相對立，一面又互相聯結、互相貫通、互相滲透、互相依賴，這種性質叫做同一性。一切矛盾着的方面，都因一定條件具備着不同一性，所以稱為矛盾。然而又具備着同一性，所以互相聯結。列寧所謂辯證法研究‘對立怎樣能夠是同一的’，就是說的這種情形。”（毛澤東：《矛盾論》）

“萬物作焉而不辭”，傅奕本及遂州碑本“辭”作“始”；畢沅云：“古‘始’‘辭’聲同，以此致異”；馬敘倫云：“辭借為始”；陶紹學云：“十七章王弼注曰：‘居無為之事，行不言之教，萬物作焉而不為始’。可證今王本作辭者，後人妄改也。不為始義較優，且與下句協韻”；成玄英《疏》云：“始，先也”。按：“不辭”即“不始”，即“不為始”，即“不敢為天下先”的意思。“作而不始”即“造作而不開創”。

此章首言事物的發展總是向它的對立面發展着，次言事物的對立都是相反相成的，末言聖人處理事物是純任自然、無為無言的。老子是看到事物的矛盾了，但是他對於矛盾的解決，不是採取鬥爭的方法，而是採取退讓的方法，這樣，他對於歷史的發展就不是促進而是促退了。

章句異同 "斯惡已"、"斯不善已"，兩"已"字蘇轍本作"矣"，劉煦云："呂之常兩'己'字作'矣'，趙孟頫本下'己'字作'矣'。"按："已"、"矣"通。

"皆知善之爲善"句上，劉驥本有"天下"二字。

"故有無相生"，顧歡及龍興碑本無"故"字。

六"相"字上，傅奕本都有"云"字。

"長短相形"，王弼本"形"作"較"；畢沅云："'較'與'傾'韻不協，當作'形'"；羅振玉說各本皆作"形"；馬敘倫云："《說文》'荊'之古文'莉'，則古文'形'或亦有作'彡'者，彡旁與'較'字之爻旁相同。或老子本作'彡'，傳寫脫譌成'爻'，讀者以爲義不可通，加'車'作'較'，後世'較'行'較'廢，因爲'較'字矣"。茲據正。

"萬物作焉而不辭"，陸希聲本及《御覽》引皆無"焉"字，傅奕本及遂州碑本作"作而不爲始"。

兩"居"字，傅本作"處"。

兩"弗居"，《淮南子》作"不居"。

三　章

　　不尚賢，使民不爭；不貴難得之貨，使民不爲盜；不見可欲，使民心不亂。是以聖人之治，虛其心，實其腹；弱其志，强其骨；常使民無知無欲，使夫智者不敢爲也。爲無爲，則無不治。

　　解　〔不尚賢，使民不爭；不貴難得之貨，使民不爲盜；不見可欲，使民心不亂〕　在上的人不崇尚賢能，就可以使人民不至爲了愛名而有爭執；在上的人不寶貴難得的貨物，就可以使人民不至爲了貪得貨財而爲盜賊；在上的人不對人顯露有什麼可喜悅的事物，就可以使人民的心不亂。

　　"不見可欲"的"見"，讀爲"現"。廣韻："見，露也。"《史記·淮陰侯列傳》："情見勢屈。"師古注："見，顯露也。""欲"同"悅"。"不見可悅"，即在上的人不表現有什麼可以使自己喜悅的事物。此所謂"欲"，即《論語·顏淵》"苟子之不欲，雖賞之不竊"的"欲"，也就是"上有好者下必有甚焉者"的"好"。"不見可欲，使民心不亂"，即五十三章所謂"我無欲而民自樸"的意思。"不尚賢，使民不爭"是說，統治者不尚賢，人民就不爭名。"不貴難得之貨，使民不爲盜”是說，統治者不好貨，人民就不奪利。“不見可欲，使民心不亂”是說，統治者無可悅的事物，人民就不心亂。“不尚賢”、“不貴難得之貨”、“不見可欲”，都是就統治者的行爲言。“使民不爭”、“使民不爲盜”、“使民心不亂”，都是就統治者的行爲對人民所發生的效果言。三句語法相同。前人將“不見可欲”多解作人民不見可欲，不對。

　　〔是以聖人之治，虛其心，實其腹；弱其志，强其骨；常使民無知無欲，使夫智者不敢爲也〕因此，聖人統治人民，要他們腦子空虛，肚子飽滿；意志衰弱，體格健强；這樣，就常常使得人民沒有知識，沒有欲望，就是有少數自以爲聰明的人，也不敢胡作妄爲了。

　　“使夫智者不敢爲也”，“夫”猶“彼”，“使夫智者”即“使那些智者”。

　　〔爲無爲，則無不治〕“爲無爲”即上章“處無爲之事”的意思。“不尚賢”、“不貴難得之貨”、“不見可欲”，都是“爲無爲”；“民不爭”、“民不爲盜”、“民心不亂”、“民無知無欲”、“智者不敢爲”，就是“治”。所以《老子》說：“爲無爲，則無不治。”

　　此章承上章“聖人處無爲之事，行不言之教”而言無爲在政治上的意義。老子以爲，國家的紛亂，由於人民的爭名奪利；爭名奪利，由於有欲；有欲，由於有知。只要人民無知無欲，不爭名奪利，國家就可以安定。要使人民無知無欲，不爭名奪利，則須統治者無爲，即“不尚賢”、“不貴難得之貨”、“不見可欲”。“不尚賢”、“不貴難得之貨”、“不見可欲”，就是無爲，所以《老子》說“爲無爲，則無不治”。五十三章云：“我無爲而民自化，我好靜而民自正，我無事而民自富，我無欲而民自樸”，即此章所說的意思。

章句異同　“不尚賢”，羅振玉云：敦煌本作“不上寶”；朱謙之云：“寶字疑誤”。

“使民不爲盜”，羅振玉說景龍、《御注》、敦煌三本均無“爲”字。

“使民心不亂”，畢沅云：“河上公本及《淮南子·道應訓》引無‘民’字；紀昀云：“各本俱無‘民’字，惟《永樂大典》有之”；馬敍倫云：“臧疏、羅卷、易州經幢，彭、寇、白、張嗣成及趙寫本並無‘民’字”；范應元云：“《音辯》云：古本皆有‘民’字”；劉師培云：“各本無‘民’字，蓋唐初避諱刪此字也”。按：有“民”字是，因爲所謂“心不亂”是指民言，不是指聖人言；無“民”字則不知是指民言，還是指聖人言。

“聖人之治”，李道純本無“之治”二字。按：有無“之治”二字，下文意義便不同。無“之治”二字，下文“虛其心，實其腹，弱其志，强其骨”是指聖人言；有“之治”二字，則是指人民言。指聖人言，“實其腹”一語似不適當；指人民言較適當。高亨云：四“其”字皆指民言。高說是。傅奕本“之治”下有“也”字。

“常使民無知無欲”，魏源本無“民”字，顧歡本“民”作“心”。

“使夫智者”，傅奕本“智”作“知”。

“不敢爲也”，焦竑云一本無“敢”字，傅奕本無“也”字。

“則無不治”，傅奕本“治”作“爲”，“爲”下有“矣”字。

姚鼐將此章與上章合爲一章，云“萬物作焉”以下“處無爲之事也”。“不尚賢”以下“行不言之教也”。姚說可供參考。

四　章

道：沖而用之或不盈；淵兮似萬物之宗；挫其銳，解其紛；和其光，同其塵；湛兮似或存。吾不知誰之子，象帝之先。

解　沖——"盅"的假借。《說文》皿部："盅，器虛也。"

或——猶"似"。

淵——深。

宗——《說文》宀部："宗，尊也。祖廟也。""宗"即今人所謂"宗主"。

湛——沒。

道是空虛的，人們用起來好像是不充實的；道是深沉的，它好像是萬物的宗主；道遇到銳利的東西，可以把它挫折，遇到糾紛的事物，可以把它解決；遇到光明，可以和光明和合，遇到塵垢，可以和塵垢同處；道是隱沒的又好像是存在的。我不知道它究竟是怎樣產生的，好像在古代帝王之先就有了。

"吾不知誰之子，象帝之先"，即二十三章所說"有物混成，先天地生……吾不知其名，字之曰道”的意思。“吾不知誰之子”，即不知怎樣產生的或從那裏來的。“象帝之先”的“帝”，王弼解作“天帝”，也可通。

此章講道的體用。道即事物的規律，規律是抽象的，好像沒有具體內容，卻又好像任何事物都離不開它。它可以解決任何困難問題，它適宜於任何處所，它是隱沒的，又好像是存在的，它好像在有天地之前就已經有了。按：道與事物是不可分離的，有事物就有規律，也可說有事物纔有規律；沒有無規律的事物，也沒有無事物的規律。此言“象帝之先”，如果是“先天地生”的意思，就是唯心主義的話了。

章句異同　“沖”，《說文》作“盅”，傅奕本也作“盅”，《淮南子》及諸家作“沖”。

“或不盈”，《淮南子》作“又弗盈”，開元、蘇轍本作“似不盈”，傅奕本作“又不滿”。

“紛”，碑本作“忿”，一本作“㤺”。

“湛兮似或存”，碑本無“兮”字，“或存”作“常存”；羅振玉說景龍、《御注》二本均作“湛常存”，敦煌本作“湛似常存”。

“誰之子”，陳象古本無“之”字。

“挫其銳，解其紛；和其光，同其塵”，馬敘倫說此四句係五十六章[1]錯簡，陳柱同此說。按：此章無此四句，文義也通，馬說可供參考。

1　本書編爲第五十二章。——編者注

五　章

天地不仁，以萬物爲芻狗；聖人不仁，以百姓爲芻狗。天地之間，其猶橐籥乎！虛而不屈，動而愈出。多言數窮，不如守中。

解　仁——仁愛、仁慈。

芻狗——古代祭祀的時候，以草紮成狗形，祭畢即拋棄，毫不愛惜。此所謂"芻狗"即不愛惜的意思。

橐籥——古代冶銅鐵用的鼓風機，即後來的風箱。古代風箱用皮革和竹管做成，橐是裝氣的氣箱，籥是入氣出氣的氣管。

屈——竭。

數——讀爲"朔"，"屢屢"的意思。

中——心。

天地不是仁愛的，所以對於萬物不加愛惜；聖人不是仁愛的，所以對於百姓不加愛惜。天地之間，好像一個風箱，看似空的，它裏邊的氣卻是用不盡的，愈加鼓動出來的氣就愈多。但是對於人來說，卻不是這樣，多說話就要多出毛病，所以不如守着自己心，謹慎言語。

　　"天地不仁"是對於人格化的天的否定。"聖人不仁"是對於統治者的反抗。戰國時代，因爲自然災害的頻繁和各國戰爭的激烈，人們在天災人禍的交迫之下，呼號哀祈都得不到一點好的報應，於是感到天地君王都是殘酷不仁的，此章開首所言即代表了這種思想。所謂"聖人"即指統治者言。以下"天地之間，其猶橐籥乎"云云是承"天地不仁"言，是萬物對"天地不仁"的辦法。"多言數窮"云云，是承"聖人不仁"言，是人們對"聖人不仁"應採取的辦法。這兩句的意思是說：天地雖然不愛惜萬物，而萬物卻是愈生長愈繁多的，聖人不愛惜人民，人民就無辦法，多說無用，甚至還要發生問題，不如安心自處爲是。"守心"，即心不亂的意思。

　　按：老子言"天地不仁，以萬物爲芻狗；聖人不仁，以百姓爲芻狗"是進步的思想，是合乎科學的，是有人民性的。言"天地之間，其猶橐籥乎！虛而不屈，動而愈出"也還有鬥爭的意義。惟"多言數窮，不如守中"的話，則完全是對於矛盾不敢鬥爭的退讓思想。

　　"數窮"，《釋文》云："理數也"；顧云："勢數也"。"理數"、"勢數"即命運的意思。這樣解釋，則"多言數窮，不如守中"是說與其多說命運不好，不如安心自慰，仍是不敢鬥爭的退讓思想，也可通。

　　章句異同　"屈"，王弼本作"掘"，傅奕本作"詘"，此從何上本。勞健云："按《說文》屈訓無尾，引伸爲凡短之稱，故有竭義。""詘"訓"詰詘"，乃"詘伸"本字。"掘"與"搰"互訓。

《釋文》引顧云"猶竭者",謂通叚作"屈"也。傅之作"詘",蓋
釋爲"詘伸",非是。此字當作"屈",訓"竭"音"掘"。

　　"愈出",景龍碑、傅本、范本"愈"作"俞"。畢沅云:"古無
愈字,蓋即用俞也。"

　　"多言",傅弈本作"言多",碑本作"多聞"。

六　章

　　谷神不死，是謂玄牝。玄牝之門，是謂天地根。綿綿若存，用之不勤。

　　解　谷——《爾雅·釋水》："水注谿曰谷"。《疏》謂"山谷中水注入澗谿也"。此所謂"谷"即山谷、谿谷。"谷神"即山谷、谿谷的精神，即謙虛、卑下、能取人爲善的精神，係象徵名詞。

　　玄——首章云："玄之又玄，衆妙之門。"此所謂"玄"，即妙的意思。按："妙"字本作"眇"，玄本有妙義，妙又有少年的意思。

　　牝——《說文》牛部："畜母也"。"牝"古文作"匕"。"匕"即女性生殖器。

　　綿綿——連續不斷的意思。

　　勤——盡。"不勤"就是沒窮盡的意思。

　　此講謙虛的意義，以山谷的精神和玄牝之門譬謙虛的精神。山

谷卑下深邃，兼容並包，謙虛的人就像這樣的精神，這樣的精神是
不會受到挫折死亡的，這就叫作"玄牝"。"玄牝之門"是生殖之
門，可以說是天地之根。它的生殖是接連不斷的，若存若亡，用之
不盡。

　　"若存"兼"若亡"而言。王弼云："欲言存邪、則不見其形；
欲言亡邪，萬物以之生；故緜緜若存也。"焦竑云："谷，喻也，以
其虛而能受，受而不有，微妙莫測，故曰谷神。牝能生物，猶前章
所謂母也。謂之玄牝，亦幽深不測之意。"

　　《列子》書也有此章，不言出於老子而言係黃帝書。《列子》偽
書，可能是採取老子言而託名黃帝，也可能此章所言本爲早有的傳
說，老子也係採取成言。

　　章句異同　《永樂大典》載王弼本及吳澄本此章與上章合爲
一章。魏源從之。今觀王弼注，並無兩章結合的意思，吳澄好篡
改古書，《永樂大典》所載，可能是據吳澄而並及王弼。姚鼐
以上章"多言數窮，不如守中"與此章合，可供參考。此據河
上本。

　　"天地根"，《列子》、傅奕本及魏源本"根"上有"之"字。

　　"谷"，《釋文》云："河上本作'浴'，浴者養也"；俞樾云：
"浴者，谷之異字，谷者穀之借字"；洪頤煊云："谷，浴並欲之借
字"。　如此解釋，皆嫌迂。按：《老子》書中講到"谷"的地方有
四五處，如"曠兮其若谷"（十五章），"爲天下谷"（二十六章），
"谷得一以盈"（三十七章），"江海所以能爲百谷王"（六十二章），
或指實際的"谷"言，或以"谷"象徵比擬謙虛、卑下，取人爲善

的意思。司馬光云："中虛故曰谷，不測故曰神，天地有窮而道無窮，故曰不死。"嚴復云："以其虛故曰谷，以其因應無窮故稱神，以其不屈愈出故曰不死。"此將"谷"、"神"二字作爲兩種對象的並列概念，不對。

七　章

　　天長地久。天地所以能長且久者，以其不自生，故能長生。
是以聖人後其身而身先，外其身而身存；非以其無私邪？故能成
其私。

　　解　天地是長久的。天地所以能長久，因爲它們不是自己單
獨生存，而是爲萬物所寄託。［爲萬物所寄託］，所以能長久存在。
因此，聖人把自己的身體處在衆人之後卻能居於衆人之先，把自己
的身體看作外物卻能把身體保存得住；這不是因爲不自私纔能成全
了自己嗎？

　　此章教人不要自私，因爲自私是不能長久的，惟有不自私纔能
達到自私的目的。天地“不自生，故能長生”，並不是充足理由的
判斷。今日看來，如果“天”是指天體，“地”是指地球，“天地”
就不是絕對長久的。如果“天地”是指自然，自然是長久的，“天
地”就是長久的；但自然之所以長久，也不是因爲“不自生”，而
是因爲物質的運動是永恆的。至於說“非以其無私邪？故能成其
私”，則是把成私當作目的，而把無私當作手段了，這是高級的自

私。人應當"後其身"，但不是爲了達到"身先"的目的而"後其身"；人應當"外其身"，但不是爲了要達到"身存"的目的而"外其身"；人應當無私，但不是爲了達到"成其私"的目的而無私。我們現在的革命英雄和勞動人民正是這樣，老子思想正與此相反。

《淮南子·道應訓》："公儀休相魯而嗜魚，一國獻魚，公儀子弗受。其弟子諫曰：'夫子嗜魚，弗受，何也？'答曰：'夫唯嗜魚，故弗受。夫受魚而免於相，雖嗜魚，不能自給魚；毋受魚而不免於相，則能長自給魚。'此明於爲人爲己者也。故老子曰：'後其身而身先，外其身而身存；非以其無私邪？故能成其私。一曰'知足不辱'。"公儀休不受人民獻魚是要保住宰相的官位，能夠長自給魚，這真是以無私而成其私，不受獻魚是對的，但動機太〔卑鄙〕〔不高明〕了。如果今日的一個幹部遇到這種事情，我想他一定不是像公儀休那樣說，而是說："人民的勞動果實，我不能隨便享受。"

章句異同　"天長地久"，龍興碑作"天地長久"。

"天地所以能長且久者"，黃茂材本"地"下有"之"字，程大昌本無"者"字，景龍碑無"且"字。

"故能長生"，景龍碑"長生"作"長久"。

"非以其無私邪"，傅奕本"非"作"不"，河上本無"非"、"邪"二字。

八 章

上善若水。水善利萬物而不爭，處衆人之所惡，故幾於道。居善地，心善淵，與善仁，言善信，正善治，事善能，動善時。夫惟不爭，故無尤。

解 幾——《釋文》："近也"。

道——老子的主義。

淵——深，吳澄云："淵謂靜深"，此處引伸作忠厚的意思。

與——《說文》什部："與，黨與也。"此"與"即《論語·微子》"吾非斯人之徒與而誰與"的"與"，即交與、交結的意思。吳澄云："與謂伴侶"。

正——同"政"。景龍碑及《永樂大典》本作"政"。

善是有等級的，上等的善如同水，水善於利萬物而和任何事物都無所爭，它處的地位卑下汙濁，是人們都討厭的地方，因此水是近於道的。人們一般所謂的善都不是"上善"，如居處善是因爲地方好，心思善是因爲忠厚，交遊善是因爲仁愛，言語善是因爲信實，政事善是因爲治理得好，工作善是因爲有才能，行動善是因爲適時。這些善都不能沒有過錯，惟有"不爭"，纔能沒有過錯，所以"不爭"纔是"上善"。

此章承上兩章，由謙虛，不自私，進一步言不爭的意義。講謙虛以谷神爲喩，講不自私以天地爲喩，講不爭以水爲喩。

"居善地"以下七善，前人多解爲水有此七善，不對。吳澄說："七者之善皆擇取衆人之所好者爲善，可謂之善而非上善也。夫唯有道者之上善，不爭處上而甘於處下，有似於水，故人無尤之者。尤，謂怨咎。衆人惡處下而好處上，欲上人者有爭心，有爭則有尤矣。"吳說是。

"心善淵"句難解，前人所解皆未確，我作此解，敬希高明指正。

章句異同　"而不爭"，景龍碑作"又不爭"。

"處衆人之所惡"，"處"傅奕本作"居"，宋徽宗本"衆人"下無"之"字。

"故幾於道"，傅奕本"道"下有"矣"字。

"與善仁"，景龍碑"仁"作"人"。按："仁"、"人"古通。

"故無尤"，傅奕本"尤"下有"矣"字。

"夫唯不爭，故無尤"，陳柱援二章"功成而弗居。夫惟弗居，是以不去"文例，言此二句應在"而不爭"下，不對。如此移改，"居善地"以下七句意思即覺不完。

九　章

持而盈之，不如其已。揣而銳之，不可長保。金玉滿堂，莫之能守。富貴而驕，自遺其咎。功成，名遂，身退，天之道。

解　揣——《戰國策·秦一》：蘇秦“簡練以爲揣摩”；《鬼穀子·揣篇》：“善用天下者必揣諸侯之情”。此所謂“揣”即揣摩的意思。“揣”與“持”對文，“持”謂把持，“揣”謂揣摩，皆就手言。

把持着一個器具而還要把它裝得滿滿的，不如放下爲好。因爲不放下，總有一個時候要傾倒。尋常揣摩的東西而要把它弄得很銳利，是不能長久保全的。因爲常常揣摩這樣的銳器，不是傷了人的手，就是挫了器的銳。金玉貯積得充滿室堂，是沒有人能夠保守得住的。處富貴境遇而驕傲的人，是自取禍害的。功成了，名就了，自身退隱了，這是天的道理。

此章是教人知足知止，不要貪求無厭，驕傲自滿。開頭四句係喻辭。“持而盈之，不如其已”，如人們拿着一個碗，本來有脫手掉落的可能，裏邊如果再滿滿地盛着水，那就更容易把碗掉落，或把水傾覆。如果平平穩穩地放到桌上或地上，就不至於把碗掉落或把水傾覆。"不如其已"，"已"是止的意思，即不如不"持而盈之"的好。"揣而銳之，不可長保"，如人們常常揣摩一把刀子，本來就容易把刀子損壞，或把手弄破，如果再把刀子磨得很快，那就更容易把刀子損壞，或把手弄破。"不可長保"，言手與刀二者都不可長久保全。王弼云："既揣末令尖，又銳之令利，勢必挫衂，故'不可長保'也。"也通。《說文》手部："揣，一曰捶之"；"捶，以杖擊也。"孫詒讓據《說文》謂"揣"當讀爲"捶"，則"揣而銳之"即"擊之使銳"的意思。此解難通。焦竑說："持而盈之，謂盈而持之也。揣而銳之，謂銳而揣之也。古文多倒語。懼其溢而左右以枝之曰持。懼其折而節量以治之曰揣。"魏源從此說。此解不僅與下文"金玉滿堂"等句文義不合，其本句也難通，如言"懼其溢而左右以枝之"，"懼其折而節量以治之"，究係何意？既言"懼其溢而左右以枝之"，又言"不如其已"；既言"懼其折而節量以治之"，又言"不可長保"；如何能通？前人解此四句多難通。

章句異同　"持而盈之"，"持"司馬光本作"恃"。

"揣而銳之"，傅奕本作"歂而梲之"。《說文》無"歂"字，陳柱疑"歂"爲"敠"之誤。《說文》攴部："敠，有所治也。"王弼本"銳"作"梲"。梲，《說文》木部："梲，木杖也。""敠而梲之"即"治而杖之"，即言把一根木頭治理成木杖而以之杖人、杖物，似可通。《淮南子》作"揣而銳之"，河上本同，各本多從之，此從河上本。

"保"，邢州幢作"寶"。

“堂”，傅弈本作“室”。

“驕”，司馬光本作“憍”。

“自遺其咎”，日本《群書治要》本作“還自遺咎”。

“功成、名遂、身退”，王弼本作“功遂身退”；焦竑云：“龍興碑本作‘名成、功遂、身退’”；畢沅云：“諸本並作‘功成、名遂、身退’”；羅振玉云：“景龍、《御注》、景福三本均作‘功成、名遂、身退’”。此從諸本。

十　章

載營魄抱一，能無離乎？專氣致柔，能嬰兒乎？滌除玄覽，能無疵乎？愛民治國，能無爲乎？天門開闔，能爲雌乎？明白四達，能無知乎？生之畜之，生而不有，爲而不恃，長而不宰，是謂玄德。

解　［載營魄抱一，能無離乎？］“載”，《說文》車部：“載，乘也。”“載”即“天覆地載”的“載”。“營魄”，前人讀“營”爲“魂”，“營魄”即魂魄。《說文》鬼部：“𩲡（魂），陽氣也。”“魄，陰神也”。《禮記·郊特牲》：“魂氣歸於天，形魄歸於地”。此“魂魄”即精神與形體。“載營魄抱一，能無離乎？”是說，人載着精神與形體，二者合一就是生命，二者分離就是死亡，人能使二者永遠不分離嗎？此希望人能永遠保持精神與形體的合一而極言其不易。下文“能嬰兒乎？”“能無疵乎？”“能無爲乎？”“能無知乎？”，皆希望人能如此而又言不易的意思。

《墨經·經上》第二十二條：“生，刑與知處也。”《說》：“盈之生，商不可必也”。“刑與知處”即與“營魄抱一”義略同。“能無離乎”即“商不可必”的意思。據此可說，老子與墨家對於生命的看法，都是心物二元論的思想。

　　〔專氣致柔，能嬰兒乎？〕"專"讀爲"團"，《集韻》"專音團，聚也。""致"本訓爲"招致"或"至"，此處有"成"的意思。在一般的情況下，氣體充滿的東西是強硬的，氣體發散之後就鬆軟了。例如當人們氣憤填胸的時候，可以怒發沖冠，甚至有些倔强的人，據說是死而不僵。但嬰兒卻不是這樣。他的氣團聚於身內沒有發散，但是他的身體卻是柔軟的而不是堅硬的。"專氣致柔，能嬰兒乎？"是說，人既要專氣不散，又要柔而不剛，如同嬰兒的情形，是不容易的。後人鍛煉身體所打的太極拳似可稱"專氣致柔"。人在處事接物上能專氣致柔，就可以勁氣內斂，和氣外溢，這的確是很好的精神，也的確是不容易作到的修養。

　　按："專氣致柔"是事實上有的，惟以嬰兒爲譬，近似而不完全相合。因爲嬰兒的柔是由於骨骼沒有長成的原故，並不是所謂專氣情形。老子的喻例，多附會類此。

　　〔滌除玄覽，能無疵乎？〕"玄"即"玄之又玄"的"玄"，即玄妙的意思，即深邃、抽象的意思。"覽"，《說文》見部："覽，觀也。""玄覽"即玄妙的看法、深邃的看法，即今語所謂抽象的看法。古之所謂道，今之所謂主義，都可說是玄覽，因爲都是事物規律的抽象，即人對於事物規律認識之後所形成的抽象理論。《說文》疒部："疵，病也"。"滌除玄覽，能無疵乎？"是說，一切抽象理論都不是絕對正確的，但是如果因爲抽象理論不是絕對正確就把它完全拋棄，能夠不出毛病嗎？"滌除玄覽"，就是對於事物只作感性的直觀認識而不進一步作理性的抽象思想，即只重經驗而不重理性，就是只講事實而不講理論〔只講事而不講道，只講理而不講情，用今語來說就是，只談問題而不談主義〕。抽象理論不是憑空而有的，而是以事實爲根據的；抽象理論不是天經地義的教條，而是解釋事實的工具和指導人們實踐的指針；所以一味迷信抽象理論固然是錯誤的，完全拋棄抽象理論，也不能說就不出毛病。道是抽象的，是玄理，人們對於道的認識是理性的認識，就是玄覽，因爲玄覽不應當滌除，所以老子雖然說"道可道，非常道"，而仍有五千言的說教。

"滌除玄覽，能無疵乎？"頗難解，前人解釋多未確。焦竑說："衆人之疵，粗而易除；學者之疵，微而難遣；何以故？道之所謂疵，則學者狃之爲獨見也。金屑雖精，入眼成翳，以覺爲礙，以解爲縛，可勝病乎？是故當滌除之也。"焦說可供參考。

〔愛民治國，能無爲乎？〕愛民治國是統治者應當作的事情，欲達到此目的，不在疲精勞神的有爲而在清靜無欲的無爲，所以統治者不僅要有愛民治國的要求，更要有"處無爲之事"的精神，既要愛民治國，又要無爲，這是不容易的。

〔天門開闔，能爲雌乎？明白四達，能無知乎？〕"天門"是人的感覺器官，爲眼、耳、鼻、舌、膚等。人們對於事物的認識，必須先由這些感覺器官攝取事物的映象，感覺器官可說是人們反映事物的天然門戶，所以名爲"天門"，《墨經》名爲"五路"，與此同義。"天門開闔，能爲雌乎？"是說，人有感覺器官可以獲取知識，但不應當爲了獲取知識，追逐外物，而應當物來順應。一般人爲了貪圖眼耳鼻舌膚的享受，總是盲目追逐外物，不知休止。因此，人有感覺器官的機能，還應當取物來順應的態度，這事是不容易的。"雌"表示物來順應的意思，因爲雌性動物對於雄性動物多是不追逐而順應的。

“天門開闔”是感覺，“明白四達”是推理。《墨子·經說上》第四十二條說：“方不㢓，說也，身觀焉，親也。”此所謂“天門開闔”，即與《墨經》所謂“身觀焉”的“觀”相當，此所謂“明白四達”，即與《墨經》所謂“方不㢓”的“方”相當。由感性知識而上升爲理性知識，即由“天門開闔”而上升到“明白四達”。人們對於事物的認識能夠明白四達，一般人就以爲自己知識很高，表現驕傲自滿了，而有道之人則仍以爲自己是無知。由此可見，本來無知而自以爲無知還比較容易，明白四達而以爲無知就不容易了。

［生之畜之，生而不有，爲而不恃，長而不宰，是謂玄德］聖人之於人民，既使他們生長，又加之以保養，給他們生產而不佔有，給他們工作而不恃功，使他們成長而不作主宰，這樣的品質就叫“玄德”。

“玄德”與“明德”相對，儒家言“明德”，《大學》云“在明明德”。老子以爲德應當是無聲無臭，幽邃深遠的，所以名爲“玄德”。《說文》玄部：“玄，幽遠也。”“玄德”即幽邃深遠的德。《中庸》言：“《詩》曰：‘予懷明德，不大聲以色。’子曰：‘聲色之於以化民，末也。’《詩》曰：‘德輶如毛。’毛猶有倫。‘上天之載，無聲無臭。’至矣。”此所謂“不大聲以色”的“明德”，即“無聲無臭”的“玄德”。

“生之畜之”云云，前人注解，有的說是指聖人言，有的說是指天地言。按：上文都是就人言，此指聖人言爲是。

魂魄抱一能無離，專氣致柔能如嬰兒，滌除玄覽能無疵，愛民治國能無爲，天門開闔能爲雌，明白四達能無知，生而不有，爲而不恃，長而不宰，這些都是對立的統一，都不是容易作到的，惟有聖人能如此。"生之畜之"以上用反問語，是就一般人言其不易。"生之畜之"以下用正面話，是就聖人言其玄德。兩相比較，足見玄德之難能可貴。

章句異同　首句"載"字《冊府元龜》唐玄宗改"載"爲"哉"，屬上句，爲"天之道哉"。孫詒讓云："以載字屬上句，雖無古讀，義尚可通。"

"抱一"，傅奕本"抱"作"褱"，褱抱古今字。焦竑將首句讀作"載營魄，抱一能無離乎？"

六"乎"字，河上本無。

"致柔"，《淮南子》"致"作"至"。

"能嬰兒乎"，一本"能"下有"如"字。

"爲雌"，王弼本作"無雌"，此據景龍碑、開元幢、古樓觀碑改。

"能無知乎"，《淮南子》作"能無以知乎"。傅奕本"無爲"、"無知"作"無以爲"、"無以知"。"無爲"、"無知"，河上、王弼本前後互易，此據景龍碑、開元幢、古樓觀碑改。俞樾云："唐景龍碑作'愛民治國能無爲，明白四達能無知'，其義勝。當從之。"

"生之畜之"，焦竑云："一本無'生之畜之'四字"；馬敘倫云："自'生之畜之'至'是謂玄德'二十字，與上文義不相應，當爲五十一章[1]錯簡。"可參考。

十一章

三十輻共一轂，當其無，有車之用。埏埴以爲器，當其無，有器之用。鑿戶牖以爲室，當其無，有室之用。故有之以爲利，無之以爲用。

解 輻、轂——古代車輪的構成，主要的有三部分：轂、輻、牙。《周禮·考工記》："輪人爲輪，斬三材必以其時，三材既具，巧者和之。轂也者以爲利轉也。輻也者以爲直指也。牙也者以爲固抱也。"輪有内周外周，内周用作貫軸的圓孔，名爲"轂"，外周用以輾地的圓圈名爲"牙"，支柱於轂與牙之間的直木名爲"輻"。

埏埴——"埏"是和土，"埴"是黏土，"埏埴"是人用水把黏土拌和起來。

戶牖——"戶"是門戶，"牖"是窗牖。古代房屋，東戶西牖。

當——適當，此處可解作"正因爲"。

無——空虛的意思。

此章講"無"的作用。三十根輻共輳到一個轂上，正因爲轂是空虛的，纔能貫上軸把車輪轉動起來。把黏土拌和起來做成器皿，正因它有空虛之處，纔能裝置東西，有器皿的用場。人們修築房屋總要開鑿門窗，正因門窗的空虛，纔能通風透光，便利出入，有房屋的作用。由此可見，有這些東西是對人有利的，這些東西的空虛之處纔是對人有用的。

"有之"即有什麼東西，"無之"即無什麼東西。"有之"、"無之"的"有"、"無"，係動詞。兩"之"字，"有之"的"之"指轂、器、室言，"無之"的"之"指轂、器、室的空虛處。

王弼云："木、埴、壁所以成三者，而皆以無爲用也。言無者有之所以爲利皆賴無以爲用也。"王弼將"有之以爲利，無之以爲用"解爲有東西是對人有利的，但東西要有空虛之處纔對人有用。王說是。

吳澄說："車，載重行遠；器，物所貯藏；室，人所寢處；故有此車，有此器，有此室，皆所以爲天下利也。故曰'有之以爲利'。然車非轂輨空虛之處可以轉軸，則不可以行地；器非中間空虛之處可以容物，則不可貯藏；室非戶牖空虛之處可以出入通明，則不可寢處。車以轉軸者爲用，器以容物者爲用，室以出入通明者爲用，皆在空虛之處。故曰'無之以爲用。'"

薛蕙說："章內雖互舉有無而言，顧其指意，實即有而發明無之爲貴也。蓋有之爲利，人莫不知；無之爲用，則皆忽而不察；故老子借數者而曉之。"

按：老子此章所言，是由車轂空虛的用處、器皿空虛的用處和房屋門窗空虛的用處，得出"有之以爲利，無之以爲用"的結論，這是歸納推理的思維形式。但是這個結論是理由不充足的。試問，一根車軸、一把刀子、一個錐子，一座平臺，都有它們的用處，能說是因爲有空虛嗎？這樣的推理就是犯了邏輯上以偏概全的謬誤，就是所謂"急遽概括"。如爲證明，則是論證不足。古人思想犯此錯誤的頗多，老子此章所言即其例。

章句異同 "埏"，《釋文》作"挺"。

畢沅據《考工記》"利轉者以無有爲用也"，謂：均應以"當其無有"斷句。按：下文"有之"、"無之"對言，畢說似未確，高亨說末二句兩"之"字衍，未確。

十二章

五色令人目盲，五音令人耳聾，五味令人口爽，馳騁畋獵令人心發狂，難得之貨令人行妨。是以聖人爲腹不爲目，故去彼取此。

解 口爽——王弼云：“爽，差失也”。“口爽”即不能正常辨味，如吃辣多了，即不覺其辣。

馳騁——騎馬奔跑。

畋獵——打獵。

狂——放蕩暴躁的精神狀態。

行妨——《說文》女部：“妨，害也。”“行妨”即行爲受到妨害，有不正當的行爲。

五色——青黃赤白黑。

五音——宮商角徵羽。

五味——鹹酸甘苦辣。

此章是教人不要追逐外物過度。“五色”、“五音”、“五味”都是人所喜悅的，但是人的感官要是被這些東西刺激過度，“五色”

可以使人的眼睛瞎了，"五音"可以使人的耳朵聾了，"五味"就可以使人的口分辨不清正當的味道。騎馬打獵也是人所喜悅的，要是過度就可以使人的精神放蕩暴躁。難得的貨物更是人所喜悅的，人爲了取得它就可能發生不正當的行爲，如欺騙盜竊等行爲。因此，聖人是要肚子吃飽而不是要眼睛快活。"去彼取此"，"彼"指貪求"五色"、"五音"、"五味"、"馳聘畋獵"，與"難得之貨"言，"此"指"爲腹"言。"去彼取此"就是說，不追逐感覺的享受，只注意生命的保養。

　　吳澄說："上言目盲、耳聾、口爽、心狂、行妨五者，下但言不爲目，蓋舉一以包其四。"董思靖說："夫子四勿，必先曰視，釋氏六根，眼色居首，皆此意也。"

　　按：這些"五色"、"五音"、"五味"、"馳聘畋獵"與"難得之貨"，都不是絕對於人有害，而是在過度的時候纔對人有害。如果以爲這些東西是絕對於人有害，要人和這些東西完全絕緣，那就成爲木雕泥塑的人了。"聖人爲腹不爲目"，如果爲了果腹而過度，同樣可以致病甚至喪命。老子的話不夠明確。這可能是由於古代語言簡略的原故，也可能是思想本來沒有弄明確。

　　章句異同　"畋"，傅奕本作"田"；羅振玉云："景龍、景福、敦煌乙丙、《御注》諸本，均作'田'"。馬敘倫云："古無田獵專字"。《說文》田字段注："田即畋字"。

　　"獵"，羅振玉云："敦煌兩本均作'獵'，乃獵之別構。"

十三章

寵辱若驚。貴大患若身。何謂寵辱若驚？寵為下，得之若驚，失之若驚，是謂寵辱若驚。何謂貴大患若身？吾所以有大患者，為吾有身；及吾無身，吾有何患？故貴以身為天下，若可寄天下；愛以身為天下，若可託天下。

解 寵辱——"寵"即寵愛，"辱"即恥辱。"寵辱"即寵者辱也。

貴大患——"貴"即貴重、寶貴。"貴大患"即貴者大患也。

［若可寄天下，若可託天下］二"若"字猶"則"。

人受到寵愛是恥辱就如感到驚恐一樣，人被貴重是有了大患，就如人貴重自己身體的情形。何以說人受到寵愛是恥辱就如感到驚恐一樣？因為受寵的人總是在人之下的。如說君寵臣，臣是在君之下的；父寵子，子是在父之下的；絕沒有說臣寵君，子寵父的。寵是外來的，得失不能自主，所以得到寵如同受到驚恐，失了寵也如同受到驚恐，總是惶惶不安。何以說人被貴重是有了大患就如人貴重自己身體的情形？因爲我之所以有大的憂患，是由於我有這個身體，最大的憂患是死，我有身體纔怕死，到我沒有身體的時候，死且與我無關，我還有什麼憂患？人被貴重，愛之者惟恐其死，惡之者惟恐其不死，這不是大患嗎？所以貴重自己要以自己的身體爲天下人服務，就可以把天下的事都交給你；愛惜身體能以自己的身體爲天下人工作，就可以把天下的人託給你。

末二句是承上文"貴大患若身"而言，貴重自己和愛惜身體並不是絕對不可以的，只要不是爲私而是爲公，就不是大的憂患。用今日的話來說，"貴以身爲天下"，就是貴重自己是要爲人民服務。"愛以身爲天下"，就是愛惜身體是要爲人民工作。

"寵辱若驚"和"貴大患若身"疑是本來有的成語，而爲老子引來說教。"何謂"云云，是老子對這兩句成語的解釋。"故貴以身爲天下"以下是老子對"貴大患若身"一語的批判意見。開首"寵辱若驚"、"貴大患若身"並言，結語專就"貴大患若身"言，因"寵辱若驚"易解，人們不會因此發生誤會，"貴大患若身"比較難懂，老子誠恐人們因此不貴重自己，不愛惜身體，所以特加批判，表示自己的意思。

前人對此章解釋多歧異，且甚繳繞曲折，主要在開首二句。此解未敢苟同各家。

吳澄說："人以爲榮者，自知道者反觀之，則辱也，有何可愛？而愛之者於此而驚焉。人以爲大利者，自知道者反觀之，則大患也，是豈足貴？而貴之者於此而身焉。是被寵至卑下耳，而得失動心。身外之物至輕耳，而若與身俱有，則惑之甚也。"此說可參考。

《淮南子·道應訓》：“大王亶父居邠，翟人攻之，事之以皮帛珠玉而弗受，曰：‘翟人之所求者地，無以財物爲也’。大王亶父曰：‘與人之兄居而殺其弟，與人之父處而殺其子，吾弗爲。皆勉處矣，爲吾臣與翟人奚以異？且吾聞之也，不以其所養害其養’。杖策而去，民相連而從之，遂成國於岐山之下。大王亶父可謂能保生矣。雖富貴，不以養傷身；雖貧賤，不以利累形。今受其先人之爵祿，則必重失之；生所自來者久矣，而輕失之，豈不惑哉？故老子曰：‘貴以身爲天下，焉可託天下；愛以身爲天下，焉可以寄天下矣。’”此解末二句較明確。

章句異同　此章字句各本多歧異，且多以意改。

“何謂寵辱若驚”，河上本無“若驚”二字。

“寵爲下”，河上本作“辱爲下”；陳景元本、李道純本作“寵爲上，辱爲下”；馬敍倫云：“《世說新語·棲逸篇》注引作‘寵辱若驚，得之若驚，失之若驚’，無‘寵爲下’三字，當從《世說》注引去‘寵爲下’三字”。馬說可參考。

“是謂寵辱若驚”，吳澄本無此六字。

“吾所以有大患者”，一本無“者”字。

“及吾無身”，傅奕本“及”作“苟”。

“若可寄天下”、“若可託天下”，《淮南子》“寄”、“託”下並有“於”字；傅奕本“天下”下各有“者”字，兩“若”字皆作“則”，“寄天下”、“託天下”下各有“矣”字。此據王弼本。

十四章

　　視之不見名曰夷，聽之不聞名曰希，搏之不得名曰微。此三者不可致詰，故混而爲一。其上不皦，其下不昧，繩繩不可名，復歸於無物。是謂無狀之狀，無象之象，是謂惚恍。迎之不見其首，隨之不見其後，執古之道以御今之有，能知古始，是謂道紀。

　　解　夷、希、微——《釋文》：“夷，顧云：‘平也’。鍾會云：‘滅也，平也’。希，疏也，靜也。微，細也。”

　　搏——《說文》手部：“搏，索持也。”段注：“索持謂摸索而持之。”後人訓“搏”爲“搏擊”。段云：“按搏擊與索取無二義。凡搏擊者未有不乘其虛怯，扼其要害者，猶執盜賊必得其巢穴也。”“搏”即今言捉摸。

　　詰——《說文》言部：“詰，問也。”

　　皦——明。

　　繩繩——《釋文》：“梁武帝云：無涯際之貌。顧云：‘無窮不可序也’”，似即茫茫然的意思。

　　惚恍——王弼云：“不可得而定也”。“惚恍”即不能明確指定的意思。

御——《正韻》:"統也"。"御"即統御、統馭。

今之有——"有"指事物,"今之有"即今日的所有事物。

紀——《說文》系部:"紀,別絲也。"段注:"別絲者,一絲必有其首,別之是爲紀,眾絲皆得其首,是爲統,統與紀義互相足也。"引伸爲頭緒、綱紀、綱要。

此章講道的本質及其意義。眼睛看不見的現象名爲"夷",耳朵聽不着的聲音名爲"希",手捉摸不到的東西名爲"微"。"夷"、"希"、"微",這三種情形都是不能加以追問的,它們雖然有三個不同的名稱,實際上是混而爲一的。它上邊不見明亮,下邊不顯陰暗,茫茫然不能給它一個名稱,總歸是沒有實在的物體。這叫作沒有狀態的狀態,沒有形象的形象,也叫作"惚恍"。在它的前邊迎接它卻看不見它的頭,跟着它的後邊又看不見它的尾。這就是"道"。人們能掌握古代的道就可以統御今日的所有事物。能知道古代的原始情形,就可以說掌握了道的綱要。

"其上不皦,其下不昧",李約云:"凡物皆上明下暗,道無上,故不皦,道無下,故不昧。"

此所謂"道"就是常道。常道是永恆不變的,是古今一律的,所以能"執古之道以御今之有"。常道是"先天地生"、"象帝之先",所以《老子》說"能知古始,是謂道紀。""道常無名"、"天下萬物生於有,有生於無",所以《老子》說"繩繩不可名,復歸於無物。"按:道本是抽象的規律。抽象的規律本來是看不見,聽不着,摸不到的;本來是上不明,下不暗,無狀無象,無首無尾的。但它是根據現實事物而得到的抽象，它是從事物而來又可以歸於事物的，並不是本來無物複歸於無物的。老子此言，頗有問題。

章句異同 “搏之不得”，蘇轍本、呂吉甫本、焦竑本，“搏”均作“摶”；易順鼎云：“‘摶’乃‘搏’之誤。宋陳摶字希夷，即取此義。”按：“摶”本義爲“圜”，《說文》手部：“摶，圜也。”也可訓爲“拍”。《周禮·考工記》：“搏埴之工二”注：“搏之言拍也。”又與“縳”同，卷也。《考工記·鮑人》：“卷而搏之，欲其無迆也”注“搏讀爲縳，謂卷縳韋革也”。此處作“摶”似可通，惟不如作“搏”，義較長。宋陳摶字希夷，似據此，但可能在宋代以前已經有人改“搏”爲“摶”，非可爲“摶”之確證。【整理者按：原稿文字內容加外側框綫處爲欲刪未刪者，下同】此從王弼本作“搏”。

“故混而爲一”，蘇轍本“故”下有“復”字。

“其上不皦，其下不昧”，傅奕本作“其上者不皦，其下者不昧”，敦煌本“皦”作“皎”。

“繩繩不可名”，傅奕本“繩繩”後有“兮”字，羅振玉云：景福亦有“兮”字。

“復歸於無物”，蘇轍本“物”作“象”。

“無象之象”，王弼本作“無物之象”。此從蘇轍本。

“是謂惚恍”，焦竑云：“龍興碑無此句”；畢沅云：“河上作‘忽恍’，王弼作‘惚怳’，河上‘忽’是，弼‘怳’是，其‘恍’‘惚’則並非也”；羅振玉云：景龍、《御注》、景福三本作“忽恍”。按：“忽”同“惚”，“恍”同“怳”，此從王弼。

　　姚鼐以此章與下章合爲一章。按：此章形容道的本質及其意義，下章形容學道之士，此章言道之爲物，下章言士之爲人，二者似有聯繫，然物與人究非一體。姚說非是。陳柱云："自'隨之不見其後'以上，形容道體；自'執古之道'以下，言執古御今，義不相蒙，應各爲一章。"按："隨之不見其後"以前言道的本質，即道之體；"執古之道"以下，言道的意義，即道之用。體用相聯，不得分爲二章，陳說非是。

十五章

古之善爲士者，微妙玄通，深不可識。夫唯不可識，故强爲之容：豫兮若冬涉川，猶兮若畏四鄰，儼兮其若客，渙兮若冰之將釋，敦兮其若樸，曠兮其若谷，混兮其若濁。孰能濁以止？靜之徐清；孰能安以久？動之徐生。保此道者不欲盈。夫唯不盈，故能敝不新成。

解 微妙玄通——"微"是細微，即不粗糙。"妙"是巧妙，即不笨拙。"玄"是玄虚、概括，即不瑣碎。"通"是通達，即不執滯。

容——《說文》容部："容，貌也"。此所謂"容"即形容的意思。

豫、猶——二獸名。《禮記·曲禮·疏》："猶，玃屬；豫，象屬，二獸皆進退多疑，人多疑惑者似之。"魏源云："戒而後動曰豫"、"疑而不行曰猶"。

儼——《說文》儼字段注："《詩·陳風》'碩大且儼'。傳曰："儼，矜莊貌，《曲禮》注同。古借嚴爲之。""儼"即嚴肅的樣子。

渙——《說文》水部：“渙，散流也”。《周易·渙卦》：“渙，離也”。

敦——《詩·邶風》：“王事敦我”。毛曰：“敦，厚也”。

樸——《說文》木部：“樸，木素也”。“樸”即木的素質，即未經雕飾的木材。

曠——《說文》日部：“曠，明也”。段注“引伸爲虛空之稱”。

混——與“溷”通。《說文》水部：“溷，亂也。一曰水濁貌。”

古代的善士，細微、巧妙、玄虛、通達，好像深深地藏起來，人們是不能明確認識他的。因爲人們不能明確認識他，所以只能勉強給他作一些形容：他時常表現出戒備的樣子，就如同在冬天涉水過河的時候，因河水太冷，總是戰戰兢兢；他時常表現出疑懼的樣子，好像身處四鄰包圍之中，惟恐他們對自己有什麽不滿；他時常表現出嚴肅矜持的樣子，好像做客的情形；他又時常表現出渙散的樣子，好像冰將要消化的情形；他是敦厚的，好像沒有經過雕飾的木材；他是曠達的，好像山中的空谷；他是含渾的，好像濁水一樣。誰能使濁水老是那個樣子？因爲只要使它平靜，慢慢地它就要變成清水。誰能使東西長久安定不變呢？因爲只要使它運動，慢慢地它就要發生變化。事物是變化發展的，總是向反對的方面發展着，濁可以變爲清，定可以變爲動；因此微妙玄通的善士不願意走到極端。因爲不走極端，所以能抱殘守缺而不希望有新的成就。

“濁以止”、“安以久”，兩“以”字猶“而”。

“能敝”，即能抱殘守缺。

“善爲士者”，即普通所謂有志之士，是有志於學聖人還不是聖人的人。《論語》言：“士志於道”，(《論語‧里仁》)，此所謂“善爲士者”即志於道的士。

　　這一章可分上下二截看：上截從開首至“混兮其若濁”，是對於善爲士者的形容。他常是戒愼恐懼的樣子，他是既謹嚴又散漫的樣子，他樸實、曠達、含渾。這樣的形容可說是形容盡致了。“孰能濁以止”以下至末尾爲第二截，是說古之善爲士者在事物發展變化的過程中所持的態度。他認識到事物是發展變化的，而且是向它的反對方面發展變化的，但他不是要順應事物發展變化的規律促進事物的發展變化，而是消極保守，防止事物的發展，達到抱殘守缺的目的。這就說明老子的思想是反映沒落階級的保守性。

　　章句異同　“善爲士”，傅奕本作“善爲道”，馬敍倫、高亨均謂“士”當作“道”。按：王弼本及各本多作“士”，“士”可通。

　　傅奕本“容”下有“曰”字。

　　王弼本“豫兮”作“豫焉”，陸希聲本無“豫”、“猶”、“儼”、“渙”下四“兮”字，魏源從之。

　　“儼兮其若客”，王弼本“客”作“容”，景龍碑釋作“汋”。

　　“渙兮若冰之將釋”，高亨采易鼎順、劉師培、蔣錫昌諸家說，謂“將”字疑衍。冰解而後渙然離散，若冰將釋，仍在凝結，安得云渙哉！故有“將”字其文爲不通矣。高說未確。按：“冰將釋”即冰開始消解而未完全消解時的情形，這時冰的凝結和沒有開始消解的時候比較即呈現渙散狀態。若完全消釋，則是冰已化爲水，直可以說“渙兮如水”，何必說“渙兮若冰之釋”。

　　“敦兮”、“曠兮”、“混兮”，景龍碑無三“兮”字。

"靜之徐清"，傅奕本"靜"上有"澄"字，兩"徐"字上各有"而"字。

"孰能安以久？動之徐生"，陸希聲本無"久"字，司馬光本無"動"字。此從河上本。

"保此道者"，畢沅云：高誘注《淮南子》云："保本或作服"。

"故能敝不新成"，傅奕本作"自以能蔽而不成"，景龍碑作"能弊復成"，王弼本"敝"作"蔽"，或又作"弊"。按："敝"、"蔽"、"弊"通，本義當爲"敝"。"敝不新成"的"不"字，易順鼎言爲"而"字之誤。"能敝而新成者"即二十一章所云"敝則新"。按：此"敝不新成"，是承"夫惟不欲盈言"，正是要敝不新，不是要敝則新。易說未確。

十六章

致虛極，守靜篤；萬物並作，吾以觀其復。夫物芸芸，各歸其根。歸根曰靜，靜曰復命。復命曰常，知常曰明；不知常，妄作，凶。知常容，容乃公，公乃王，王乃天，天乃道，道乃久；沒身不殆。

解 ［致虛極，守靜篤；萬物並作，吾以觀其復］"致"即招致，取得的意思。《開元疏》："致者令必自來，如《春秋》致師之致"。按：此"致"即《大學》"格物致知"的"致"。"虛"即上文三章"虛其心"的"虛"。"靜"即下文三十五章"無欲以靜"的"靜"。"篤"，《爾雅·釋詁》："篤，固也。""復"，《說文》彳部："復，往來也"。此"復"即反覆、重複的意思。"致"與"守"言功夫，"極"與"篤"言造詣。

虛其心不是容易作到的，要加以"致"的功夫，無欲以靜也不是容易作到的，要加以"守"的功夫。致虛能到極點，守靜能夠鞏固，就對於兼存並育的萬物，可以觀察到它們的循環反復情形。"觀其復"也可以就觀察者言，即反復加以觀察的意思。草木的榮枯、動物的生殖死亡、人的禍福利害，以至氣候的春夏秋冬，這些現象古人看來都似循環反復的，即都是反復變化的。這就是萬物之"復"。人們要認識它們也必須反復加以觀察，即必須詳細加以觀察。要詳細觀察萬物反復變化的情況必須極虛心冷靜，所以《老子》說："致虛極，守靜篤；萬物並作，吾以觀其復。"

〔夫物芸芸，各歸其根。歸根曰靜，靜曰復命。復命曰常，知常曰明；不知常，妄作，凶〕"夫"猶"彼"。"芸"，《說文》艸部："芸，草也，似目宿。"此"芸"通"紜"或通"榮"，指如苜蓿一類的草長得很茂盛、很紛紜的樣子。"根"，即草木的根。"復"，《爾雅·釋言》："復，返也。""復命"的"復"與"觀其復"的"復"義有別。前者義爲返回，後者義爲反覆。"命"即孟子所謂"莫之致而至者命也"的"命"，即事物規律的必然性。如熱脹冷縮，先華後實，由生到死，這都是萬物的規律，這些規律都是離開人的意識而客觀存在的，是必然的，是不能由人改易的，這就是"命"。

這是由虛心冷靜的態度對事物反復觀察之後，將所得的情形以植物爲例所作的概括說明。如那些長得很茂盛、很紛亂的苜蓿草，從它們的枝葉上來看，是亂紛紛的、糾葛不清的，而從它們的根子上來看，則是任何一枝一葉都歸入一定的根子而不紊亂的，所以《老子說》說"夫物芸芸，各歸其根。"植物的枝葉隨風搖動是不能安靜的，而它的根子深入土中則是安靜不動的，歸到根子就可以說是"靜"；植物都是由根子生長的，根子是靜處在下的，可以說"靜"就返到事物規律的必然性了；所以《老子》說"歸根曰靜，是謂復命。"能返於事物規律的必然就可以永恆不變，能懂事物規律的必然性就叫作"明"；要是不懂得事物規律的必然性，憑自己主觀意見胡作妄爲，就是"凶"；所以《老子》說"復命曰常，知常曰明；不知常，妄作，凶。"

〔知常容，容乃公，公乃王，王乃天，天乃道，道乃久；沒身不殆〕"容"，即"有容德乃大"（《尚書·君陳》）的"容"，即"包容"的"容"。"王"，《正韻》："大也"。"殆"，危殆。能懂得事物永恆不變的必然規律就能包容一切，能包容一切就能公平，能公平就能廣大，能廣大就和天相同，能和天相同就合於道，合於道就長久；這樣就可以終身不至於危殆。

這是說人能懂得事物永恆不變的必然規律，就是得到道了，得到道就可以終身不至危殆。所謂道是什麼？就是虛無。王弼云：知常則"無所不包通，無所不包通則乃至於蕩然公平也，蕩然公平則乃至於無所不周普也，無所不周普則乃至於同乎天也，與天合德，體道大通，則乃至於極虛無也，窮極虛無得道之常，則乃至不窮極也。無之爲物，水火不能害，金石不能殘，用之於心則虎兕無所投其齒角，兵戈無所容其鋒刃，何危殆之有乎？"王說太玄，大體近是。

另解：〔歸根曰靜，靜曰復命。復命曰常，知常曰明；不知常，妄作，凶〕"命"，《易·說卦》："窮理盡性以至於命"，《注》："命者生之極"；《左傳·成十二年》："民受天地之中以生所謂命也"；《詩·周頌》："維天之命，於穆不已"；《箋》："命猶道也"。此所謂"命"，即生命的意思，也有道的意思。植物的枝葉是可以搖動的，植物的根柢是靜處土中不動的。根柢是植物所以生長的主要組織。對於一株植物，人能找得它的根柢，就可以說回到它的生命根源處，所以《老子》說"歸根曰靜，是謂復命。"回到生物的生命根源處就叫作"常"，"常"是永恆不變的意思。植物種類雖多，而無根不生，是永恆不變的規律。認識了永恆不變的規律就叫作"明"，"明"即智慧；不認識永恆不變的規律，胡作妄爲就是"凶"，"凶"即錯誤罪惡，所以說"復命曰常，知常曰明；不知常，妄作，凶。" 此數語頗費解，尤其"復命曰常"一語更費解。 王弼云："復命則得性命之常，故曰常也。" 蘇轍云："萬物皆作於性，皆復於性，猶華葉之生於根而歸於根。性命者萬物之根也。苟未能自復其性，雖止動息念以求靜，非靜也，惟歸根以復於命而後湛然常存矣。"[1] 前人解此數語多以"性"、"命"相連，《中庸》云："天命之謂性"，後人每以"性"、"命"並言，也可通。

章句異同　"靜"，傅奕本俱作"靖"。

"吾以"下，河上本有"是"字。

"觀"下，王弼本無"其"字，此從《淮南子》。

"夫物"，《釋文》作"凡物"。

"芸芸"，傅奕本作"貶貶"。

"各歸其根"，王弼本作"各復歸其根"，《莊子》作"萬物云云，各復其根"。

"靜曰復命"，王弼本作"是謂復命"，各本多作"靜曰復命"。 羅振玉云：景龍、《御注》、英倫三本並作"靜曰"。 按：上下文語氣

1　此處引文與華東師範大學出版 2010 年版稍有出入："萬物皆作於性，皆復於性，譬如華葉之生於根而歸於根，濤瀾之生於水而歸於水耳。苟未能自復其性，雖止動息念以求靜，非靜也。惟唯歸根。然後爲靜。" 參見蘇轍撰，蘇曙輝點校：《道德真經注》，華東師範大學出版 2010 年版，第 18 頁。——編者注

一律來說，作"靜曰"是，兹從各本。

　　"公乃王、王乃天"，焦竑云：龍興碑作"公乃生，生乃天"。馬敍倫云："弼注曰：蕩然公平則乃至於無所不周普也，無所不周普則乃至於同乎天也。蓋王本'王'字作'周'，'周'字壞脫成'王'，讀者以'王'字不可通，故龍興碑改'王'爲'生'耳。又疑'天'字乃'大'字之譌。"

　　章內五"乃"字，羅振玉云：景龍碑皆作"能"。

十七章

太上，不知有之；其次，親而譽之；其次，畏之；其次，侮之；信不足焉，有不信焉，悠兮其貴言；功成事遂，百姓皆謂我自然。

解 太上，其次——就等級言，"太上"是最好，"其次"是較差。也可以按時代言，古人厚古薄今，以爲太古最好，越到後來越差，"太上"即太古，"其次"即太古以後的時代。荀悅《申鑒》："民由水也。濟大川者，太上乘舟，其次則泅，泅者勞而危，舟者逸而安"。"太上不空市，其次不偷竊，其次不掠奪"，皆就等級言。

悠——《說文》心部："悠，憂也。"《詩·黍離》："悠悠蒼天"。《傳》曰："悠悠，遠意。"此"悠兮"，即憂深思遠的意思。

此言統治人民的情形和人民對統治者的態度有幾等幾樣：最上等的是，統治者"處無爲之事，行不言之教"，人民並不知道有什麼統治者。所謂"日出而作，日入而息；鑿井而飲，耕田而食；不識不知，順帝之則，帝力何有於我哉？"，就是對這種情形的描述。

其次是，統治者爲人民興利除害，視人民如子弟；因此人民對他們親如父母，譽爲聖人。再其次是，"道之以政，齊之以刑"，使人民對他們有所畏懼，不敢不服從。再其次是，專制壓迫，橫徵暴斂。這是對人民的迫害，人民不堪其苦的時候就要群起反抗，對他們加以侮辱。統治者相信人民，人民也就相信統治者；如果統治者對人民的信心不夠，人民對統治者也就要不相信了。一個好的統治者常常把自己的言語看得很貴重，誠恐言不符行，所以不隨便對人民說話。統治者真能處無爲之事，行不言之教，最後功成事就，百姓都說那是我們自然的成就，並不以爲是統治者的功勞。這樣，統治者和人民可說是化爲一體了，這是最上等的統治。

我們從社會發展史上來看，在沒有階級的原始公社時期，人們爲了有利於社會生產的工作，雖然有一些年長富有生產經驗的人從事組織和指導的工作，但是他們並沒有特殊地位和特殊權力，因而也就不能有比一般成員特殊的享受，更不能對一般成員施行剝削壓迫。他們和一般成員同工作同生活，一般成員毫不覺着他們有什麼特殊。這就是所謂"不知有之"。我國古人所傳說的堯舜以前的情形就可說是這樣。這就是所謂"無爲而治"，也就是所謂"處無爲之事，行不言之教"，"功成事遂，百姓皆謂我自然"。

以後，社會生活的集團逐漸擴大，社會的生產逐漸發達，社會的工作比較複雜，集團中的領導者顯得重要了，但在社會的階級還沒有確立的時候，領導者的利益和一般成員的利益還是一致或大體一致的，而不是完全對立的。領導者所要興的利就是大家的利，領導者所要除的害就是大家的害，所以人民對他們"親而譽之"。我國古人所傳說的夏禹以前的情形，就可說是這樣。

　　再以後，社會階級確立，統治者和被統治者的分別就是剝削階級和被剝削階級的分別，二者的利益是相反的、對立的。統治者總是少數人，被統治者總是多數人；被統治者對於統治者總是不甘心服從的，統治者乃不得不用國家、政權、法律等工具來約束和壓迫被統治者。這樣，被統治者在統治者的殘酷壓迫之下，對於統治者就不是"親而譽之"，而是"畏之"了。在階級社會上，就是在所謂"承平之世"，統治者殘酷手段還沒有完全暴露的時候，老百姓對於自皇帝以下的大小官吏，也沒有不畏懼的。從我國歷史上來看，夏商以後統治者和人民的關係就可以說是這樣情形。

　　再以後，社會的階級劃分愈深刻，階級鬥爭愈激烈。剝削階級對人民的統治愈來愈殘酷，被剝削階級對於統治者也就愈來愈加仇恨，到了矛盾十分尖銳的時候，人民起義推翻了統治階級的政權，毀滅了他們的身家性命，這就是所謂"侮之"。周秦以後每個王朝晚年的農民起義，就可以說是這種情形。

　　老子所謂"太上，不知有之"，當然是指原始公社的時代言，至於為什麼能夠有這樣情形，老子說不明白，至多也不過說，這是"處無為之事，行不言之教"的效果。明代末年有些皇帝終身很少和大臣相見，對於國家人民的事情根本不聞不問，可說"無為"與"不言"到了極點了，而李自成、張獻忠所領導的大規模農民起義，終於把明朝的統治權覆滅，明朝的統治者仍是被人民"侮之"。由此可見，所謂"不知"、"親而譽之"、"畏之"、"侮之"，必須從社會發展史的階級問題上纔能說明。我們知道，到了共產主義社會，沒有了階級，沒有了國家，沒有了政權，沒有了統治者和被統治者的分別，人們對於生產上的組織者和領導者也是"不知有之"，人們功成事遂之後也都可以說，這是我們大家的自然結果。

章句異同 "不知有之"，王弼本作"下知有之"，吳澄本作
"不知有之"，焦竑、魏源皆從吳本。按：末言"功成事遂，百姓皆
謂我自然"，即承首句"不知有之"言，作"不知有之"文簡義長，
茲從吳本。

"其次，親而譽之"，河上本作"其次，親之譽之"，傅奕本作
"其次親之，其次譽之"。

"其次，畏之；其次，侮之"，開元御注作"其次，畏之侮之"，
陳象古作"畏而侮之。"

"信不足焉，有不信焉"，傅奕本無下"焉"字；王念孫云：
"河上本無下'焉'字是也。'信不足'爲句，'焉有不信'爲句，
'焉'於是也有，言信不足於是有不信也。"陸希聲本二"焉"字均
無，魏源從陸。

"悠兮其貴言"，傅奕本、焦竑本"悠"作"猶"，傅本"貴言"
下有"哉"字 ，《釋文》云"悠一本作由"，陸希聲本無"兮"字。

"事遂"，一本作"名遂"。

"皆謂"，傅奕本作"皆曰"，司馬本無"皆"字。

"功成事遂，百姓皆謂我自然"十一字，馬敘倫言當爲三十七
章¹之文，可供參考。

---

1 本書編爲第三十五章。——編者注

十八章

　　大道廢，有仁義；智慧出，有大僞；六親不和，有孝慈；國家昏亂，有忠臣。絕仁棄義，民復孝慈；絕聖棄智，民利百倍；絕巧棄利，盜賊無有。此三者，以爲文，不足；故令有所屬。見素抱樸，少私寡欲，絕學無憂。

　　解　［大道廢，有仁義］“大道”就是道，二十三章云：“有物混成，先天地生；寂兮寥兮，獨立而不改，周行而不殆，可以爲天下母。吾不知其名，字之曰道，强爲之名曰大。”“大道”就是常道。常道是不可名的，所以《老子》說“道常無名”（三十章），“道可道，非常道”（一章）。“道常無爲而無不爲”（三十五章），所以道體現爲“處無爲之事，行不言之教，萬物作焉而不辭，生而不有，爲而不恃，功成而弗居。”（二章）道是至大無外無所不包的，所以《老子》說“萬物歸焉而不爲主，可名爲大。”（三十二章）由此可見，所謂“大道”是不可名，不可說，無分別，無差異，無所不包的。“仁”是愛的意思，“義”是宜的意思。“仁義”是可名的，是有爲的，是有分別的，而不是無所不包的。它和道是不同的，它是在"大道"不行的時候纔出現的，所以纔說"大道廢，有仁義"。如果把"大道"解釋爲無階級社會上人們的生活精神，"仁義"就可以說是階級社會人們的道德名稱。在無階級的原始公社時代，人們共同協作，互相友愛，是沒有什麼道德名稱的，因爲當時的生產工具粗笨，生產力薄弱，人們的重要問題是取得生活資料的生產問題，即人和自然的鬥爭問題，而不是社會問題，即不是人和人鬥爭的問題，所以不需要道德名稱來約束人的行爲。而且當時人們的文化程度幼稚，抽象思維的能力很差，也不可能產生一些抽象的道德概念。後來私有制成立，社會上有了階級的矛盾，在階級鬥爭的過程中，統治階級爲了團結自己的階級成員，打擊、欺騙或麻痹被統治階級，於是有所謂"仁義"等道德名稱。既有仁義的名稱，反面就有不仁不義的名稱。怎樣分別仁與不仁，義與不義？那就因立場的不同而不同了。在統治者看來，人民不出粟米麻絲以事其上，是不仁；在人民看來，統治者橫徵暴斂，驕奢淫佚，是不仁。農民起義在被壓迫者來看，是實行大義，而在壓迫者來看，則是大逆不道。莊子所謂"竊國者侯，竊鉤者誅，諸侯之門而仁義存焉"（《莊子·胠篋》），就是這個道理。恩格斯講到階級社會所謂"愛的道德"時說："統治階級把自己跟全社會視爲同一個東西，好像凡對統治階級是好的，對全社會也一定是好的，所以文明愈向前進展，那它愈不得不以愛底外套來遮掩它所必然產生的劣點，粉飾這些劣點或虛偽地否認他們——總而言之，愈運用因襲的偽善，這種偽善是原始社會形式或文明底第一個階段所不知道的。它最後達到這樣一種主張，被壓迫階級之受剝削階級的剝削是爲了被剝削階級的自身利益；如果後者不懂得這一點，甚至開始叛亂起來，那末這是對恩人即對剝削者底一種最卑劣的忘恩負義。"[1] 老子所謂 "大道廢，有仁義"，是沒有能夠如恩格斯這樣的明確認識，但是我們可以這樣理解。

［智慧出，有大偽］ 這句話的意思也只有從歷史的發展上來理解。人的知識不外生產鬥爭的知識和階級鬥爭的知識。由生產鬥爭的知識積累而成爲自然科學，由階級鬥爭的知識積累而成爲社會科學。人們在原始公社時代，是只有生產鬥爭的知識，而沒有階級鬥爭的知識。生產鬥爭的知識也有真偽，真的知識是和客觀現實相符而能獲得預期結果的，偽的知識是和客觀現實不相符而不能獲得預期結果的。這樣的偽知識是限於客觀條件和主觀能力而有的，是不可避免的。到了社會上有了階級之後，隨階級矛盾的尖銳而鬥爭激烈，人們對於階級鬥爭的知識就迫切需要了。在階級社會，文化由統治階級所壟斷，被統治的勞動人民因爲沒有受教育的機會，多是愚昧無知的。所謂知識份子，也多是由剝削階級出身，或爲剝削階級所豢養的。因此在階級社會上所獲得、所傳授和所宣揚的一些知識多是約束人民、欺騙人民或麻醉人民的東西，多是有利於剝削階級統治人民的工具。階級鬥爭的知識是如此，就是生產鬥爭的知識，在統治階級壟斷文化之後也失去本來的意義而多神秘化了。因此在勞動人民看來，所謂知識多是騙人的，所以《老子》說 "智慧出，有大偽"。老子這話並不是站到勞動人民的立場上說出來的，所以雖然相當正確，但是還嫌籠統。

［六親不和，有孝慈；國家昏亂，有忠臣］ 王弼云："六親，

---

[1]　恩格斯:《家庭私有制和國家的起源》，人民出版社 1955 年版，第 170 頁。

父子、兄弟、夫婦也。”“孝慈”，“孝”就子女對父母言，“慈”就
父母對子女言。親子之愛是人的天性。父母慈愛子女，子女孝順父
母，在正常的情況下並沒有什麼特別表現，到了親屬不和的時候
纔能特別顯出。如我國古代傳說舜、申生和閔子騫等人的故事是。
“國家昏亂，有忠臣”也是這種意思。在國家承平的時候，爲臣的各
守其職，各盡其責，並不能特別顯出某人是忠臣；到了國家昏亂的
時候，有些臣子爲了保衛國家人民，或對君直言忠諫，或對敵奮身
抗擊，甚至犧牲身家性命而不惜，如古代的龍逢、比干、伍員和後
世的岳飛、文天祥、史可法等人是。文天祥《正氣歌》說：“皇路當
清夷，含和吐明庭；時窮節乃見，一一垂丹青”，就是這種情形。

　　［絕仁棄義，民復孝慈；絕聖棄知，民利百倍；絕巧棄利，盜
賊無有］　這是老子根據以上所說的情形，對於所謂世道人心提出
來的辦法。所謂仁義、智慧等既然給人們帶來這樣不好的事情，那
末，要使得世道人心復歸於好，只有把那些東西完全棄絕。棄絕了
仁義，人民的親子之愛不僅不會受到損失，而且因爲沒有虛名的
計較，親子之愛更加真摯了。棄絕了聖智，人民的利益不僅不會減
少，而且因爲沒有欺騙、壓迫和剝削，人民的利益更加增多了。棄
絕了巧利，世界上既沒有可以貪求的貨物，人們也就沒有貪求的思
想，因而也就沒有盜賊一類人了。巧利指人的技術言，也兼指一些
精巧便利的東西言。

　　［此三者，以爲文，不足；故令有所屬。見素抱樸，少私寡
欲，絕學無憂］　“此三者”指上文所舉仁義、聖智與巧利言。“文”
對“質”言，即文采、文明的意思。人們以爲仁義、聖智與巧利是
社會的文采，即世界文明的表現，事實上它們並不足爲文明，而適

足損壞了世道人心，所以還是把它們安置到別處去吧，我們不需要它們。棄絕了這些東西，人們就可以看清事物的本質，抱持樸實的態度；減少了私心，降低了欲望；不必學習，也沒有憂慮。"故令有所屬"，即使它們有所歸屬，好像今日說把它們送到歷史博物館去吧。

　　從這一章可以看出，老子對於階級社會的道德觀念的片面性、欺騙性和對人民的危害性是大體見到了；但是他並沒有認識到它之所以如此的原因，即只是作了一些現象的敍說，沒有能夠說明其所以然。至於為了矯正這些偏弊而主張根本棄絕仁義、聖智與巧利，聽來似乎很激烈，實際上是不可能的，而且也是不應當這樣做的。因為私有制存在一天，階級的對立就存在一天，文化就一定由統治階級所壟斷，所謂道德和智慧就都打有階級的烙印，就都是統治階級為了鞏固其統治地位用以壓迫、欺騙與麻痺人民的。所以在私有制社會，要棄絕仁義、聖智與巧利是根本不可能的，因為這些東西是對統治階級有利的，統治階級是絕對不願意棄絕的，而被統治階級則是無能為力的。但是到了公有制的共產主義時代，階級的對立沒有了，所謂仁義、聖智與巧利也就沒有階級的烙印。仁義不是片面性的，而是成為同志之愛與公共之義了。聖智不是欺騙性的，而是成為正確的科學知識了。巧利不會導致人為盜賊而是為全人類增進幸福了。限於歷史條件，這樣的思想是老子不可能有的。老子的思想是空想的、復古的，是反映了沒落的奴隸主階級仇視封建地主階級的倒退思想。這正是王夫之所謂"激俗而故反之則不公"。（《老子衍》）

恩格斯說:"原始公社權力……它是受這種影響而打破的,這種影響在我們看來,簡直是一種墮落,從古昔氏族制度之純樸的道德高峰的墮落。最卑下的利益——庸俗的貪欲,狂暴的情欲,卑劣的吝嗇,對公有財產之自私自利的掠奪——揭開了新的、文明的階級社會;最可鄙的手段——偷竊、暴力、狡詐、背叛——毀傷了舊的沒有階級的氏族制度,以至把它們引向崩潰。而這一新社會自身,在其整整兩千五百餘年的存在期間,只是一幅損害被剝削和被壓迫的絕對大多數人以發展區區少數人的圖畫罷了,而這種情形,現在比從前更加厲害了。"[1] 這段話可作我們瞭解《老子》此章的根據。

"絕學無憂",可有三種解釋。一種解釋是絕學則可以無憂,是說"爲學日益",學的愈多,知識愈多;知識愈多,欲望也愈多;欲望愈多,憂慮即愈多;所以不學就可以無憂。按:學愈多而憂愈多的說法根本是無知妄說,不可取。另一種解釋是絕學不足爲憂。這是說"爲學日益,爲道日損;損之又損,以至於無爲;無爲而無不爲。取天下常以無事;及其有事,不足以取天下。"(四十四章)人只要爲道就可以"無爲而無不爲",不學是不足爲憂的。此說按《老子》四十四章似可通,惟在此與上文"見素抱樸,少私寡欲"文義不類。第三種解釋是棄絕學習,也無憂愁。"絕學"與"無憂"二者是平列並舉的,是有聯繫的,並不是有因果關係。此說與上文"見素抱樸,少私寡欲"文義類同。我取第三說。

1　恩格斯:《家庭私有制和國家的起源》,人民出版社 1955 年版,第 94 頁。

章句異同　此章前人多據河上本分爲二章，即自“國家昏亂，有忠臣”以上爲一章，“絕聖棄智”以下爲另一章。《永樂大典》王弼本合爲一章，茲從之。吳澄本將上章也併入此章，即併河上本三章爲一章，文義似不銜接，茲不取。

末句“絕學無憂”，王弼本原爲下章首句，唐張君相提置此章末，歸有光、姚鼐、高亨諸家從之。茲從張歸姚高。易順鼎云：“《文子》引‘絕學無憂’在‘絕聖棄智’之上，疑古本如此。”《文子》所引乃斷章取義，易說未確。

“大道廢，有仁義；智慧出，有大偽”，傅奕本“廢”下、“出”下並有“焉”字。

“孝慈”，傅奕本作“孝子”。

“忠臣”，傅奕本作“貞臣”。

“絕聖棄智”二句，各本在“絕仁棄義”二句之上。《永樂大典》王弼本及吳澄本，“絕聖”二句在“絕仁”二句之下。按：上文“仁義”在上，“智慧”在下，《永樂大典》王弼及吳澄本是，茲從之。

“以爲文，不足”，傅奕本作“以爲文而未足也”，李約本也作“未足”。

十九章

　　唯之與阿，相去幾何？善之與惡，相去何若？人之所畏，不可不畏。荒兮其未央哉！衆人熙熙，如享太牢，如春登臺；我獨泊兮其未兆，如嬰兒之未孩；儽儽兮若無所歸。衆人皆有餘，而我獨若遺，我愚人之心也哉！沌沌兮，俗人昭昭，我獨昏昏；俗人察察，我獨悶悶；澹兮其若海，飂兮若無止。衆人皆有以，而我獨頑似鄙。我獨異於人，而貴食母。

　　解　唯、阿——焦竑云"皆應聲，唯恭而阿慢。"《說文》口部："唯，諾也"。劉師培云："'阿'當作'訶'。《說文》：'訶，大言而怒也。'廣雅釋詁：'訶，怒也。''訶'俗作'阿'。""唯"爲恭敬的應聲，"阿"爲傲慢的應聲。

　　荒——大。

　　央——《說文》冂部："央旁同意。""未央"即無邊際的意思。

　　熙熙——快樂的樣子。

　　太牢——牛、羊、豬俱全的餐宴。"牢"爲牛羊豬的圈，牛羊豬俱全名爲"太牢"。

泊——止，靜止的意思。

兆——《說文》八部：“兆，分也。”段注：“兆從重八（仌）者分之甚也，龜兆其一也。凡言朕兆者如舟之縫，如龜之坼。”“兆”即今言“預兆”、“朕兆”、“跡象”，此處可講作表現。

孩——《說文》口部：“孩，古文咳。咳，小兒笑也。”

儽——“儽”與“纍”、“儡”、“傫”通。《廣雅》：“傫傫，疲也。”《集韻》：“病困謂之儽。”

沌——與“忳”同。《類篇》：“忳，愚也”。

昭昭——明亮的樣子。

昏昏——昏暗的樣子。

察察——聰明的樣子。

悶悶——癡憨的樣子。

澹——《說文》水部：“澹，水搖也”。

飂——《說文》風部：“飂，高風也。”

以——猶“用”。

鄙——鄙人，鄙夫的“鄙”，鄙陋、樸野的意思。“頑似鄙”即頑固的好像鄉下佬。

食母——魏源云：“食母見《禮祀·內則篇》，即乳母也。”按：二十三章云：“有物混成，先天地生；寂兮寥兮，獨立而不改，周行而不殆，可以爲天下母。吾不知其名，字之曰道”。四十八章云：“天下有始，以爲天下母。既得其母，以知其子；既知其子，復守其母；沒身不殆。”此“食母”即指道言。

世界上的事物和人們思想中的概念都是有對立兩方面的，對立的兩方面是絕對不同的，但它們並不是有很大的距離，而是非此即彼，非彼即此，彼此之間好像沒有什麼距離的。如對人的應答，恭敬的應聲和傲慢的應聲，是兩種對立的應聲，但是不恭敬就是傲慢，不傲慢就是恭敬，敬與慢，能有多大的差距？又如人們所說的善和惡，也是非善即惡，非惡即善，善與惡又能有多大的差距。一切是非、利害、禍福的對立都是如此，因此人們所怕的事情，不可以不戒慎恐懼。因為稍一不慎，善就成為惡，是就成為非，利就成為害，福就成為禍。世界是廣大無邊的，人們生活於其中，眾人多是快快樂樂，如同吃到了豐美的餐宴，如同春天登上了樓台；我獨靜靜地好像沒有表現的樣子，也好像嬰兒還不會發笑的樣子；又好像疲累不堪而無家可歸的樣子。眾人都好像有多餘的東西，獨有我好像遺失了東西的樣子。我的心真是愚人的心嘛！愚蠢嘛！俗人是明亮的，獨我是昏暗的；俗人是聰明的，獨我是癡愨的；我飄搖不定好像大海的水，我流動不止好像高空的風。眾人都有他的作用，獨有我是頑固的好像鄉下佬。我獨和眾人不同，我所貴重的是我的奶媽——道。

“食母”即乳母，奶媽，指道言。為什麼不說“貴母”或“貴生母”，而要說“貴食母”？是承上文“如嬰兒之未孩”言，嬰兒最需要的是奶，所謂“有奶便是娘”確是嬰兒的實在情形，所以《老子》說“貴食母”。嬰兒離不了食母，就如人離不了道，“貴食母”就是守道。

此章描寫守道者的情形。“不可不畏”以上是說事物與概念的對立並不是二者之間有很大的差距，而是非此即彼，非彼即此，非正即反，非反即正。古人所謂“放下屠刀，立地成佛”，今人所謂

"不是朋友，便是敵人"，"不革命就是反革命"，就都是這種意思。因此我們要戒慎恐懼，時時守道。"荒兮其未央哉"以下就是告人怎樣守道的情形。"衆人"是不懂得守道的，"我"是堅持守道的，以"衆人"作反襯，"我"的守道情形就可以特別顯出。

章句異同　"善之與惡"，傅奕本"善"作"美"。

"何若"，王弼本作"若何"。此從傅奕。此文"阿"、"何"爲韻，"善"、"惡"爲韻，作"何若"是。

"荒兮其未央哉"，景龍碑"荒"作"忙"，傅奕本無"哉"字。高亨疑原在"我獨泊兮其未兆"下，可參考。

"我獨泊兮其未兆"，"泊"一作"怕"，傅奕本作"魄"，景龍碑作"我魄未兆"，《釋文》"泊"作"廓"。

"儽儽兮若無所歸"，河上本"儽儽"作"乘乘"，傅奕本作"儽儽兮其不足，以無所歸"，陸希聲本作"儽儽兮若不足，似無所歸"。

"而我獨若遺"，傅奕本無"而"字。

"沌沌"，河上本作"純砘"，《釋文》云或作"忳忳"。

"沌沌兮"，高亨疑當在"如嬰兒之未孩"前，可參考。

"俗人"，河上本作"衆人"。

"昭"，《釋文》云一作"照"。

"昏昏"，一本作"若昏"。

"察察"、"悶悶"，傅奕本作"詧詧"、"閔閔"。又"昭"、"詧"上並有"皆"字。

"澹兮其若海，飂兮若無止"，一本作"忽若晦，寂若無所止"，一本作"忽兮其若晦，飂兮似無所止"，一本作"飄兮其若海，飂兮若無所止"。此從王弼本。

"異於人"，傅奕本作"欲異於人"。

"貴食母"，開元本作"貴求食於母"。自注云："舊無'求於'二字，予所加也。"開元不知"食母"即"乳母"，而把"食"字當作動詞以爲"食母"不可通，故有此增改。劉師培疑"食母"的"食"當作"得"，"得母"即四十八章"得其母"之義，"得母"即是得道。按："食母"即乳母，不須改字，劉說未確。

二十章

　　孔德之容，惟道是從。道之爲物，惟恍惟惚。惚兮恍兮，其中有象；恍兮惚兮，其中有物。窈兮冥兮，其中有精；其精甚真，其中有信。自古及今，其名不去，以閱衆甫。吾何以知衆甫之然哉？以此。

　　解　[孔德之容，惟道是從] 《說文》乚部：“孔，通也。”宀部：“容，盛也，從宀谷。”徐鉉云：“屋與谷所以盛受也。”《增韻》：“容，受也，包函也。”“德”即道德的“德”。道德的德，《說文》爲“悳”，“悳，内得於己，外得於人也”。《六書精蘊》：“直心爲悳，生理本直，人行道而有得於心爲悳”。韓愈云：“足乎己無待於外之謂德”。古人講德多就人的行爲品質言，所以《正韻》云：“凡言德者善美正大光明純懿之稱也。”按：“德”即今所謂屬性，不僅限於人，也不是專指好的行爲品質，所有的物都有德，所有的屬性的都是德，所以有美德、吉德，也有惡德、凶德。《老子》書中所講的道德，雖然也是以人爲主，卻不是僅限於人，而是包括所有的物而言。道就是事物的規律，德就是事物的屬性，事物的屬性有本質屬性與非本質屬性，事物的主要屬性是本質屬性，所以德也可說就是事物的本質屬性，或簡稱爲本質。"孔德"即通德，即一類事物所通有的屬性。一類事物所通有的屬性即該類事物的本質屬性。"孔德之容，惟道是從"，是說一類事物所通有的本質屬性的內容是根據一定的規律而規定的。例如，生物都有生命，這是它的本質；生物有生有死，就是它的規律。生物的生命是根據生物的生死規律而規定的，人有人的生死規律，牛馬有牛馬的生死規律，草木有草木的生死規律，所以人的生命和牛馬的生命不同，牛馬的生命和草木的生命不同。又如，國家隨階級的出現而出現，隨階級的消滅而消滅，這是它的規律，一個階級對其他一個階級的壓迫就是它的本質。有階級就有階級的壓迫，沒有了階級就沒有階級的壓迫，這就是國家的本質，是根據國家的規律而規定的。這些情形就都是所謂"孔德之容，惟道是從"。前人多將此所謂"道德"只從人的方面言，非老子本義。蘇轍云："道無形也，及其運而爲德，則有容矣，故德者道之見也。自是推之，則衆有之容，皆道之見於物者也。"此說近是，不夠明確。蘇轍似解"容"爲形容或容貌。《釋文》云："簡文云：'容，狀也'。"蘇解本此，也可通。

　　[道之爲物，惟恍惟惚。惚兮恍兮，其中有象；恍兮惚兮，其中有物。窈兮冥兮，其中有精；其精甚真，其中有信] 王弼云："恍惚，無形不繫之歎"。"窈冥，深遠之歎"。"精"，《說文》米部："擇米也"，引伸爲最好的東西，如精華、精粹、精神等。王弼云："信，信驗也。"

　　事物的本質是根據事物的規律而規定，那麼，所謂規律究竟是一個什麽東西。規律是抽象的，是難以指出的，是恍恍惚惚，不可捉摸的。說它完全沒有形象嗎？不可以，恍惚它是有形象的；說它沒有實在的東西嗎？也不可以，恍惚它是有實在的東西。它是深邃的，但不是空空洞洞的，而在它的裏面是有最好的精華；這種精華是真實的，而且是在事實上有徵驗的。

這意思用今日的話簡明來說就是：規律不是人們能用感覺認識的，而是要用理性認識的。它不是具體事物，沒有形象可見，但它是以具體事物爲根據的。它像是空空洞洞，實際上是有內容的。它有真實的精華，它可以從事實上得到徵驗。

〔自古及今，其名不去，以閱眾甫。吾何以知眾甫之然哉？以此〕"名"，指道的名稱。"閱"，《說文》門部："閱，具數於門中也"，即對於出門者察而數之，今言"檢閱"。"眾甫"，甫者，稱謂之直詞。王弼云："眾甫，物之始也。"蘇轍云："甫，美也"，"眾甫"即萬物之美。魏源云："眾甫猶言眾有。《廣雅》云：甫，眾也。俞樾云："甫與父通，眾甫者，眾父也，就是萬物各有從生之父，而'眾父'又生於道。"按：將"眾甫"解爲"物之始"、"萬物之美"和"萬物之父"都牽強。魏據《廣雅》訓"甫"爲"眾"，則"眾甫"爲"眾眾"，也難通。前人多解爲"眾有"，較通。此處姑解爲"眾有"，"眾有"即眾物。但字書"甫"無作"有"義者，此解也頗不安。

此言道的作用。自古及今，道這個名稱是不能去的，因爲人們要用道來檢閱所有的事物。世界上的事物是很多的，我們對於事物的認識，絕不能把所有的事物一個一個都親身閱歷，只要

掌握了事物的規律，就可以認識了所有事物的真實情況，所以
《老子》說"吾何以知衆甫之狀哉？以此。""此"即道，即事物
的規律。

此章開首說明道與德的關係，以下就全是關於道的說明。自
"道之爲物"至"其中有信"是對道的本質的說明。"自古及今"以
下是對於道的作用的說明。首章說："道可道，非常道；名可名，
非常名。無名天地之始；有名萬物之母。"此章所說的道，是爲德
所從屬的道，德是事物的屬性，道是事物的規律，因此，此章所說
的道是可道的道。因爲是可道的道，所以有名；因爲"有名，萬物
之母"，所以"自古及今，其名不去，以閱衆甫"；因爲"常有，欲
以觀其徼"，所以"何以知衆甫之然哉？以此。""衆甫"之狀即所
謂"徼"。"其名不去"即常有名的意思。

章句異同　"是從"，紀昀云："'是'大典作'之'"。

"惚兮恍兮"四句，河上本上下互易，"恍惚"，同上作"恍
忽"；傅奕本作"芒芴"。開元本無前三"其"字。顧歡本作"惚
恍中有物，恍惚中有象，窈冥中有精。"《文選注》及焦竑本作"忽
兮悅，其中有象；悅兮忽，其中有物；窈兮冥，其中有精。"陳柱
據羅振玉所記《御注》本、英倫本、景龍本，定爲"芴兮芒，中有
象；芒兮芴，中有物；窈兮冥，中有精。"

"其精甚真"，龍興碑本無此句。

"自古及今"，傅奕本作"自今及古"。

"吾何以知衆甫之然哉"，傅奕本"何以"作"奚以"；"然"，
王弼本作"狀"，傅奕本作"然"，紀昀云："各本俱作然"，高亨

云 :“狀當作然。蓋古然作肰，因譌爲狀也。”作“然”是，據正。
李約本無“哉”字。《釋文》云 :“一作吾何狀哉。”

　　姚鼐將此章與上章合爲一章，言“‘唯之與阿’以下，求道者
之狀。‘道之爲物’以下，得道者之實。”姚說可供參考。

二十一章

曲則全，枉則直，窪則盈，敝則新，少則得，多則惑。是以
聖人抱一爲天下式。不自見，故明；不自是，故彰；不自伐，故有
功；不自矜，故長。夫唯不爭，故天下莫能與之爭。古之所謂“曲
則全”者，豈虛言哉？誠全而歸之。

解　曲——《禮·中庸》：“其次致曲。”朱熹注：“曲，一偏
也”。“曲”即不完全，一部分的意思。

則——能。

枉——屈也。

窪——《釋文》顧云：“窪，洿也”。“窪”即低凹處。

惑——《說文》心部：“惑，亂也。”

一——此“一”與《論語》“吾道一以貫之”（《論語·里仁
篇》）的“一”義同，也就是《書經》所謂“惟精惟一”（《大禹
謨》）的“一”。“一”就是簡單扼要的最高原則，“抱一”就是“抱
道”，就是掌握簡單扼要的原則。

式——王弼云：“式猶則之也。”“式”即今言法式、模式、公式。

伐——自稱其功曰“伐”。

矜——《公羊》僖九年：“矜之者何？猶曰莫若我也。”“矜”即自滿。

偏曲的東西能成爲完全的東西，枉屈的東西能成爲正直的東西，低凹的地方能成爲盈滿的地方，敝舊的東西能成爲新鮮的東西，東西少了能夠再有所得，東西多了就要惑亂。因此聖人不是貪多務得，而是抱持惟一的道作爲天下人的法式。世界上的事物都是向相反的方面發展着。不執着主觀偏見，所以能對事物看得明白；不獨斷自是，所以能使自己彰明顯著；不誇說自己的功勞，所以能有功勞；不自滿，所以能有長進。只因與人不爭，所以天下沒有能和你爭的。古人所說“曲則全”這些話，豈是假話嗎？實在是完全正確，而人們可以歸依信從的。

前人多將“曲”解爲曲直的“曲”。蘇轍云：“理之所在，或直或曲，要於通而已，通故與物不迕，不迕故全也。”呂惠卿云：“曲者曲之自然者也，枉者曲之使然者也。”均未確。按：“曲”爲“全”的對立面，“枉”爲“直”的對立面，“曲”與“枉”無共同之處。魏源云：“此以‘曲則全’一語始終之者，蓋不欲直，不欲盈，不欲新且多，皆不求全之推也。”按：本章開首以“曲則全，枉則直，窪則盈，敝則新，少則得，多則惑”六事並舉，結尾只言“古之所謂‘曲則全’”，可有兩種解釋：一種解釋是“曲則全”

爲古語，"枉則直"等五事是老子據古語而加的類比推辭，因此，結尾只說"古之所謂'曲則全'"。另一種解釋是"曲則全"等六事都是古語，結尾只言"曲則全"爲古語而不及其他五事，是省略語，舉"曲則全"一語即概其他五事。據文義，似開首六句皆爲述古語，"是以聖人抱一爲天下式"以下纔爲老子根據古語所說的話。

"誠全而歸之"一語，各家解釋多有難通處。按：此語與"豈虛言哉"爲一反一正的同義語，即言古之所謂"曲則全"等話不是假話，是完全正確而人們可以歸依信從的。"全"即完全，"歸"即依歸，這是表示對於"曲則全"等話的道理極其信服的意思，這是古今語言中常見的說法。不必故作高深解。魏源云："此豈虛語哉？夫固誠然之理之效也。"魏說近是。

此章首先列舉事物向反對方面發展的六種事實，由此證明，謙虛不爭是唯一最好的道，聖人就是抱持此道的。

章句異同　"枉則直"，傅奕本及景龍碑本"直"作"正"。

"窪則盈"，河上本"窪"作"窊"，顧歡本"窪"作"洼"。窪窊洼義同，皆地勢低陷的意思。

"是以聖人抱一爲天下式"，傅奕本無"是以"二字，"抱一"下有"以"字。

"夫惟不爭，故天下莫能與之爭"，河上本作"夫惟不矜，故天下莫與之爭。"

"豈虛言哉？"，傅奕本"哉"上有"也"字。

　　馬敘倫言，自"不自見，故明"至"不自矜，故長"當在二十三章[1]"自矜者不長"以下。陳柱不以馬說爲然，而言"夫惟不爭，故天下莫能與之爭"當在六十八章[2]内。可供參考。

1　本書編爲第二十二章。——編者注
2　本書編爲第六十四章。——編者注

二十二章

　　希言自然。故飄風不終朝，驟雨不終日。孰爲此者？天地。天地尚不能久，而況於人乎？故從事於道者，道者同於道，德者同於德，失者同於失。同於道者，道亦樂得之；同於德者，德亦樂得之；同於失者，失亦樂得之。信不足焉，有不信焉。企者不立，跨者不行，自見者不明，自是者不彰，自伐者無功，自矜者不長。其在道也，曰餘食贅行，物或惡之，故有道者不處。

　　解　［希言自然。飄風不終朝，驟雨不終日。孰爲此者？天地。天地尚不能長久，而況於人乎？］“希”，《說文》無“希”字，禾部：“稀，疏也。”“希”與“稀”同。十四章云：“聽之不聞名曰希。”《釋文》云：“希，疏也，靜也。”《廣韻》：“希，止也，散也。”此所謂“希”大體和十四章的“希”義同，而又有一些特殊意義，即疏散、和緩、寧靜的意思，即不緊張，不急躁的意思。“言”，語詞，《詩》云：“駕言出遊”、“靜言思之”，“言”猶“乃”。“飄風”，《詩·何人斯·傳》：“飄風，暴起之風。”“驟雨”，急雨。

　　疏散寧靜而不緊張急躁乃是自然的情形。暴風刮不了一早晨，急雨下不了一整天，急風暴雨是誰幹的呢？是天地幹的。這就說明緊張急躁的情形就是天地也不能維持長久，何況人呢？

[故從事於道者，道者同於道，德者同於德，失者同於失。同於道者，道亦樂得之；同於德者，德亦樂得之；同於失者，失亦樂得之。信不足焉，有不信焉]因此，從事於道的人，他們依從自然情形，從容不迫，使自己認爲是事物規律的東西能和真正的事物規律相符合，使自己認爲是事物本質的東西能和真正的事物本質相符合，使自己認爲不是事物本質的東西就不是實在事物所具有的。如果人認識的事物規律和真正的事物規律一致，這是快樂的；如果人認識的事物本質和真正的事物本質一致，也是快樂的；如果人認識的事物所沒有的屬性和事物實際缺乏的情形一致，也是快樂的。對於真理的認識，先要能自信然後使人相信，如果自己信心不夠，別人也就不能相信了。

三個"樂"字即指主觀認識和客觀實際一致、沒有抵觸矛盾的快樂情形。"失"與"德"相對。"德"同"得"，即得到的意思，"失"即失去的意思，此處"德"爲肯定事物有某種屬性的意思，"失"爲否定，事物沒有某種屬性的意思。前者如言"古之善爲士者微妙玄通"，就是說"古之善爲士者"有"微妙玄通"的這些屬性，即此所謂"德"。後者如言"善行無轍跡，善言無瑕謫"，就是說"善行"沒有"轍跡"這些屬性，"善言"沒有"瑕謫"這些屬性，即所謂"失"。人們對於事物所作的判斷，不外肯定與否定兩種性質，肯定判斷即此所謂"德"，否定判斷即此所謂"失"。"道者同於道，德者同於德，失者同於失。同於道者，道亦樂得之；同於德者，德亦樂得之；同於失者，失亦樂得之"雖似平列語句，實際上，道、德、失三個概念不是平列概念。道爲主體，德爲從屬，失爲德的否定，不能因語句形式的平列而誤認爲道、德、失三個概念也是平列的。這三句話頗費解，前人注解多委曲繳繞，難通。

　　[企者不立，跨者不行，自見者不明，自是者不彰，自伐者無功，自矜者不長。其在道也，曰餘食贅行，物或惡之，故有道者不處]“企”，《說文》人部：“企，舉踵（踵）也。”“踵”是足跟，“舉踵”即舉起足跟，即以足尖站立。“跨”，《說文》足部：“跨，渡也”，今言跨越，即大步，即兩步並作一步走的樣子。

　　上段言從事於道者同乎自然的情形，此段言不從事於道者違乎自然的情形。提起足跟用足尖立地的人是站不住的，兩步並作一步跨越行走的人是走不好的，執持主觀偏見的人對於事物是認識不清的，自以爲是的人是不能有表現的，自稱有功的人是無功的，自以爲滿足的人是不能長進的。這些情形都不是自然的，而是勉强的；都不是疏散寧靜的，而是緊張急躁的。按道來說，就叫作吃剩的食物和無用的行爲，人多討厭，所以有道的人不是這樣幹的。

　　“餘食贅行，物或惡之”，司馬光云：“行、形古字通用，棄餘之食，適使人厭；附贅之形，適使人醜。”也可通。高亨云：“贅行，義不可曉，疑‘行’當作‘衣’。古文‘衣’作‘衤’，‘行’作‘彳’，形似而誤。……‘餘食贅衣’猶言餘食餘衣。食有餘則饑者忌之，衣有餘則寒者忌之，故曰‘物或惡之’”。此說可參考。按：“餘食”即人吃剩的東西，“贅行”如古人所說的“畫蛇添足”、“毀瓦畫墁”、“揠苗助長”等事。古人說：“不作無益害有益。”贅行即不僅“無益”，而且“害有益”的事情。“自見”、“自是”、“自伐”、

"自矜"，就都是"無益害有益"的。

"物"指衆人言。或【整理者按：原稿下缺。空二行。】

章句異同　此章各家皆據河上本，自"有不信焉"以上爲一章，以下爲另一章。吳澄本合爲一章，似較合理，兹從之。

傅奕本"希"作"稀"，"終朝"作"崇朝"，"孰爲此者？天地"之"天地"下有"也"字。

姚鼐將"希言自然"句移屬上章。按："飄風"云云即直承此句而言，且"故從事於道者"云云與"企者不立"云云，也是從正反兩面論證"希言自然"的道理，姚讀非是。

"故飄風"，一本無"故"字。

"故從事於道者，道者同於道，德者同於德，失者同於失"，傅奕本"德者同於德"上有"從事於德者"句，"失者同於失"上有"從事於失者"句。按："從事於失者"義難通。《淮南子》"道者"二字不重，魏源、俞樾皆云不重是。按文義，"道者"二字重是。按：所謂"道者同於道，德者同於德，失者同於失"，皆屬從事於道者的情形。此從河上、王弼本。

"同於道者，道亦樂得之"六句，傅奕本無三"同"字與三"樂"字，羅振玉云："《御注》、英倫二本無樂字"。

"故從事於道者"至"失亦樂得之"，景龍碑作"故從事而道者，道德之；同於德者，德德之；同於失者，道失之"；磻溪幢無"從事於德者"，"從事於失者"二句，"於道"、"於德"、"於失"上各有"同"字。此節各本多異。此從河上、王弼本。

傅奕本"德"並作"得"。嚴可均云："古'得''德'字通，'德之'即'得之'也。"

高亨言四"失"字皆爲"天"字之譌，可參考。

"信不足焉，有不信焉"，傅奕本無下"焉"字，焦竑本二"焉"均無，馬敘倫疑此二句爲十七章[1]錯簡至此。

"企"，河上本作"跂"。

"立"，景龍碑作"久"，廣明本"企者不立"上有"喘者不久"句。

"其在道也"，他本"在"多作"於"，景龍碑無"也"字。

"物或惡之"，一本"或"作"故"。

"故有道者不處"，一本"處"下有"也"字。

1　本書亦編爲第十七章。——編者注

二十三章

　　有物混成，先天地生；寂兮寥兮，獨立而不改，周行而不殆，可以爲天下母。吾不知其名，字之曰道，强爲之名曰大。大曰逝，逝曰遠，遠曰反。故道大，天大，地大，王亦大。域中有四大，而王居其一焉。人法地，地法天，天法道，道法自然。

　　解　混——《説文》水部："混，豐流也。"段注："盛滿之流也。"《孟子·離婁章下》："原泉混混，不舍晝夜。"《荀子·富國篇》："財源渾渾如泉源。""混"與"渾"同，皆盛滿的意思。

　　寂兮寥兮——蘇轍云："寂兮無聲，寥兮無形。"

　　殆——通"怠"。

　　逝——《説文》辵部："逝，往也。"此所謂"逝"，即《論語·子罕篇》："逝者如斯夫"的"逝"。

　　［大曰逝，逝曰遠，遠曰反］三"曰"字猶"則"。

　　域中——指宇宙間，非指地域。

　　有一個東西一形成就是豐滿無缺的，它是在有天地之前就已經生成了；它沒有聲音，也沒有形體，超然獨立存在而不改變，它在各處普遍運行而不懈怠，天下萬物都由它而生，它可以作天下的母親。這個東西，我不知道它的名稱，就給它一個名稱叫作"道"，勉強來說也可名爲"大"。因爲至大無外，就隨處可往；因爲隨處可往，就無遠不至；雖然無遠不至，卻可以反諸己身。因此天是大的，地是大的，道是大的，王也是大的。宇宙間有四大，而王只是其中之一。王是人的最高領導者，人是取法於地的，地是取法於天的，天是取法於道的，道是取法於自然的。

此章講道的形成、道的本質、道的得名及其和天、地、人、自然的關係。道是事物的規律，事物的規律是本來即完滿充足的，並不像其他事物是由不完滿而發展爲完滿，由不充足而發展成充足的。有物質就有事物，有事物就有規律，天地也爲物質所形成，事物的規律在天地形成以前就有了，所以《老子》說"有物混成，先天地生"。此所謂"物"指道之爲物，即事物的規律。事物是有具體形象的，事物的規律是抽象的，是只能用思維來認識而不能用感覺去捉摸的。例如，光的運動規律是每秒鐘三十萬公里的速度，這只能用思維來認識，而不能用感覺來捉摸。光的運動規律是光所共有，永遠不會改變的；無論日光、月光、星光、火光，所有的光是普遍一律的，所以《老子》說"寂兮寥兮，獨立而不改，周行而不殆"。老子所說的"道"不是某一類事物的特殊規律，而是無所不包的，最抽象的規律，所以可以爲"天下母"。鍾會云："廓然無偶曰獨立，古今常一曰不改，無所不在曰周行，所在皆通曰不殆。"此說是。

道既是無所不包，所以也可名爲"大"。它可以遠及天涯，也可反求諸身，所以《老子》說"大曰逝，逝曰遠，遠曰反。""故道

大，天大，地大，王亦大”，是承上文“强爲之名曰大”而言。此
所謂“大”，不是指面積大、體積大、或數量大言，而是指包涵大
言：道無所不包，天無所不覆，地無所不載，王也無所不統領。尤
其應當指出的是“王大”。“王”是人的代表，“王大”即人大。這
是特別强調人的地位及其作用的意思，好像孔子所說“人能弘道，
非道弘人”的意思。古人所說的“道”多是指人對事物規律的認
識言，不是指純粹客觀的事物規律。“道法自然”的“道”即人們
主觀認識的事物規律，“自然”即客觀存在的事物規律，“道法自
然”，即言人們主觀認識的事物規律是取法於客觀存在的事物規律。
《禮·中庸》言：“天命之謂性，率性之謂道。”所謂“天命之性”
即有似老子此處所說的自然，“率性”就是“法自然”的意思。《墨
辯·小取篇》言：“效者爲之法也，所效者所以爲之法也，故中效
則是也，不中效則非也。”“效者爲之法”，即人們主觀認識的事物
規律，即此所謂“道”。“所效者所以爲之法”，即客觀存在的事物
規律，即此所謂“自然”。“中效則是，不中效則非”，即合於道爲
是，不合於道爲非，也即合於自然爲是，不合於自然爲非。《小取》
所言與老子所言義略同。魏源云：“道本自然，法道者亦法其自然
而已。自然者性之謂也。人而復性則道之量無不全矣。非謂人與天
地輾轉相法，而以道爲天地之父，自然之子，並王爲域中五大也。”
魏說近是。由此可見，“王”是包括在“人”裏邊，“道”和“自
然”是同一概念，所以在前言“道”、“天”、“地”、“王”，在後言
“人”、“地”、“天”、“道”、“自然”。

　　“人法地，地法天，天法道，道法自然”四句，“道法自然”的
意思如以上所說。“地法天，天法道”，按今日科學說，天體是有一

定的規律，地球屬於天體，它的規律是根據天體規律的。惟"人法地"一句難解。老子時代，我國科學知識已經相當發達，尤其是關於天文學的研究更有很好的成績。老子這些話有的是根據當時的科學知識說的，有的只是猜想到的，並不是都合科學的。

章句異同 "寂"，《釋文》作"宗"。

"寥"，鍾會作"飂"，傅奕本作"寞"。

"獨立而不改"，王弼本無"而"字，茲據各本增。

"字之曰道"，《韓非子·喻老》作"强字之曰道"，傅奕本作"故强之曰道。"

"强爲之名"，司馬光、程俱本作"强名之"。

"遠曰反"，河上、傅奕本"反"作"返"。

"道大，天大，地大，王亦大"，傅奕本"王"作"人"，魏源本"道大"在"地大"之下。

"居其一"，《淮南子》"居"作"處"。

"人法地"，寇才質本作"王法地"。

"人法地，地法天，天法道，道法自然"，李約讀爲"人法地地，法天天，法道道，法自然。"言"王者，法地法天法道之三自然妙理而理天下也。……'法地地'，如地之無私載，'法天天'如天之無私覆，'法道道'如道之無私生而已矣。爲'君君臣臣父父子子'之例也。"高亨疑此文原作"王法地，法天，法道，法自然'，重地、天、道三字，後人所益也。"並可作參考。

讀此章要參閱十四章及二十章。

二十四章

　　重爲輕根，靜爲躁君。是以聖人終日行，不離輜重。雖有榮觀，燕處超然。奈何萬乘之主而以身輕天下？輕則失根，躁則失君。

　　解　躁——《說文》作“趮”。走部：“趮，疾也”。趮躁，古今字。《禮記·月令》：“君子齋戒處必掩身，毋躁。”《注》：“躁猶動也”。

　　君——主。

　　輜重——《左傳·宣十二年》孔《疏》：“輜重，載物之車也。蔽前後以載物，謂之輜車；載物必重，謂之重車。”“輜重”即載運糧食衣物的車，有帳蓬以遮避風雨。後世軍隊上載運軍需品的隊伍名爲輜重隊。

　　榮觀——熱鬧的景象。“觀”即景象、情景的意思，“榮”即榮華的“榮”。《爾雅·釋草》：“木謂之華，草謂之榮”。榮華指草木之花言，後人引伸爲形容好的情景和境遇。

　　燕處——“燕”同“宴”。《說文》宀部：“宴，安也。”《論

語·述而篇》：“子之燕居”。《釋文》云“燕，鄭本作宴”。《禮記》
有《仲尼燕居篇》：鄭康成云：“退朝而處曰燕居。”此所謂“燕
處”，即在家閑居的意思。

　　萬乘之主——《釋文》：“謂天子也。”

　　重是輕的根本，靜是躁的主宰。因此，聖人終日旅行不敢離開
載運糧食衣物的輜重車。雖然處於榮華的情景中，還是如同平常閑
居一樣，超然物外，如若無睹。爲什麼一個大國的君主要把自己的
身體看得比天下輕呢？輕了就要失掉根本，躁了就要失去主宰。

　　此章主要意思是要統治者保持厚重和寧靜的精神。“處無爲之
事，行不言之教”，就是厚重和寧靜的精神表現。用今日的話來說，
就是不亂說亂動。全章文義不難了解。“重爲輕根，靜爲躁君”，是
全章的理論根據；“聖人終日行，不離輜重”，是承“重爲輕根”而
言；“雖有榮觀，燕處超然”，是承“靜爲躁君”而言。“奈何萬乘
之主而以身輕天下？”雖然只就輕言，而是隱兼躁言，所以結論說
“輕則失根，躁則失君。”

　　“以身輕天下”，即把天下看得重，而把自己的身體看得輕。如
後世的統治者中，爲了爭奪皇帝的寶座，保持皇帝的權威，享受皇
帝的生活，勾心鬥角，大興干戈，甚至骨肉殘殺，以致自身不保
者，固然是“以身輕天下”；就是幸而奪得統治地位，且幸而能保
持一個相當時期，而爲了治理天下和保守天下，疲精勞神，有爲有
事，多欲多憂者，也是“以身輕天下”。

　　《韓非子·喻老》云：“制在己曰重，不離位曰靜，重則能使
輕，靜則能使躁。故曰：‘重爲輕根，靜爲躁君。’”

首曰“重爲輕根，靜爲躁君”，末曰“輕則失根，躁則失君”，首尾相應。

《莊子·讓王篇》：“夫天下至重也，而不以害其生，又況他物乎？”“故天下大器也，而不以易其生，此有道者之所以異乎俗也。”“帝王之功，聖人餘事也，非所以完身養生也。今世俗之君子多危身棄生以殉物，豈不悲哉？凡聖人之動作也，必察其所以之，與其所以爲。今且有人於此，以隨侯之珠彈千仞之雀，世必笑之。是何也？則其所用者重而所要者輕也。夫生者豈特隨侯之珠哉？”

章句異同　“靜爲躁君”，傅奕本“靜”爲“靖”。

“聖人”，《韓非子》引文作“君子”，魏源本從之，羅振玉云：景龍 、《御注》、英倫三本均作“君子”。

“燕處”，《釋文》作“宴處”。

“奈何”，傅奕本作“如之何”，羅振玉云：景龍作“如何”。

“輕則失根”的“根”，《釋文》作“本”，河上本作“臣”，羅振玉云：“景龍、《御注》、英倫、廣明、景福均作臣”。此從《永樂大典》王弼本。

二十五章

善行無轍跡，善言無瑕讁，善數不用籌策，善閉無關楗而不可開，善結無繩約而不可解。是以聖人常善救人，故無棄人；常善救物，故無棄物。是謂襲明。故善人者，不善人之師；不善人者，善人之資。不貴其師，不愛其資，雖智大迷。是謂要妙。

解 轍跡——《說文》車部：“轍，迹也。”辵部：“迹，步處也。”“轍”爲車輪輾下的痕跡，“跡”爲人們行走留下的足印。

瑕讁——“讁”通“瓋”，“瑕瓋”，玉疵。

籌策——古人計算時所用的竹簽。

關楗——《說文》門部：“關，以木橫持門戶也。”木部：“楗，距門也。”“關楗”，今言木鎖。范應元云：“橫曰關，直曰楗。”

繩約——《說文》系部：“繩，索也。”《儀禮·既夕禮》：“約綏綏轡。”鄭注：“約，繩也。”

襲明——《廣雅·釋詁》：“襲，重也。”重有掩蔽的意思。此所謂“襲明”即聰明不外露的意思。後人在軍事上所謂“襲擊”、“夜襲”即暗中突擊的意思。《政和御注》：襲者不表而出

之，襲明則光矣而不曜。魏源云：“潛移默運，銷之於未然，轉
之於不覺，救人而無救之之跡，豈非重襲不露之天明乎？”此說
並是。

資——《說文》貝部：“資，貨也。”段注：“貨者化也。資者
積也。旱則資舟，水則資車，夏則資皮，冬則資絺綌，皆居積之
謂，資者人之所藉也。”此“資”即資藉的意思。

要妙——高亨云：“要疑當讀爲幽，幽妙猶言深妙也。要幽古
通用。”按：“要妙”即奧妙。

一般人的行走總是有車轍足印留在地上的，善於行走的人是
沒有車轍足印的；一般人的說話總不免有錯誤被人譴責，善於說話
的人是不會有錯誤被人譴責的；一般人計算數目的時候，總要使用
籌策，善於計算數目的人是不用籌策的；一般人關閉門戶總要用關
楗，善於關閉門戶的人是沒有關楗而使它不能開啟；一般人綁紮東
西總要用繩索，善於綁紮的人是沒有繩索而使它不可解開。聖人對
待人物也是這樣。一般人對於別人的挽救，總是在人發生錯誤的時
候纔加以挽救。這不是好的辦法。這樣，有些人是可以挽救過來
的，另一些人就可能無法挽救了；就是挽救過來的，在挽救的人是
要費很大的精神，而被挽救的人也要感受很多的痛苦。聖人無爲而
民自化，好靜而民自正，無事而民自富，無欲而民自樸。這樣，人
民永遠不會犯錯誤，也就永遠沒有被遺棄的人了。一般人對於事物
也總是在發生問題的時候纔進行補偏救弊的工作，這樣即便補救得
好，也總有補救的痕跡存在，而且有些事物如不及補救或無法補
救，就不免成爲無用的廢物。在聖人看來，事物之所以發生偏弊，

是由於人們把主觀意欲強加於事物所致。如處理一件事情，不按事情的規律而憑主觀意欲處理，勢必造成錯誤。又如使用一個東西，不按東西的自然規律而隨意使用，也容易損傷破壞。聖人對於事物是"生而不有，爲而不恃，長而不宰"，法乎自然。這樣，事物沒有偏弊，也就用不着補救，因而也就沒有廢棄的事物。這就叫作不露於外的聰明。世無棄人不是說世上的人都能一樣的好，相反的世上的人還是有善與不善的分別，不過沒有罪大惡極、不可救藥的人了。善人與不善人是品質的程度不同，並不是絕對的不同。不善人進步可以成爲善人，善人退步也可以成爲不善人，所以善人是不善人的老師，不善人是善人的資鑑。如果不善人不愛他的老師善人，善人不寶貴他的資鑑不善人，雖然有知識也是大糊塗，這就叫作奧妙。

《淮南子·道應訓》："楚將子發好求技道之士。楚有善爲偷者往見，曰：'聞君求技道之士，臣楚市偷也，願以技齎一卒。'子發聞之，衣不給帶，冠不暇正，出見而禮之。左右諫曰：'偷者天下之盜也，何爲禮之？'君曰：'此非左右之所得與。'後無幾何，齊興兵伐楚，子發將師以當之，兵三卻。楚賢良大夫皆盡其計而悉其誠，齊師愈强。於是市偷進，請曰：'臣有薄技，願爲君行之。'子發曰：'諾。'不問其辭而遣之。偷則夜出解齊將軍之幬帳而獻之。子發因使人歸之，曰：'卒有出薪者得將軍之幃，使歸之於執事。'晚夕，復往，取其枕。子發又使人歸之。明夕復往，取其簪，子發又使歸之。齊師聞之，大駭。將軍與軍吏謀，曰：'今日不去，楚軍恐取吾頭。'乃還師而去。故伎無細而能無薄，在人君用之耳。

故老子曰：‘不善人，善人之資也。’”

《韓非子·喻老》：“周有玉版，紂令膠鬲索之，文王不予。費仲來求，因予之。是膠鬲賢而費仲無道也。周惡賢者之得志也，故予費仲。文王舉太公於渭濱者，貴之也；而資費仲玉版者，是愛之也。故曰：‘不貴其師，不愛其資，雖知大迷。是謂要妙。’”

《淮南子》與《韓非子》將“不善人者，善人之資”皆解爲不善人者善人之用，仍是憑藉的意思。上引二故事，一關於軍事鬥爭，一關於政治鬥爭，皆近於所謂權術。

章句異同　傅奕本“善行”、“善言”、“善數”、“善閉”、“善結”下，各有“者”字。

“瑕讁”，景龍碑作“瘕讁”，《御注》、河上本作“瑕讁”，吳雲云：“‘無瑕讁’今本作讁，易州本同，俗字也。”

“善數不用籌策”，河上本“數”作“計”；“不用籌策”，傅奕本作“無籌策”；陸希聲本“策”作“算”。

“楗”，傅奕本作“鍵”。

兩“而不可”，傅奕本作“故不可”。

“閉”字“結”字下，《淮南子》有“者”字；“開”字“解”字下，有“也”字。

“故無棄人”、“故無棄物”，《淮南子》作“故人無棄人”、“物無棄物”，傅奕本同。

“是以聖人常善救人，故無棄人；常善救物，故無棄物”，傅奕謂：河上本有，古本無。　魏源云：“按《淮南子》引老子曰‘人無棄人，物無棄物，是謂襲明'，則知非河上所增出也。"

　　"善人者"、"不善人者"，魏源本二"者"字無。

　　馬敘倫謂六十二章 ¹"人之不善，何棄之有？"當移至此章"是以聖人"句上，可參考。

二十六章

知其雄，守其雌，爲天下谿；爲天下谿，常德不離，復歸於嬰兒。知其白，守其黑，爲天下式；爲天下式，常德不忒，復歸於無極。知其榮，守其辱，爲天下谷；爲天下谷，常德乃足，復歸於樸。樸散則爲器，聖人用之，則爲官長。故大制不割。

解 谿——《說文》谷部："谿，山瀆無所通者。"《爾雅·釋水》："水注川曰谿"。宋均云："有水爲谿，無水爲谷。"

式——王弼云："式，模則也。"

忒——《釋文》云："顧云：'差也，爽也'。"

知、守——"知"是知道，"守"是把握。知道是認識，把握是實踐。人們對於事物的道理，知道了並不見得就能把握住，這樣的知識是不鞏固的，所以孔子說："知及之，仁不能守之，雖得之，必失之。"（《論語·衛靈公》）。

常德——"德"即屬性，"常德"即永恆不變的屬性，即事物的本質屬性。常德對偶德（或作寓德）言。常德是事物的本質屬性，偶德是事物的偶有屬性。任何事物都有本質屬性，人之所以爲人也是因有人的本質屬性。如果人失去人的本質屬性，或使本質屬性有了錯誤，或弄得不充足，就要失去人的資格，所以此言"常德不離"，"常德不忒"，"常德乃足"。

樸——《說文》木部："樸，木素也"。"木素"即木材沒有加工的原料（《說文》"樸"作"樸"）。

制——《說文》刀部："制，裁也。"衣部："裁，製衣也。""制"、"製"通，"制"即製造。

割——《爾雅·釋言》："割，裂也"。

一切事物都有正反兩方面，一般人只看到正的方面而沒有看到反的方面，所以"知進而不知退，知存而不知亡，知得而不知喪"。懂得事物規律的有道之人不是這樣，他們不只是知道事物都有正反的兩方面，而且雖然知道正面是好的，卻能常常自處於不好的反面。他知道雄壯的情形（即知道雄壯是好的，下同），他卻常是處於雌伏的狀態，好像成為天下的谿了；天下谿為眾流所注，人能守雌就為眾人所歸，所以成為天下的谿，常德就不會離失，雖為成人，又回到嬰兒的樣子。他知道白的情形，卻能常常守着黑的景況，成為天下的法式；成為天下的法式，就又回到最初的無極情形。他知道榮華的情形，卻能常常自居於恥辱的地位，成為天下的谷；成為天下的谷，就能常德充足，又回到了樸的情形。樸是沒有經過加工的原材料，樸經過加工，樸的本質散失，就成為器具了。人也是這樣，當人無知無欲的時候就是樸，有了知有了欲之後，聖人因材使用就成負有專責的官長。小的製造是要把一塊原材料分割成若干小塊的，如一個茶几，一個凳子是。大的製造是將一個原材料不加人工分割的，如棟、梁是。聖人的工作是大制而不是小制，因此聖人是樸而不是器。

此章仍是講無知無欲與不爭的意義。雄雌象征強弱。"知其雄，守其雌"，即知其強守其弱的意思，也就是不爭的意思。白黑象徵明暗或智愚。"知其白，守其黑"，即知其明，守其暗，或知其知，守其愚的意思，也就是無知的意思。知其榮，守其辱，就是無欲的意思。強弱、明暗、知愚、榮辱都是事物的正反兩方面。無知無欲與不爭就是有道者，就是聖人。不知有雄而守其雌是容易的，知其雄而守其雌，就不容易了。不知有白而守其黑是容易的；知其白守其黑，就不容易了。不知有榮而守其辱，是容易的，知其榮而守其辱，就不容易了。這就如一個人根本不知道有精美食物而吃粗惡食物是容易的；明明知道有精美食物而能安於吃粗惡食物，就不容易了。

嬰兒取其柔，無極取其虛，樸取其質，柔、虛、質皆老子所謂道的性質。"常德不離"，"常德不忒"，"常德乃足"，前人以爲這三句話是有等級分別的，即"常德不離"不及"常德不忒"，"常德不忒"不及"常德乃足"，"常德乃足"是最高。我看没有什麼等級的分別。"不離"、"不忒"、"乃足"是爲了押韻而用字不同。下文五十一章言"含德之厚，比於赤子"，"赤子"即嬰儿，厚與足相當，是嬰儿也可說"常德乃足"，不必爲樸纔可說"常德乃足"。

"知其雄，守其雌"，"知其白，守其黑"，"知其榮，守其辱"，任繼愈云："六'其'字都是指明白這個道理的人，他自己的'雄雌'、'白黑'、'榮辱'。"楊興順、楊柳橋的譯文同。

章末對於"樸"特加說明，是因爲"樸"這個概念也是老子

書中的一個重要概念，此處首次提出，所以特加說明。老子書中的
"樸"可說是道的別名，所以《老子》說："道常無名。樸雖小，天
下莫能臣。侯王若能守之，萬物將自賓。"（三十章）又說："道常
無爲而無不爲。侯王若能守，萬物將自化。化而欲作，吾將鎮之以
無名之樸"。（三十五章）此處樸與器相對，也就是古人道與器相對
的意思。《禮祀·學記》："大道不器"。鄭注："聖人之道，不如器
施於一物。"《論語》云："君子不器。""及其使人也器之。"【編者
按：見杨万里《庸言》卷二】此言"樸散則爲器，聖人用之則爲官
長"，即君子"使人也器之"的意思。"大制不割"，即"大道不器"
的意思。

章句異同　"谿"，《釋文》云：或作"溪"；羅振玉云："景福
本亦作'溪'，景龍本作'蹊'，敦煌本作'奚'。"

"常德不離"，羅振玉云：景龍本"德"作"得"，下同。

"大制不割"，《淮南子》、傅奕本、吳澄本"不"作"無"，羅
振玉云：敦煌本"制"作"剬"。

易順鼎、馬敘倫、高亨言："自'守其黑'至'知其榮'
二十三字疑後人所加。"可參考。

二十七章

將欲取天下而爲之，吾見其不得已。天下神器，不可爲也。爲者敗之，執者失之。故物或行或隨，或歔或吹，或强或羸，或載或隳。是以聖人去甚，去奢，去泰。

解 取——焦竑云："取，如左氏'取我田疇而伍之'，《史記》'取高皇帝約束紛更之'之取。""取"即拿着的意思。"將欲取天下而爲之"，即要想拿着天下而憑主觀意欲有所作爲。

不得已——"已"猶"也"，"不得已"即"不得也"，即不可能。

神器——王弼云："神，無形無方也。器，合成也。無形以合，故謂之神器也。"按："神器"即帝位，即今人所謂"統治機關"。古人視帝位爲神奇之物，所以名爲神器。

歔，吹——"歔"同"昫"，音"虛"。《集韻》："氣以溫之也。"又同"煦"。"或歔或吹"，陸希聲云："有煦之爲溫，則有吹之以寒者矣"；蘇轍云："或昫而暖之，或吹而寒之。"

羸——《說文》羊部："羸，瘦也。"瘦則弱，所以人常以"羸"、"弱"連言。

載、隳——"載",成也。《書・益稷》:"乃賡載歌。"注:"賡,續也。續歌以成其義也。""隳"爲"墮"的借字。《正韻》:"墮,毀也。""載"、"隳",即成毀。

甚——《說文》甘部:"甚,尤安樂也。"《廣韻》:"劇過也。"

奢——《說文》大部:"奢,張也",後人常以"奢侈"、"豪奢"並言,皆張義的引伸。

泰——《說文》水部:"泰,滑也。字從廾水,大聲。"段注:"水在手中,下流甚利也。……滑則寬裕自如,故引伸爲縱泰,如《論語・子路》'泰而不驕'是也。又引伸爲泰侈,如《左傳》之汰侈,《西京賦》云'心侈體泰'是也。汰即泰之隸省。"此處所謂"去甚,去奢,去泰"即去掉過甚的行爲,去掉奢侈的生活,去掉放縱的態度。

世界上的事物都有一定的規律,人們處理事物只能順着它的自然規律,絕不能憑自己的主觀意欲而强有所爲。人要想取得天下而憑主觀意欲有所作爲,是不可能的。統治人民的政治機關是一個神奇的東西,人們對於這個神奇的東西是不能有什麼作爲的。要想對它有所作爲,一定是要失敗的;要想把它永久把持不放,一定是要失掉的。事物都有對立的兩方面:如或是行在前頭,或是隨在後頭;或呵氣使熱,或吹氣使涼;或是强壯,或是羸弱;或是成,或是毀。事物的對立不是固定不變的,而是向着反對方面發展的。正如"爲者敗之,執者失之"的情形,行在前頭可以變爲隨在後頭,隨在後頭也可以變爲行在前頭;呵氣使熱可以變爲吹氣使冷,吹氣使冷也可以變爲呵氣使熱;强壯可以變爲羸弱,羸弱也可以變爲强壯，成可變爲毀，毀也可以變爲成。因此，聖人爲了防止物極必反，要去掉過甚的行爲，去掉奢侈的生活，去掉放縱的態度。

章句異同　"將欲取天下而爲之"，傅奕本"之"下有"者"字。

"天下神器"，傅奕本"天下"上有"夫"字，《永樂大典》本"器"下有"也"字。

"爲者敗之，執者失之"，碑本兩"者"字均作"故"字。

"故物"，蘇轍本"故"作"凡"，羅振玉云：景龍本、敦煌本均作"夫"。

"歔"，一本作"呴"，或作"噓"，傅奕本作"噤"。

"或載或隳"，王弼本"載"原作"挫"，傅奕本作"培"，碑本作"接"，魏源本作"載"。羅振玉云：河上、《御注》、景福三本作"載"。兹從各本改爲"載"。

"隳"，傅奕本作"墮"。

"是以聖人"，司馬光本作"故聖人"。

劉師培據王注"可因而不可爲也，可通而不可執也"言"不可爲也"下當有"不可執也"一句。易順鼎說同。馬敍倫、高亨從之。按：《淮南子·原道訓》引老子此文，"不可爲也"下無"不可執也"句。如劉易二氏所說，則"將欲取天下而爲之"下，也得增"將欲取天下而執之"句纔可通。王注係注"爲者敗之，執者失之"，不須增句。

六十章"是以聖人無爲，故無敗；無執，故無失"四句，馬敍倫說當在此章"爲者敗之，執者失之"下，陳柱據移。可參考。

二十八章

以道佐人主者，不以兵强天下；其事好還。師之所處，荊棘生焉。大軍之後，必有凶年。善有果而已，不敢以取强。果而勿矜，果而勿伐，果而勿驕，果而不得已，果而勿强。物壯則老，是謂不道，不道早已。

解　果——《說文》木部：“果，木實也。”此所謂“果”即今人所說的“結果”，在戰爭上就是戰果。前人對此“果”字有各種不同的解釋，王弼云“果猶濟也”，魏源則訓爲“果斷”，皆難通。高亨云：“《左傳》宣公二年《傳》：‘殺敵爲果’。《爾雅·釋詁》：‘果，勝也。’‘果而已’猶云勝而止也。”高說是。

不得已——焦竑云：“爲之難也。”“不得已”今言“沒奈何”，“不得不如此”。

有道之人是清靜無爲，與人無爭的，因此，以道輔佐人主的人是不窮兵黷武，逞强天下的，因爲我以武力侵略別人，別人一定要用武力反抗我，兵連禍結，其害無窮。軍隊所在的地方，生產荒廢，荊棘叢生。大戰以後，收成不好，一定要出現凶年。因此，不得已而用兵，最好的辦法是早日得到一個結果，不敢一味逞強。就是得到勝利的戰果，也不要自滿，不要誇功，不要驕傲，是出於不得已，不是要逞強。事物是向反對方面發展的，到了强壯的時候就要變成衰老。窮兵黷武的人想永遠逞強，是不合道理的，不合道理的事情還是早點停止吧。

　　章句異同　"以道佐人主者"的"佐"，俞樾云："景龍碑'佐'作'作'，河上注曰：'謂人主能以道自輔佐'，則河上本亦作'作'字。"

　　"不以兵强天下"，馬敘倫云："臧疏，羅卷及《治要》引'强'下並有'於'字。弼注曰：'尚不可以兵强於天下，'則王亦有'於'字"。

　　"大軍之後，必有凶年"的"大軍"，焦竑本作"大兵"。景龍碑無此句，嚴可均云："此八字舊注語，羼入，邢州、易州均無。"馬敘倫同此說。

　　"善有果而已"，傅奕本作"故善者果而已矣"，羅振玉云："景龍、《御注》、敦煌、景福諸本均作'故善者果而已矣'。廣明本作'善者果而已矣'。"

　　"不敢以取强"，景龍本、敦煌本均無'敢'字，傅奕本"强"下有"焉"字。

　　"果而勿强"，魏源本"果"上有"是謂"二字，傅奕本"果"

上有"是"字。

陳柱謂"其事好還"至"必有凶年"五句,應在下章"非君子之器"句下。姚鼐云:"物壯則老"十二字衍,以在下篇《含德》章[1]'心使氣曰强'下,誦者誤入此"勿强"句下。皆可作參考。

二十九章

夫佳兵者，不祥之器。物或惡之，故有道者不處。君子居則貴左，用兵則貴右。兵者，不祥之器，非君子之器。不得已而用之，恬淡爲上，勝而不美；而美之者，是樂殺人。夫樂殺人者，則不可以得志於天下矣。吉事尚左，凶事尚右；偏將軍居左，上將軍居右；言以喪禮處之。殺人之衆，以哀悲泣之；戰勝，以喪禮處之。

解 佳——古"唯"字。

物——指人以外的其他東西。"物或惡之"，即指戰爭弄得雞犬不寧。

恬淡——"恬"音"甜"。《說文》心部："恬，安也。""恬淡"即寧靜淡泊的意思，也就是今人所謂冷淡的意思。"淡"或作"憺"。魏源云："恬者不懽愉，憺者不釀厚，謂非其心之所喜好也。"

偏將軍——副將軍。

上將軍——正將軍。

泣——羅運賢云："'泣'當'涖'之訛，《說文》無涖字。盖即隸，隸，臨也。"羅說是。"泣之"即對待的意思。

惟有兵這種東西是不吉祥的東西。有些東西都恨惡它，所以有道的人不重視它。君子平時居處以左爲貴，用兵則以右爲貴。兵既是不吉祥的東西，所以不是君子的東西。在不得已的時候勉強用它，也是以冷靜爲上，打了勝戰也不是好事；如以爲是好事，那就是樂於殺人了。樂於殺人的人是不能得志於天下的。在禮節上，吉事是尚左的，凶事是尚右的；在軍事上偏將軍居左，上將軍居右；這就說明是以喪禮處理軍事。殺的人多了，以哀悲的心情對待；打了勝戰，就以喪禮處理。

以上兩章都是反對武力與戰爭的。老子尊自然，主無爲，尚虛靜，對於一切有爲都以爲是多事，軍事和戰爭是最激烈的有爲，是最不自然、最不虛靜的，是和老子所說的道根本相反的，所以《老子》說"以道佐人主者，不以兵强天下"，又說"夫唯兵者，不祥之器，物或惡之，故有道者不處。"軍事和戰爭都是階級社會的產物，階級沒有消滅之前，軍事和戰爭是不能消滅的。帝國主義就是戰爭。帝國主義爲了侵略別人，時時在進行戰爭。被壓迫的人民爲了反抗侵略，保衛和平，進行的戰爭，就是不得已的戰爭，就是"善有果而已，不敢以取强。"而帝國主義的"樂殺人"，"則不可以得志於天下矣。"至於"師之所處，荊棘生焉"，也是過去統治階級的軍隊和現在帝國主義軍隊的情形，人民的子弟兵則是師之所處，"生產興焉"而不是"荊棘生焉"。

章句異同 今日所見的王弼本，此章無注。晁說之云："王弼

《老子注》，謂‘兵者不祥之器’以下至末，皆非老子本文。”王道云：“自‘兵者不祥之器’以下似經注相間，疑古人之義疏，混入經文者。”紀昀云：“自‘兵者不祥之器’至‘以喪禮處之’，似有注語雜入，但河上公本注本及各本俱作經文。”魏源云：王弼此章句已闕。晁氏生宋初，故猶得見之。劉師培云：“此節王本無注，而古注及王注恆混入正文。如‘不祥之器，非君子之器’二語，必係注文”。可見，此章正文與注文相混已成定論。惟何爲正文，何爲注文，各家多以意校正，未敢遽從。茲仍沿用舊文作解，並將李慈銘、陶紹學、馬敘倫、高亨、朱謙之諸家校正文錄後，以資參考。吳澄、姚鼐、魏源皆將此章與上章合爲一章。按：兩章所言雖大致相同，但上章爲老子本文，歷來無異議，此章非老子本文，幾成定論，爲使真僞不混，仍分作二章較妥。

“夫佳兵者”的“佳”，各本原皆作“佳”。王念孫云：“佳當作隹字之誤也。隹古唯字也（唯或作惟又作維）。”楊柳橋云：“寶雞磻溪宮道德經幢正作隹，見《古本道德經校刊》。”據改。

“恬淡爲上”至“不可得志於天下矣”，傅奕本作“以恬澹爲上，故不美也。若美，必樂之；樂之者，是樂殺人也。夫樂殺人者不可以得志於天下矣。”《釋文》云：“‘恬’或作‘栝’，‘淡’或作‘惔’，或作‘憺’，又作‘恢’。”景龍碑“得志”作“得意”，無“矣”字。

“吉事”上，傅奕本有“故”字。

“偏將軍”上，魏源本有“是以”二字。

兩“居”字，傅奕本並作“處”。

“言以喪禮處之”，焦竑本作“言居上勢，則以喪禮處之。”

“殺人之衆”，焦竑本作“殺人衆多”，傅奕本“衆多”下有“則”字。

“哀悲”，焦竑本作“悲哀”。

“泣”，羅運賢云：“泣者蒞之譌，字當作埭，《說文》臨也。”馬敘倫、高亨從之。

“戰勝，以喪禮處之”，傅奕本“戰勝”下有“者則”二字。

“處之”，吳澄本作“主之”。

李慈銘校正文

夫佳兵不祥，物或惡之，故有道者不處。君子居則貴左，用兵則貴右。勝而不美，而美之者樂殺人。夫樂殺人者不可以得志於天下矣。殺人衆多，則以悲哀泣之；戰勝者，則以喪禮處之。

王弼注曰：“兵者不祥之器，非君之器也。不得已而用之，以恬惔爲上，故不美也。若美則樂之，樂之者，是樂殺人也。故吉事尚左，凶事尚右；偏將軍處左，上將軍處右；言居上勢，則以喪禮處之。”

陶紹學校正文

夫佳兵者，不祥之器，物或惡之，故有道者不處。〔兵者不祥之器，非君子之器，不得已而用之。〕君子居則貴左，用兵則貴右〔吉事尚左，凶事尚右〕偏將軍居左，上將軍居右。〔言居上勢，則以喪禮處之。〕戰勝以喪禮處之。〔殺人之衆，則以悲哀泣之。〕恬惔爲上，勝而不美；而美之者，是樂殺人。夫樂殺人者，則不可以得志於天下矣。

【〔 〕內語爲注語。】

馬敘倫校正文

夫惟兵者不祥之器，不得已而用之，以恬憺爲上，故勝而不美也，若美之，必樂之，樂之者是樂殺人也。夫樂殺人者不可得志於天下矣。故君子居則貴左，用兵則貴右。殺人衆多，則以悲哀蒞之，戰勝則以喪禮處之。

高亨校正文

兵者不祥之器，非君子之器，不得已而用之。恬淡爲上，勝而不美，而美之者是樂殺人。夫樂殺人者，則不可得志於天下矣。夫佳兵者不祥之器，物或惡之，故有道者不處。君子居則貴左，用兵則貴右，吉事尚左，凶事尚右，偏將軍居左，上將軍居右，言以喪禮處之，殺人之衆以哀悲泣之，戰勝以喪禮處之。

朱謙之校正文

夫佳兵者，不祥之器。〔兵者不祥之器，非君子之器。〕　物或惡之，故有道者不處〔不得已而用之，恬淡爲上。〕　君子居則貴左，用兵則貴右〔吉事尚左，凶事尚右，是以偏將軍居左，上將軍居右。〕　殺人衆多，以悲哀泣之。〔勝而不美，若美之，是樂殺人。夫樂殺者，不可得意於天下。〕　戰勝以哀禮處之。〔言居上世，則以喪禮處之。〕

【〔　〕内語爲注語】

三十章

道常無名。樸雖小，天下莫能臣也。侯王若能守之，萬物將自賓。天地相合以降甘露，民莫之令而自均。始制有名，名亦既有，夫亦將知止，知止可以不殆。譬道之在天下，猶川谷之於江海。

解 樸——《說文》木部："樸，木素也"，"木素"即木材沒有加工的原料。

臣——《說文》臣部"臣，牽也，事君也，象屈服之形。"《廣韻》："伏也。仕於公曰公臣，任於家曰僕。"此所謂"臣"有役使，使用的意思。

賓——《爾雅·釋詁》："賓，服也"。《疏》："賓者懷德而服。"

甘露——古人迷信，以爲天下太平，就降甘露，甘露是有甜味的露水。此"甘露"同"甘霖"，即及時雨的意思，非迷信的甘露。

"道可道，非常道；名可名，非常名。""道常"即常道。"道常無名"，是說常道是無名的。無名的常道就如一塊沒有加過人工的木材原料。一塊小小的木材原料，不經過人工製造，是任何人不能使用它的。常道也是這樣，統治者如果遵守常道，一切事物就自然要對他歸依服從。天地之氣相合可以降下甘露，人民並沒有命令天地，而甘霖自然普遍均勻。這是自然的作用，並不是人爲的。常道是自然的，名是人爲的。常道是無名的，所以無名是天地之始。開始有了製作，就有了名，既有了名就不能完全取消，但是也應當知道適可而止，不要茫無限制地發展下去。知道適可而止就可以不至危殆。不然，名愈多，就是製作愈多；製作愈多，就是人爲愈多；人爲愈多，就離道愈遠了。道是自然的，道在天下就如同川谷的水向江海流的一樣，是自然的，並不須人爲。

"始制有名，名亦既有，夫亦將知止，知止可以不殆"乃根據"智慧出，有大僞"的意思而言。名是構成智慧的工具，名愈多，智慧愈多。按老子的邏輯來說，智慧愈多，大僞就愈多，所以要人能知道適可而止。但是，隨事物的發展，名自然會愈來愈多，這是自然的規律，而老子要人對於名的發展適可而止，這是違反自然規律的。

章句異同　"樸雖小，天下莫能臣也"，焦竑云："一本無'樸雖小'"；河上本作"天下不敢臣"；傅奕本無"也"字。

"侯王若能守之"，焦竑云："'侯王'，梁武帝本、陸（希聲）本、古本（傅奕本）並作王侯"；一本無"之"字。

"萬物"，一本作"天下"。

"民莫之令而自均"，《永樂大典》本"民"作"人"，傅奕本"均"後有"焉"字。

"譬道之在天下，猶川谷之於江海"，傅奕本無"道"字，"於"

作“與”，末有“也”字。

　　“道常無名。樸雖小，天下莫能臣也”，諸本斷句各異。馬敘倫斷句爲“道常，無名，樸雖小，天下莫能臣。”朱芾煌斷句爲“道常，無名，樸。雖小，天下不敢臣。”（《老子述記》民國二十五年商務印書館版）高亨斷句爲“道常無名樸。雖小，天下莫能臣。”楊柳橋斷句爲“道，常，無名。樸雖小，天下莫能臣也。”陳柱以“道常無名”斷句，將“樸雖小”至“民莫之令而自均”三十五字移至三十七章[1]後，另成一章。末二句移至六十六章[2]。均可作參考。

　　按：樸爲道的別名，也可說是道的譬詞。一塊沒有經過加工的木材原料不是器具，沒有名稱，正如“大道不器”、“大制不割”、“道常無名”。“樸雖小，天下莫能臣也”，是譬辭，也是雙關語，就是說，一塊小的木材原料，當它沒有經過加工成爲器具的時候，人們是不能使用它的；但是它可以做成任何器具。這就如侯王若能守道，萬物將自然對他依歸服從一樣。“樸雖小”，即下文三十二章所說道“常無欲，可名於小”的意思。前人多以夷、希、微解“樸雖小”。按：夷、希、微是“無狀無象，無聲無響，故能無所不通，無所不往，不得而知”（王弼注）的意思，並不是小的意思。

1　本書編爲第三十五章。——編者注
2　本書編爲第六十二章。——編者注

三十一章

　　知人者智，自知者明。勝人者有力，自勝者強。知足者富，強行者有志。不失其所者久，死而不亡者壽。

　　解　〔知人者智，自知者明〕能認識別人的人是"智"，認識自己的人是"明"。能勝過別人的人是"有力"，能自己勝過自己的人是"強"。財貨是無窮的，欲望是無限的，如貪多務得，追逐無已，雖富猶貧，所以能夠知足的人就是"富"。任何事情都是有困難的，而不是通順無阻的，能夠不怕困難，勉強實幹的人就是"有志"。永遠不失自己的處所就是"久"，死了以後而不滅亡的纔是"長壽"。

　　明於觀人，昧於觀己，這是自古至今人的一般情形，所以蘇格拉底說："你要認識你自己。"耶穌說："人能看見兄弟眼中的刺，卻看不見自己眼中的梁。"直至今日，人們還多是能批評別人，而不能自我批評。"知人者智，自知者明"，老子這話是要人有知人之智，更要有自知之明。前人有謂"知在外爲智，在內爲明"（李嘉謨），又有謂"'知常曰明'，不能自知，非所以知常也，則知常者乃所以自知也"（呂惠卿）。似皆故作高深，近於附會。按："自知者明"的"明"與"知常曰明"的"明"是同一概念，惟"知常曰明"的"明"是與"不知常妄作"的"凶"對立的，此"自知者明"的"明"是與"知人者智"的"智"作比較的。"知常"與"不知常"是矛盾的，"知人"與"知己"並不矛盾。【整理者按：此數句原文加框，似準備删又未删】王弼注"知人者智而已矣，未若自知者超智之上也。"王說是。

〔勝人者有力，自勝者強〕所謂"有力"是兼腦力與體力二者言，以體力勝人者是有力，以腦力勝人者也是有力，"力"即今所謂精力、氣力。"自勝者強"，即今所謂在思想鬥爭中能以正確思想戰勝不正確思想的意思。《韓非子•喻老》云："子夏見曾子，曾子曰：'何肥也'？對曰：'戰勝，故肥也。'曾子曰：'何謂也？'子夏曰：'吾入見先王之義，則榮之；出見富貴之樂，又榮之。兩者戰於胸中，未知勝負，故臞。今先王之義勝，故肥。'是以志之難也，不在勝人，在自勝也。故曰'自勝之謂強'。"

〔強行者有志〕嚴復云："志士界說在此。惟強行者為有志，亦惟有志者能強行。孔曰'知其不可而為之。'孟曰'強恕而行'，又曰'強為善而已。'德哲噶爾第【整理者按：原稿下缺五六字】

曰'所謂豪傑者，其心目中常有一他人所謂斷做不到者。'凡此皆有志者。"毛主席說：【整理者按：原稿下缺，空兩行】

〔不失其所者久，死而不亡者壽〕"久"對"暫"言。普通所謂"久"，只是就時間說，此所謂"久"是指把時間和空間合起來說，是合於科學的。所有的事物無論如何流動變化，總佔有一定的處所，事物沒有了處所，就是根本不存在了，所以《老子》說"不失其所者久"。"壽"對"夭"言。普通所謂壽指生命存在的時間長言，其實壽命的長短是相比較而言的，十年和百年比，百年是壽，十年是夭；百年和千年比，則千年是壽，百年是夭了。無論是壽是夭，個體的生命總是有始有終的，有形的軀體就是活上百年千年，一死就算終了。什麼是"死而不亡者"呢？在老子的意思，就是所謂常道，因爲常道是"與天地之剖判也俱生，至天地之消散也不死不衰者"（《韓非子·解老》）。用今日的話來說就是，個體的生命雖有死亡，而自然的規律卻不是隨個體生命的死亡而滅亡的，人能與道合一，就可以說是"死而不亡者壽"。如最早發明用火的人早已死了，但是他發明的用火的規律卻至今爲人所利用；發現自然界進化規律的達爾文是已經死了，而他所發現的進化規律卻是永遠不會滅亡的；發現社會發展規律的馬克思是已經死了，而他所發現的社會發展規律卻是永遠不會滅亡的。老子所謂"死而不亡者壽"，當然不是指如上所舉的這些事實，也不是說所有的人都能死而不亡，而是說能認識道、實行道、和道相合一致的人就可以死而不亡。所謂"不亡"就是道不亡，所謂"道"就是虛無。王弼注："雖死而以爲生之道不亡，乃得全其壽。身沒而道猶存，況身存而道不卒乎？"陸希聲云："身死而道不亡，故爲壽。"王陸二氏說均是。

老子反對智慧，要不爭，要無爲。此章卻講"智"與"明"，講"强"與"强行"，看似矛盾，並不矛盾。他要人"自知"、"自勝"、"强行"。"自知"就可以不自是，"自勝"就可以寡欲，"强行”就可以爲道。不自是就可以明。寡欲就可以不爭，“爲道日損，損之又損，以至於無爲”，就可以“無爲而無不爲”。

章句異同　“勝人者有力”，葉夢得本“力”上無“有”字。

“不失其所者久”，邵若愚本“所”下有“止”字，傅奕本各句下都有“也”字。朱謙之云：“老子古本有詳略，各本不同，此蓋由南北朝以來，河北與江南各地，風俗言語之影響不同。《顏氏家訓‧書證篇》所云：‘也、是、語、已及助字之辭，文籍備有之矣，河北經傳，悉略此字。’‘又有俗學，聞經傳中時須也字，輒以意改之。’今諸本中南本詳而北本略。詳者如傅、范本，如此章每句下有‘也’字，略者如景龍、遂州、敦煌諸本，字數與五千言古本相近，而詳者實以意改之。”

“死而不亡者壽”，易順鼎云：“《意林》亡作妄，死而不妄，謂得正而斃也。河上本雖亦作亡，而注云：‘目不妄視，耳不妄聽，口不妄言，則無怨惡於天下，故長壽。’是亦讀亡爲妄矣。”馬敘倫云：“《治要》引亦作妄。各本及《列子‧仲尼篇》、《弘明集》六，僧紹正《二教論》引並作亡。成《疏》曰：‘“欲明死而不死，不壽而壽也。”是成亦作亡。’”按：“妄”爲“亡”之誤，作“亡”是。

三十二章

大道汜兮，其可左右。萬物恃之而生而不辭，功成不名有，衣養萬物而不爲主。常無欲，可名於小；萬物歸焉而不爲主，可名爲大。以其終不自爲大，故能成其大。

解 汜——《說文》水部：“汜，濫也。”“汜”同“汎”，引伸爲普遍的意思。《論語·學而篇》“汎愛衆”即普遍愛衆人的意思。

左右——兼上下言，左右上下即四面八方的意思，即普遍各處的意思。

衣——《說文》衣部：“衣，依也。”上曰衣，下曰裳，象覆二人之形。此處“衣”字即覆被的意思，係引伸義。

此章仍是講道的本質及其作用。大道汜濫於各處，上下左右，四面八方，無所不有。萬物都是憑恃它發生，它卻不說；功成了，它卻不要名；覆育着萬物，它卻不爲主宰。常無欲，一無所求，一無所有，可以說容量極小；但是萬物都歸依它而不爲主宰，又可說是容量極大。因爲它永遠不自以爲大，所以能成其大。

"可名於小"、"可名爲大"，"於"猶"爲"。

這是事物的辯證法，也是老子的樸素辯證法。《老子》書中和這同樣的語句很多。如"夫唯弗居，是以不去"（二章），"爲無爲，則無不治"（三章），"非以其無私邪？故能成其私"（七章），"夫唯不爭，故天下莫能與之爭"（二十一章）。這些話都說明事物的對立統一與相互轉化的道理。

章句異同　"氾"，傅奕本作"汎"。

"萬物恃之而生"，傅奕本"而"作"以"，羅振玉云："景龍、《御注》、敦煌、英倫諸本'而'均作'以'"。按："而"可訓"以"。

"功成不名有"，河上本作"功成而不名有"，傅奕本作"功成而不居"，馬敍倫言當作"功成而不有"。按：此句疑當作"功成而不有名"，"名有"疑爲誤倒，"而"字疑脫。

"衣養"，河上本"愛養"，傅奕本作"衣被"，羅振玉云："河上、景龍、《御注》、英倫、廣明、景福諸本作愛養"，敦煌本作"衣被"。

"常無欲，可名於小；萬物歸焉而不爲主"，景龍碑無此十五字。

"常無欲，可名於小"，傅奕本作"故常無欲，可名於小矣"，一本無"故常無欲"四字，馬敍倫以爲無此四字是。可參考。

"不爲主"，傅奕本"爲"作"知"。

"以其終不自爲大，故能成其大"，傅奕本作"是以聖人能成其大也，以其終不自大，故能成其大"，河上本作"終不爲大"。

三十三章

執大象，天下往；往而不害，安平太。樂與餌，過客止。道之出口，淡乎其無味；視之不足見，聽之不足聞，用之不足既。

解　大象——吳澄云："大象喻道。下章'大象無形，道隱無名'是也。"

往——歸往，嚮往的意思。

安平太——"安平"同"平安"。《說文》大部"太，一曰大也。""安平太"即安平大，即大平安。

樂與餌——"樂"是音樂。《說文》食部："餌，粉餅也"。

既——盡也。

此章仍言道的本質及其功用。人能掌握了道，天下的人就都要歸往；天下的人都歸往而不互相妨害是很平安的。好聽的音樂和美味的食物，可以誘致過客停止。道這種東西說出來是淡而無味的；看是看不見的，聽是聽不到的，它的作用卻是無窮盡的。

"執大象，天下往"，林希逸云："大象者，無象之象也。天下往者執此而往，行之天下也。”也可通。王弼注：“大象，天象之母。不寒不溫不涼，故能包統萬物，無所犯傷。主若執之，則天下往也。無形無識，不偏不彰，故萬物得往而不害妨也。”王注“天下往”爲天下歸往的意思。各家多採王說。

　　“安平太”，呂惠卿云：“平者安之至，泰者平之至，安平泰者，安其夷泰也。”王引之《經傳釋詞》云：“安猶於是也，乃也、則也。《老子》曰：‘往而不害，安平太’，言往而不害，乃得平泰也。”均可通。嚴復云：“安，自由也。平，平等也。太，合群也。”未確。

　　章句異同　“大象”下，傅奕本有“者”字。

　　“安平太”，紀昀云：“河上本‘平太’作‘太平’”；《永樂大典》本作“平泰”；朱謙之云：“傅、范本、遂州本、邢玄、慶陽、磻溪、樓正均作‘泰’，諸河、王本作‘太’。《道藏》王本作‘大’。泰太古通。”

　　“出口”，景龍碑作“出言”。

　　“淡乎”，傅奕本“乎”作“兮”。

　　“不足見”、“不足聞”、“不足既”，河上本“不足既”作“不可既”，傅奕本“不足聞”、“不足既”二“不足”均作“不可”，馬敍倫、高亨言三“不足”皆當作“不可”。按：作“不可”較順。

三十四章

將欲歙之，必固張之；將欲弱之，必固强之；將欲廢之，必固興之；將欲奪之，必固與之；是謂微明。柔弱勝剛强。魚不可脫於淵，國之利器不可以示人。

解　歙——《說文》欠部：“歙，縮鼻也”，引伸爲收縮，收斂。張——開。

固——通“姑”。《詩·卷耳》傳：“姑，且也。”馬敍倫云：“《韓非子·說林上》引‘將欲取之，必姑與之’，是其證。”“姑且”即暫且的意思。

利器——機密事物。“國之利器”即國家的機密機關、工具和工作。國家的機密機關、工具、工作是有利於國家的，好像銳利的器具，所以名爲利器。

此章講事物相反相成道理的具體應用。“歙”和“張”，“弱”和“强”，“廢”和“興”，“奪”和“與”，都是相反相成的。沒有收縮，就沒有張開；沒有張開也就沒有收縮。弱和强，廢和興，奪和與的相反相成也是如此。懂得這個道理，就可以在處理事物的過程中，從一方面着手達到和它對立的另一方面。將要把一個東西收縮，必須姑且把它張開；將要使得一個東西衰弱，必須姑且使它強壯；將要廢棄一個事物，必須姑且把它興起，將要對於一個東西有所奪取，必須姑且對於它有所給與；這樣對於事物的認識與處理，就叫作"微明"。"微"是精微，"微明"就是極精微的觀察，也就是見微知著的意思。從這些情形就可以說明"柔弱勝剛強"的道理。魚不能離開水，國家的機密是不可以洩露的。

　　"魚不可脫於淵，國之利器不可以示人"二語，與上文難聯繫，前人多勉強聯繫，總不能自然。所謂"國之利器"，前人也有各種不同的解說。《莊子·胠篋篇》云："聖人者，天下之利器也。"《韓非子·喻老篇》云："賞罰者，邦之利器也。"《六微篇》亦云："賞罰者，利器也。"《淮南子·道應訓》也以"賞罰"爲國之利器。王弼注："利器，利國之器也，唯因物之性，不假刑以理物，器不可覩，而物各得其所，則國之利器也。示人者，任刑也。刑以利國則失矣。魚脫於淵則必見失矣，利國器而立刑以示人，亦必失也。"王弼的意思以爲"刑"不是利國之器，"刑"是將利國之器示人的，那麼，什麼是利國之器，他沒有明確指出。以後又有人說"柔弱"是國之利器（蘇轍等），又有人說利器是"兵器"（王道與嚴復），又有人說利器爲"殺機"，"利器不可示人，以喻將然之殺機不可露"（魏源）。以上諸說，皆難通。莊子以"聖人"爲利器，全是附會。《韓非子》、《淮南子》等以"賞罰"爲利器。按：賞是賞一人以勸衆人，罰是罰一人以警衆人，賞罰的事情，正是要示人，何得云不可示人。他們都是把"利器"講爲"賞罰之權"，把"示人"講作"假人"，"國之利器不可以示人"就是國家的賞罰之權不可以假人。"國之利器"講爲"賞罰之權"，猶可說；"示人"講作"假人"，非本義。因此《說苑·君道篇》所引，把"示"改作"借"，《淮南子·主術訓》高誘注引《老子》云"國之利器不可以假人"，均爲沒有根據的臆改。以"柔弱"爲國之利器，也難通。柔弱是德，即屬性，不能名爲器。且柔弱既爲美德，爲什麼不可以示人？德總是有所表現的，又怎能不示人？說"兵"是利器，也不可通。無論是兵器或軍隊，自古以來都不是不可以示人的。嚴復云："利器，弓矢刀劍也。觀兵尚刑，皆以利器示人者也。"古代還沒像現在帝國主義核武器詭詐，怎能說不可以示人？至於說"利器不可以示人，喻將然之殺機不可露"，那就更想入非非了，不知所云了。這樣，老子真成爲一個大陰謀家了。陸希聲云："權之爲物，國家之利器也，必深藏之，用之，不可顯示於人，懼其竊以爲亂也。"陸氏所謂"權"即權術，所謂"將欲……必固……"云云，都是權，此說近是。我以爲，"國之利器"指國家的機密機關、工具及工作言，至於什麼是利器，什麼是非利器，什麼可以示人，什麼不可以示人，那是隨時間、地點與條件而不同。此所謂"欲歙固張、欲弱固強、欲廢固興，欲奪固與"，即都是有機密性的工作，即都不能預先示人的。

　　歙張、弱強、廢興、奪與都是相反相成的自然現象，所謂"將欲"與"必固"也只是人順着相反相成的規律所表現的人的作用，並不是什麼陰謀權術。"將欲弱之，必固強之"，"將欲奪之，必固與之"，這兩句話在一般人看來更爲陰謀權術。事實上所謂"將欲弱之，必固強之"，即"強梁者不得其死，好勝者必遇其敵"的意思。古代窮兵黷武的統治者，近代兩次世界大戰的發動者，起初都是強不可言，到後者都不免一敗塗地，即其例證。所謂“將欲奪之，必固與之”，如農民要奪取莊稼的果實，必須先與以肥料和水分；工人要取得生產上的成果，必須先與以原料和工力；這都可說是“將欲取之，必固與之”的例證。至於在階級鬥爭和軍事戰爭上的戰略戰術，目的總是在“消滅敵人，保存自己”（毛主席語），是非標準主要是從階級的立場看是先進還是落後，是正義還是非正義。陰謀權術是任何階級和任何戰爭的雙方在戰術上都不能絕對沒有。歷來以陰謀權術爲可恥可懼者，是自己本來常常使用陰謀權術，而惟恐別人使用陰謀權術的人，歷來的統治階級都是如此。陰謀權術是不好的，但要根本取消陰謀權術必須在沒有階級鬥爭和沒有戰爭的社會纔可能。

章句異同　“歙”，《釋文》作“儉”，云：“簡文作‘歙’，又作‘洽’，河上本作‘噏’”，王弼本原爲“儉”，但今所見王弼本皆作“歙”，各本也多作“歙”。

“必固興之”，陳柱、高亨皆言“興”當作“舉”，與下文“與”字爲韻。可參考。

“將欲奪之”，《韓非子·喻老》引作“將欲取之”。

“柔弱勝剛強”，傅奕本作“柔之勝剛，弱之勝強”，《永樂大典》本作“柔勝剛，弱勝強”，羅振玉云：“景龍本作‘柔勝剛，弱勝強。’”

“魚不可脫於淵”，傅奕本“脫”作“侻”，畢沅云：“古無侻字，作脫者是。”《韓非子·喻老篇》“淵上”有“深”字，王先慎云："深字衍。"

　　"國之利器"，《韓非子·喻老篇》作"邦之利器"，王先慎、劉師培均言"國"字爲"邦"字諱改，於他章爲然，不可以例此章。

　　三十七章云"反者道之動，弱者道之用"，六十一章云"玄德深矣遠矣，與物反矣"，義同此章，可參證。

三十五章

　　道常無爲而無不爲。侯王若能守之，萬物將自化。化而欲作，吾將鎮之以無名之樸，夫亦將無欲。無欲以靜，天下將自定。

　　解　道常——常道，因爲道常常如此，也就是永恆不變的常道。

　　欲作——高亨云：“欲讀爲私欲之欲，名詞也。《說文》作起也。”高說是。

　　無名之樸——河上公云：“無名之樸，道也。”此“樸”即上文“樸散則爲器”與“樸雖小”的“樸”。“無名之樸”即今所謂“赤裸裸的事實”。事實是無名的，質樸的，是道的素材，所以是“無名之樸”。

　　夫亦將無欲——“夫”猶“彼”。按：“欲”即主觀的意欲。

　　“道常無爲而無不爲”。統治者如能遵守道，萬物都可以自然歸化。歸化以後還不按照事物規律而要憑主觀意欲蠢動妄作，我要拿赤裸裸的事實來叫他看，對他加以鎮壓，他也就可以沒有主觀意欲了。人們沒有主觀意欲就清靜了，天下也將自然安定了。

"道常無爲而無不爲"，"無爲"是道之體，"無不爲"是道之用。體即今所謂本質，用即今所謂功用。"道常無爲而無不爲"這句話是對"道之爲物"的最概括也是最具體的說明，是老子思想的核心，《老子》五千言，翻來覆去不外是對於這句話的闡發與論證。"道常無爲而無不爲"，例如能量守恆與轉化的定律，不是人能創造、改變與消滅的，只能很馴服地順從着它；但是人們運用這個規律在工業上就能做出很多的創造與發明。又如社會發展的規律，也不是人們可以創造、改變與消滅的；但是人們運用它，對於社會革命與建設就可以做出很多的事情。如按照馬克思所說的從必然王國到自由王國的道理來理解，無爲就是說事物的規律是必然的，不是由人的意志可以創造、改變與消滅的；無不爲就是說在事物的規律之下可以爲所欲爲。老子當時是不能有這樣的科學思想，他是猜想到的，但是這樣的猜想是近於科學的。

"萬物將自化"，此所謂"萬物"主要的是指人。《老子》書中的"物"這個概念有些地方是指人言。"萬物將自化"，是說人都歸化侯王，也可說是歸化於道。因爲侯王若能遵守道，萬物纔可以自然歸化，那麼，歸化侯王也就是歸化道。

章句異同　"侯王"，傅奕本作"王侯"。

"若能守之"，《永樂大典》本無"之"字。

"鎭之以"，焦竑本無"之"字。

"無名之樸"，今王弼本及各本此四字重。易順鼎云："《釋文》六書'吾將鎭之以無名之樸，夫亦將無欲'十四字，則今本重'無名之樸'四字，乃涉上文而衍。"高亨云："疑此文當作'吾將鎭之以無名之樸。鎮之以無名之樸，夫亦將無欲'，轉寫脫去'鎮之'二字耳。"本章皆連環句法，"化"字疊，"鎮之以無名之樸"七字疊，"無欲"二字疊。高說是，可從。

　　"夫亦將無欲"，河上本及各本無"夫"字。

　　"無欲以靜"，王弼本"無欲"作"不欲"，焦竑云"一本作'無欲'"，魏源本作"無欲"。按："無欲以靜"，承上句"夫亦將無欲"言，作"無欲"是，此從魏源本。

　　"靜"，傅奕本作"靖"。

　　"天下將自定"，"定"傅奕本作"正"，羅振玉云："景龍、《御注》、景福三本均作正"。

下

篇

三十六章

上德不德，是以有德；下德不失德，是以無德。上德無爲而
無以爲，下德爲之而有以爲。上仁爲之而無以爲，上義爲之而有以
爲。上禮爲之而莫之應，則攘臂而扔之。故失道而後德，失德而後
仁，失仁而後義，失義而後禮。夫禮者，忠信之薄而亂之首。前識
者，道之華而愚之始。是以大丈夫處其厚，不居其薄；處其實，不
居其華。故去彼取此。

解 ［上德不德，是以有德；下德不失德，是以無德。上德無
爲而無以爲，下德爲之而有以爲］"德"，即事物的屬性。王弼注：
"德者得也。"四十七章云："道生之，德畜之，物形之，勢成之。
是以萬物莫不尊道而貴德。道之尊，德之貴，夫莫之命而常自然。"
王弼注云："道者物之所由也，德者物之所得也。"所謂"得"即事
物所得到的東西，所謂"畜"即事物所含蓄的東西，兩者都是指事
物的屬性言。嚴復云"德者，道散而著於物者也"，同此義。"道"
和"德"是兩個有密切關係的概念，這兩個概念都有廣義、狹義的
兩種意義。廣義的道是所有事物的普遍規律，狹義的道則是人們在

生活實踐中必須遵循的道理。廣義的德是所有事物的普遍屬性，狹
義的德則是人們在生活實踐中所表現的品質。人的品質本來是包括
好與壞兩方面的，但是自古以來人們把人這種動物看爲最高貴的一
種東西，於是把人的品質也就看爲是最高貴的品質，因而所謂"德
性"和"德行"也就是最好的品質和最好的行爲，而對於不好的品
質和行爲，就叫作無德、缺德或寡德了。這是把"德"這個概念
更加狹義了。《老子》書中所謂"德"也有廣義、狹義的不同：如
二十章"孔德之容，惟道是從"的"德"，即廣義的德；如二十六
章"常德不離"、"常德不忒"、"常德乃足"的"德"，即狹義的德。
此所謂"上德"、"下德"，即更加狹義的德。

　　上等的德行是自己並不以爲是德行，這倒是真有德行；下等的
德行是自以爲沒有失德，那就是沒有德行。因爲上等的德行，是順
着規律，合於人情，無須作爲，沒有打算計較，就能內得於己外得
於人；下等的德行是要勉强有所作爲，而且是有自己的打算計較，
因此雖然不至失德，也不能說是有德。

　　"無以爲"的"以"，猶"因"。"無以爲"即"無因爲"，"無因
爲"即沒有自己的企圖，即不是爲名，不是爲利，沒有爲自己私人
的打算計較，即無所爲而爲。"無爲"是就行爲上言，"無以爲"是
就動機言。"無爲而無以爲"，即在行爲上不是勉强做作，在思想上
沒有企圖計較。"而"是"而且"的意思，"無爲而無以爲"即"無
爲而且無以爲。"

　　二十一章云："不自見，故明；不自是，故彰；不自伐，故有
功；不自矜，故長"，即可說是"上德不德，是以有德"。二十二章
云："自見者不明，自是者不彰，自伐者無功，自矜者不長"，即可

說是“下德不失德，是以無德”。《莊子·列禦寇篇》云：“賊莫大乎德有心，而心有睫。及其有睫也而内視，内視而敗矣。凶德有五，中德爲首。何謂中德？中德也者，有以自好也，而吡其所不爲也。”“睫”本爲目旁毛（《說文》），此處當作眼睛用，“心有睫”即言心有眼，即俗所謂“有心眼”。“中德”即非上德，即等於此所謂“下德”。“吡”，“訾”也。“心有睫”、“内視”、“自好”、“吡其所不爲”，即都是自以爲有德，即“下德不失德，是以無德”。《韓非子·解老》云：“德者，内也。得者，外也。‘上德不德’，言其神不淫於外也。神不淫於外則身全，身全之謂德，德者，得身也。凡德者，以無爲集，以無欲成，以不思安，以不用固。爲之欲之，則德無舍；德無舍則不全。用之思之，則不固；不固，則無功；無功，則生有（於）德。德則無德，不德則有德。故曰：‘上德不德，是以有德’”。韓非此解是將“上德不德”的前一“德”字解爲德行的“德”，把後一“德”字解爲得失的“得”。“無功，則生於德。德則無德，不德則有德。故曰：‘上德不德，是以有德’”，即“無功，則生於得。得則無德，不得則有德。故曰：‘上德不得，是以有德。’”

又云：“所以貴無爲無思爲虛者，謂其意無所制也。夫無術者，故以無爲無思爲虛也。夫故以無爲無思爲虛者，其意常不忘虛，是制於爲虛也。虛者，謂其意無所制也。今制於爲虛，是不虛也。虛者之無爲也，不以無爲爲有常。不以無爲爲有常則虛，虛則德盛，德盛之謂上德。故曰‘上德無爲而無不爲也。’”此所謂“無爲無思爲虛”，並不是“故以無爲無思爲虛”，而是“意無所制”。“意無所制”即沒有企圖計較，即無所爲而爲，即“無以爲”。《韓非子》文作"無爲而無不爲"，"無不爲"的"不"當爲"以"字，疑爲後人傳寫致誤。傅奕據誤作"無不爲"。陶鴻慶據此以爲"下德爲之而有以爲"也當作"下德爲之而有不爲"。均非是。按：此章講"上德"、"下德"、"上仁"、"上義"、"上禮"的等級差別，即重在"有以爲"與"無以爲"的差別。若云"上德無爲而無不爲"，那末它與"道常無爲而無不爲"有什麼分別？難道是"上德"即等於"常道"？難通。至於說"下德爲之而有不爲"，則更難通。老子所謂"不尚賢"、"不貴難得之貨"、"不自是"、"不自伐"、"不自矜"、"不爭"，皆"有不爲"，難道它們都是"下德"嗎？

　　〔上仁爲之而無以爲，上義爲之而有以爲，上禮爲之而莫之應，則攘臂而扔之〕"仁"，即愛人。"義"，即做自己應當做的事。"禮"，即禮節制度。"攘"，《說文》手部："攘，推也。""推，排也。"《玉篇》："除袂出臂曰攘，心憤發而氣勇也。"《前漢書·鄒陽傳》："攘袂而正議。"《注》："攘袂猶今人云捋臂。"此"攘臂"即《孟子》所謂"馮婦攘臂下車"的"攘臂"（《孟子·盡心下》），即今言"捲起袖子"、"伸出臂膊"的意思。"扔"，《說文》手部："扔，捆也。""捆，就也。"《釋文》云："扔，引也，因也。""扔"即今言"拉扯"。"攘臂而扔之"，即捲起袖子，伸出臂膊拉拉扯扯，強人就範的意思。

　　仁、義、禮也是有等級差別的。〔總的來說，仁比德差，義比仁差，禮比義差。〕上等的仁比上德差而比下德好。因爲上等的仁是有爲而不是無爲，這是比上德差；而它是出乎本心，行乎其所不得不行，沒有私人的企圖計較，這是比下德好。義和仁比又差，就是上等的義也是有爲的，而不是無爲的，而且總是有企圖計較的，不是無所爲而爲的。禮和義比更差，禮總是有爲的，而且投桃報李，禮尚往來，行禮總是希望能得到反應的；即便是上等的禮，如果得不到適當的反應，就要捲起袖子，伸出臂膊，拉拉扯扯，強人就範了。

“上仁爲之而無以爲”，是說“上仁”總得有行爲的表現，但沒有私人的企圖計較。如《孟子》云：“今人乍見孺子將入於井，皆有怵惕惻隱之心，非所以內交於孺子之父母也，非所以要譽於鄉黨朋友也，非惡其聲而然也。”（《孟子·公孫丑上》）“上義爲之而有以爲”，如《孟子》云：“生亦我所欲也，義亦我所欲也，二者不可得兼，舍生而取義也。”（《孟子·告子上》）舍生取義是“上義”，是有爲的表現，而在生與義矛盾的時候，權衡利害輕重，則是“有以爲”。“上禮爲之而莫之應，則攘臂而扔之”，如讓人飲酒、贈人東西、請人上座，對方如不接受，主方則不免動手拉扯。

德舉上德、下德，仁、義、禮只言上仁、上義、上禮，而不言下仁、下義、下禮，意思是上者如此，下者不言可知。

《韓非子·解老》云：“仁者，謂其中心欣然愛人也。其喜人之有福而惡人之有禍也。生心之所不能已也，非求其報也。故曰‘上仁爲之而無以爲也’。義者，君臣上下之事，父子貴賤之差也，知交朋友之接也，親疏內外之分也。臣事君宜，下懷上宜，子事父宜，賤敬貴宜，知交友朋之相助也宜，親者內而疏者外宜。義者，謂其宜也。宜而爲之，故曰：‘上義爲之而有以爲也。’禮者，所以貌情也，羣義之文章也，君臣父子之交也，貴賤賢不肖之所以別也。中心懷而不諭，故疾趨卑拜而明之。實心愛而不知，故好言繁辭以信之。禮者，外節之所以諭內也。故曰：‘禮以貌情也。’凡人之爲外物動也，不知其爲身之禮也。衆人之爲禮也，以尊他人也，故時勸時衰。君子之爲禮，以爲其身，以爲其身，故神之爲上禮。上禮神而衆人貳，故不能相應，不能相應，故曰：‘上禮爲之而莫之應。’衆人雖貳，聖人之復恭敬盡手足之禮也不衰，故曰：‘攘臂而仍之。’”《韓非子》此解甚是，惟解“攘臂而仍之，”似不自然。《韓非子》“扔”作“仍”。按：“仍”通“扔”，韓非作“仍然”，“仍舊”解，云“聖人之復恭敬盡手足之禮也不衰”。所謂“盡手足之禮”難通，因爲禮的表現不只是限於手足。

[故失道而後德，失德而後仁，失仁而後義，失義而後禮] “道”是無爲而無不爲的，人能行“道”，就能無爲無欲，純乎自然，物我無間，渾然一體，這是最高的境界，也是最難的造詣。不能行“道”纔行“德”。“德”是或無爲而無以爲，或有爲而有以爲，不能完全無爲，也不能完全無以爲。也就是說，“德”不能完全無爲無欲，純乎自然，也不能完全物我無間，渾然一體。不能行“德”纔行“仁”。“仁”是一定要有行爲的表現，不過上等的仁是沒有私人的企圖計較，行乎其所不得不行。不能行“仁”纔行“義”。“義”是既有行爲的表現，又有私人的企圖計較。不能行“義”纔行“禮”。“禮”則不只是有行爲的表現和私人的企圖計較，而且爲了達到自己企圖的目的，還出之以勉強的手段。《老子》的意思是說，無論是從人類的歷史發展上來看，還是從一個人的思想行爲上來看，所謂“道”、“德”、“仁”、“義”、“禮”，在境界上是有等級差別的，在造詣上也是難易不同的。從人類的歷史發展上來看，最早的時候是行道的，如傳說堯舜以前的情形；以後是行德的，如傳說堯舜時代的情形；再以後是行仁行義

或行禮的，如堯舜以後的情形。從個人的思想行爲上來看，最好的造詣和最高的境界是行道，其次是行德，再其次是行仁、行義或行禮。所謂"失"就是不能行的意思，不是得失的"失"。《莊子·知北遊》云："道不可致，德不可至，仁可爲也，義可虧也，禮相僞也。故曰：'失道而後德，失德而後仁，失仁而後義，失義而後禮。禮者，道之華而亂之首也。'"這就是從境界的高下與造詣的難易上作比較而言。

[故禮者，忠信之薄，而亂之首。前識者，道之華而愚之始] 禮是由情而生，情是禮的實質，禮是情的表現，情真摯禮一定周到，禮周到卻不一定是情真摯，甚至有人還可能以虛僞的禮冒充真摯的情來欺騙人。所以父子兄弟之間不一定要拘於禮節，而社會交際場中，就不能不時時注意禮貌，即因前者忠信素孚而後者忠信未孚。本來忠信未孚的人們就時有齟齬，若能禮尚往來，彼此矛盾的情緒還不至激化，而且也無可藉口生事；一遇失禮，猜疑頓起，就以此爲藉口，發生禍亂了。葛伯仇餉，成湯征伐；[1]季孫適懈，遭客疑殺；[2]即其例。所以《老子》說："禮者，忠信之薄，而亂之首。""前識"即預見、猜測。前識指智言，因爲惟有智者纔能預見、猜測。老子根本否定智，所以對於智者之能事——預見、猜測看爲不

1　葛伯仇餉事，見《孟子·滕文公下》。據說，早年成湯在亳地的時候，與葛國爲鄰。葛國的諸侯葛伯不祭鬼神。湯打發人去問他"爲什麼不舉行祭祀？"他說："沒有牛羊。"湯就送了他一些牛羊。葛伯把牛羊殺掉吃了，還是不祭祀。湯又打發人去問他："爲什麼不祭祀？"他說："沒有糧食作供品。"湯就使亳地的人民給他去耕種，叫老人和小孩子們去送飯。葛伯卻叫人搶奪送來的酒食，不讓他們搶，他們就殺人，有一個兒童送飯來不讓他們搶就被他們殺死。因此湯就起兵征伐葛國。《書經》上把這件事名爲"葛伯仇餉"。
2　季孫適懈遭客疑殺事，見《韓非子·外儲說左下》。據說季孫好士，常常穿得整整齊齊就如在朝廷上的樣子。有一天季孫有點懈怠，沒有和往常一樣整齊，門客們以爲是討厭了他們，都怨恨起來，就把季孫殺死。

僅是"道之華"而且是"愚之始"。"道之華"即不是道之實,"愚之始"就要終成爲大愚。"智慧出,有大僞",智根本不能和道、德、仁、義、禮並言,所以此章言德、言仁、言義、言禮,它們本身都有上下之分,彼此之間也都可作優劣的比較,智則不分上下,總歸是"道之華而愚之始",根本不能和道德仁義禮作比較,僅在章末提此一句以明其無足取。

《韓非子·解老》云:"先物行,先理動之謂前識。前識者,無緣而忘(妄)意度也。何以論之?詹何坐,弟子侍,有牛鳴於門外。弟子曰:'是黑牛也,而白在其題。'詹何曰:'然,是黑牛也,而白在其角。'使人視之,果黑牛而以布裹其角。以詹子之術,嬰眾人之心,華焉,殆矣。故曰:'道之華也。'嘗試釋詹子之察,而使五尺之愚童子視之,亦知其黑牛而以布裹其角也。故以詹子之察,苦心傷神,而後與五尺之愚童子同功,是以曰'愚之首也。'故曰:'前識者,道之華而愚之首也。'"

按:預見和猜測有別。預見是根據因果關係的必然規律,由因而推得其果,是科學的偉大作用,也是科學的最高目的。如天文台對於日蝕、月蝕的預測,氣象站對陰晴風雨的預測,人民公社對於農業生產的預測是。猜測是沒有規律,沒有根據的主觀意度,如賭博押寶是。老子所謂"前識",是指科學預見還是指主觀猜測,沒有明言,可能是指主觀猜測。《韓非子》所引詹何故事則完全是主觀猜測而不是科學預見,真正的前識是科學預見,而不是主觀猜測。科學預見是智慧的偉大作用,就是事物規律的偉大作用,就是道的偉大作用,並不是"道之華而愚之始"。這是老子和韓非都沒有能見到的。

〔是以大丈夫處其厚，不居其薄；處其實，不居其華；故去彼取此〕“大丈夫”指有道者言。“厚”指情言，“薄”指禮言，“實”指道言，“華”指智言。“彼”指禮與智言，“此”指情與道言。有道之人是重在情而不重在禮，重在道而不重在知，故捨去禮與智，而惟取情與道。

全章言德、仁、義、禮、智，結語只就禮與智言，不及德、仁、義，是因爲德、仁、義都不是全不可取，而禮與智則是全不可取。

此章韓非、王弼都有很詳細的注解。韓解大半可取，間有牽強附會處。王注近於玄談，間有可取。老子此章將德、仁、義、禮、智等五個很抽象概念都作了好像定義的說明，而又和道連在一起作了優劣的比較，這在《老子》書中是比較有重要意義的一章，而在先秦思想史上也是一段極可寶貴的資料。因爲所謂道、德、仁、義、禮、智等概念是先秦諸子都講的，但是各家對於這些概念的意義，卻有不同的看法。老子此章所講的這些概念的意義，可說是所謂道家對這些概念的看法。老子的看法是：道是概括性最大，意義也最大的，其次是德，其次是仁、義、禮、智。它們之間，除了從“孔德之容，惟道是從”的話得知道和德的關係是主從關係，對於德、仁、義、禮、智的關係，沒有其他明文可據，只從此章所言，它們好像是平列概念，而在意義上是有大小的區別。從事實上來看，老子所謂“道”與“德”的關係是對的，而所謂“德”與“仁”、“義”、“禮”、“智”的關係則不正確。因爲德是仁、義、禮、智的共名，仁、義、禮、智是德的別名，即德之中包括仁、義、禮、智等，而仁、義、禮、智等都是德的具體表現。因此失德即可能是失仁、失義、失禮或失智，也可能是仁、義、禮、智全失，如何能說"失德而後仁，失仁而後義，失義而後禮"呢？

章句異同　"上德無爲而無以爲"，《韓非子》作"上德無爲而無不爲"，傅奕本同《韓非子》。"下德爲之而有以爲"，傅奕本作"下德爲之而無以爲"。均非是，理由見上文。

"扔"，《韓非子》作"仍"，各本也有作"仍"者。按："扔"、"仍"通。

"失道而後德"四句，《韓非子》"而後"下俱有"失"字，不可通。

"夫禮者"，有人言"夫"爲"失"之誤。

"亂之首也"，"愚之始也"，傅奕本無兩"也"字。

"處其厚不居其薄，處其實不居其華"，河上本作"處其厚不處其薄，居其實不居其華"，傅奕本作"處其厚不處其實，處其實不處其華。"

附注　"上禮爲之而莫之應，則攘臂而扔之"，此句各家解譯多歧異。王弼注："尚好修敬，校責往來，則不對之間忿怒生焉。故'上禮爲之而莫之應，則攘臂而扔之。'"王注今本似有脫誤，體會所謂"忿怒生焉"，則所謂"攘臂而扔之"似有推排或拉扯的意思。任繼愈譯此句爲"上禮有所表現，而得不到回答時，就伸拳擄臂，敵對報復"，似即根據王注。高亨解此句云："攘臂而扔之者，謂攘

臂以引人民使就於禮也。"楊興順譯爲"強迫別人來尊重他"。楊柳
橋譯爲"伸出胳膊來去指使人家"。各家解譯，對於"扔"的意義
或是以爲忿怒的行爲，或以爲是指使的意思。我以爲所謂"攘臂
而扔之"有忿怒的意思而不嚴重，有指使的意思而不禮貌，故解爲
"拉拉扯扯，強人就範"。

三十七章

昔之得一者：天得一以清，地得一以寧，神得一以靈，谷得一以盈，萬物得一以生，侯王得一以爲天下貞。其致之，天無以清，將恐裂；地無以寧，將恐發；神無以靈，將恐歇；谷無以盈，將恐竭；萬物無以生，將恐滅；侯王無以貴高，將恐蹶。故貴以賤爲本，高以下爲基；是以侯王自稱孤寡不穀。此非以賤爲本邪？非乎？【人之所惡，惟孤寡不穀，而侯王以爲稱。】故致數輿無輿，不欲球球如玉，珞珞如石。反者道之動，弱者道之用，天下萬物生於有，有生於無。

解 昔——早年。特提昔者，以明由來久矣。

一——統一的意思，指道言。三十九章云："道生一，一生二，二生三，三生萬物。"此處所謂"一"，即"道生一"的"一"。"道生一"即由道而生出統一的情形，統一即對立的統一。此"一"與孔子所說"吾道一以貫之"的"一"及《書·大禹谟》所說"惟精惟一"的"一"義略同。

貞——通"正"，一本作"正"，即《論語》所謂"政者正也，子率以正，孰敢不正"（《論語·颜渊》）的"正"，即楷模、標準。

　　其致之——"致"即《論語·學而篇》"事君能致其身"的"致"。朱熹注："致猶委也。""致"略同"置"。《禮·曲禮》："大夫七十而致事。"《注》："致其所掌之事於君而告老。"《疏》："不云置而云致者，置是廢絕，致是與人，明朝廷必有賢代己也。"此所謂"致"，即放棄的意思。"其致之"是假設語，"之"指上文所說的"一"言，"其致之"即言要是放棄一，即不能得一的時候，就將要有什麼情形。

　　裂——破裂。

　　發——爆發。

　　歇——停息。

　　竭——枯竭。

　　滅——滅亡。

　　蹷——顛仆。

　　穀——善。

　　致數輿——"致"，招。"數"言朔，頻繁。"輿"通"譽"。《釋文》作"譽"云"毀譽也。""致數輿"即常常得到榮譽。

　　琭——音"祿"，《韻會》："琭，玉貌。"

　　珞——音"洛"，或音"礰"，與礫同，小石曰礫。又"珞"同"落"。"珞珞"一本作"落落"。落落，不相入貌。"不欲琭琭如玉，珞珞如石"，是不願意亮晶晶地如同玉的樣子，也不願意硬繃繃地如同石塊的樣子，喻侯王不願意獨異於眾，落落寡合。

　　宇宙萬物都是在矛盾統一的情況之下，生成、存在與發展的。從古以來，天得到了矛盾的統一就能清朗，地得到了矛盾的統一就能安寧，神得到了矛盾的統一就能靈驗（有靈感），谷得到了矛盾的統一就能盈滿，萬物能得到了矛盾的統一就能生長，侯王得到了矛盾的統一就能爲天下人的楷模。假如要是不能得到矛盾的統一，那就：天不能清朗，就怕要破裂；地不能安寧，就怕要爆發；神不能靈驗，就怕要停息；谷不能盈滿，就怕要枯竭；萬物不能生長，就怕要滅亡；侯王不能爲天下的楷模而居貴尊高尚的地位，就怕要倒下來。所以貴是以賤爲根本，高是以下爲基礎。因此，侯王自己叫自己爲孤家、寡人和不穀。這不是貴以賤爲根本嗎？不對嗎？所以有道的侯王就是常常得到榮譽也就如沒有榮譽一樣，他們不願意亮晶晶地像玉一樣，也不願意硬繃繃地像石塊一樣，即不願獨異於眾，落落寡合。反面的作用是道的動力，柔弱的精神是道的功用。天下萬物是生於實有，實有卻是生於虛無。這就說明事物都是有對立的兩方面，而對立的兩方面是可以統一的，而且可以互相轉化的。"反者道之動"以下數語是概括上文所舉事實而對矛盾統一的理論說明。

　　此章是講"一"的作用，"一"就是統一，就是對立的統一。老子對於事物的對立矛盾是看到了，所以他說："物或行或隨，或歔或吹，或強或羸，或載或隳。"（二十七章）但是事物的矛盾有統一性和鬥爭性兩方面，老子卻只注重矛盾的統一性而不注重矛盾的鬥爭性，甚且根本反對矛盾的鬥爭性。所以他說："有無相生，難易相成，長短相形，高下相傾，音聲相和，前後相隨。是以聖人處無爲之事，行不言之教。"（二章）"夫唯不爭，故天下莫能與之

爭。"（二十一章）此章更以天、地、神、谷、萬物、侯王的情形來
說明"一"的作用，即說明唯有在矛盾統一的情況下，各種事物纔
能有生成、存在與發展。這和《禮記・中庸》所說"致中和天地位
焉，萬物育焉"的意思略同。

　　列寧說："對立的統一（一致、同一、合一），是有條件的、一
時的、暫存的、相對的。互相排斥的對立鬥爭則是絕對的，正如發
展、運動是絕對的一樣。"（列寧：《關於辯證法問題》[1]【整理者按：
原稿下缺七八字】　　　　　　　　　）。毛主席解釋列寧這句話
的意思說："一切過程都有始有終，一切過程都轉化爲它們的對立
物。一切過程的常住性是相對的，但是一種過程轉化爲他種過程的
這種變動性則是絕對的。無論什麼事物的運動都採取兩種狀態，相
對地靜止的狀態和顯著地變動的狀態。兩種狀態的運動都是由事物
內部包含的兩個矛盾着的因素互相鬥爭所引起的。當着事物的運動
在第一種狀態的時候，它只有數量的變化，沒有性質的變化，所以
顯示出好似靜止的面貌。當着事物的運動在第二種狀態的時候，它
已經由第一種狀態中的數量的變化達到了某一個最高點，引起了統
一的分解，發生了性質的變化，所以顯出顯著地變化的面貌。我們
在日常生活中所看見的統一、團結、聯合、調和、均勢、相持、僵
局、靜止、有常、平衡、凝聚、吸引等等，都是事物處在量變狀態
中所顯現的面貌。而統一物的分解，團結、聯合、調和、均勢、相

1　此處引文和標題與 1990 年版《列寧全集》譯文略有出入。1990 年版《列寧全集》第
　55 卷收入《談談辯證法》一文，此處譯爲："對立面的統一（一致、同一、均勢）是
　有條件的、暫時的、易逝的、相對的。互相排斥的對立面的鬥爭則是絕對的，正如發
　展、運動是絕對的一樣。"（見《列寧全集》第 55 卷，人民出版社 1990 年第 2 版，第
　306 頁）——編者注

持、僵局、靜止、有常、平衡、凝聚、吸引等等狀態的破壞，變到相反的狀態，便都是事物在質變狀態中，在一種過程過渡到他種過程的變化中所顯現的面貌。事物總是不斷地由第一種狀態轉化爲第二種狀態，而矛盾的鬥爭則存在於兩種狀態中，並經過第二種狀態而達到矛盾的解決。所以說，對立的統一是有條件的、暫時的、相對的，而對立的互相排除的鬥爭則是絕對的。"我們中國人常說："相反相成"。就是說相反的東西有同一性。這句話是辯證法的，是違反形而上學的。'相反'就是說兩個矛盾方面的互相排斥，或互相鬥爭。'相成'就是說在一定條件之下兩個矛盾方面互相聯結起來，獲得了同一性。而鬥爭即寓於同一性之中，沒有鬥爭性就沒有同一性。"（毛澤東：《矛盾論》）老子受到時代的限制，不能正確地認識矛盾的統一性與鬥爭性，於是根本否定矛盾的鬥爭性而極端誇大了矛盾的統一性，這就形成了他的虛無靜止的世界觀和無知無欲無爲不爭的人生觀了，這就使他不能成爲歷史的促進派而成爲歷史的促退派了。

此章主要目的是要人以無爲本，以弱爲用，要注意事物的正面，更要注意事物的反面，要從事物的反面達到事物的正面，要把握住事物的矛盾統一，纔能保持平衡狀態，纔能清靜無爲。上半截雖然天、地、神、谷、萬物、侯王並舉，實在意思是重在侯王，所以後半截即專對侯王言。最後又以正反、強弱、有無的情形說明對立統一的道理，教人從矛盾中求得統一，從統一中實現清靜無爲的道。《莊子·天下篇》言關尹、老聃的道術是"建之以常無有，主之以太一，以懦弱謙下爲表，以空虛不毀萬物爲寶"，似即此章所言。

前人對於此所謂"一"的解釋，多不確，有些解釋全是玩弄概念的文字遊戲，有些則是玄之又玄的冥思空想。蘇轍說比較近是。他說："一，道也。物之所以爲物者皆道也。天下之人見物則忘道，天知其清而已，地知其寧而已，神知其靈而已，谷知其盈而已，萬物知其生而已，侯王知其爲天下貞而已；不知其所以得此者皆道存焉耳。"此說對於所謂"一"，雖然也沒有能具體說明，但是他能說"一，道也。物之所以爲物者皆道也"，似對於"一"之本義，已略有所見。吳澄云："一者沖虛之德，前後所謂'抱一'，所謂'混爲一'，所謂'道生一，'皆指此。莊子又謂之'太一。'"吳說可參考。

章句異同　"侯王"，傅奕本作"王侯"。

"天下貞"，"貞"一作"正"。

"其致之"，傅奕本作"其致之一也"。按：各本多無"一也"二字，"一也"二字疑衍。

"萬物得一以生"，"萬物無以生，將恐滅"，嚴君平本無此二句。

"侯王無以貞而貴高，將恐蹶"，王弼本作"侯王無以貴高將恐蹶。"楊樹達斷句爲"侯王無以貴，高將恐蹶。"范應元說古本作"侯王無以爲貞將恐蹶。"劉師培說當作"侯王無以貞將恐蹶。"此從傅奕本。因"無以爲貞"是承上文"侯王得一以爲天下貞"而言，下文"故貴以賤爲本，高以下爲基"是承此句而言。侯王能得一不能得一，是此章的重點。若作"侯王無以貴高將恐蹶"，上文"貞"字無着落；若作"侯王無以貞將恐蹶"，"貞"與"蹶"似難聯繫。

“自稱孤寡不穀”，河上本“自稱”下有“曰”字，傅奕本“自稱”作“自謂。”

“此非以賤爲本邪？非乎？”，傅奕本作“是其以賤爲本？非歟？”馬敘倫云：“‘邪’、‘也’古通。”

“故致數輿無輿”，河上本“輿”作“車”，吳澄本作“至譽無譽”，羅振玉說兩“輿”字原作“譽”，馬敘倫說“數”字衍。陳柱以爲下文三十九章“人之所惡，唯孤寡不穀，而侯王以爲稱。”十五字當移此章“非乎”下，可參考。

河上本、王弼本皆以“反者道之動”以下四句爲另一章。按：此四語是總結上文的概括語，不應另作一章，茲從魏源本合爲一章。吳澄本以此四語通下二章爲一章，可參考。

三十八章

上士聞道，勤而行之。中士聞道，若存若亡。下士聞道，大笑之；不笑不足以爲道。故建言有之：“明道若昧，進道若退，夷道若纇，上德若谷，大白若辱，廣德若不足，建德若偷，質真若渝，大方無隅，大器晚成，大音希聲，大象無形，道隱無名。”夫唯道，善貸且成。

解　建言——早已有的成語。蘇轍云：“建立也。古之立言者有是說，而老子取之，下之所陳者是也。”蘇說是。高亨以爲“建言”爲老子所稱的書名。張默君言或係老子假託的書名。均未確。

纇——音“壘”。魏源云：“《說文》云：‘纇，絲節。’《左傳》：‘刑之頗纇’（昭十六年）。注謂‘不平也。’”王弼謂“大夷之道，因物之性，不執平以削物是也。”

谷——喻謙下。

辱——傅奕本作“𪏰”。《玉篇》：“𪏰，垢黑也。”按：作“𪏰”是。【（𪏰，音 ru）】

建德若偷——俞樾云：“‘建’當爲‘健’，二字古通用。剛健

與偷惰相應。”按：“建”即《易經·乾卦》“天行健，君子以自強
不息”的“健”，“偷”即偷閑的“偷”。“健”、“偷”相對。按：此
“偷”音“余”，與渝、隅爲韻。張衡《西京賦》：“敬慎威儀，示民
不偷，我有嘉賓，其樂愉愉，聲教布濩，盈溢天區”，以偷、愉、
區爲韻，同此。

質真若渝——劉師培云：“真疑當作德，德字正文作悳。與真
相似。”劉說是。“質德”即純樸之德。”

貸——《說文》貝部：“貸，施也。”

道是相反相成的。上士聽到了道，就能勤勤懇懇地實踐體現。
中士聽到了道，將信將疑地以爲道像是有的又像是沒有的。下士聽
到了道哈哈大笑，在他看來，所謂道簡直是笑話；下士對於道的哈
哈大笑不足爲奇，如果他不笑，那倒不成其爲道了。所謂道的確是
不容易認識的，所以成語說：“明白理解了道卻好像愚昧糊塗的樣
子，對於道的實行有了進步卻好像是退步的樣子，平坦的道就好像
是不平的，高尚的德行卻好像幽谷的樣子，很清白的品質卻好像是
有垢黑的樣子，廣大的德行卻好像是有所不足的樣子，健強的德行
卻好像是偷懶的樣子，純樸的德行卻好像是變質的樣子；方形是都
有角的，大的方形是沒有角的；器具是人作成的，大的器具是要經
過長的時間纔能作成；有音就有聲，但是大的音是無聲的；有象就
有形，但是大的象是無形的；道不只是無聲無形，隱而不顯的，而
且是無名可稱的。”惟有道這種東西，肯對事物施予，而且肯成全
事物。

此章從相反相成的意義上說明道的本質及其功用，與上文

三十三章及三十四章可以互相參證。

　　"夷道若纇"，"夷道"即四十九章所謂"大道甚夷"的意思。"大方無隅"並不是實際上無隅，而是人不能看見大方之隅，所以覺着好像無隅。"大音希聲，大象無形"也不是實際上無聲無形，是人聽不見大音之聲，看不見大象之形。按物理學上聲學的規律，人們所能聽到的最高音是每秒鐘震動兩萬多次的音，震動兩萬多次以上的音就聽不見了。"大象無形"，如天體的形，人們就看不見。"善貸且成"，"善貸"是肯施予的意思，就是說道對於任何事物都肯加以施予，而且能成全了任何事物。也就是說，任何事物都有一定的規律，任何事物都是由一定的規律而形成的。

　　章句異同　傅奕本"勤而行之"作"而勤行之。""大笑之"作"而大笑之。"王念孫據牟子引《老子》及《抱樸子‧微旨篇》所引謂"大笑之"本作"大而笑之"，猶言"迂而笑之也。"俞樾從之，謂"下士聞道，大而笑之"與上文"上士聞道，勤而行之"兩句相對。按：以"迂"訓"大"未妥。"勤而行之"之"勤"與"行"皆就士言；以"迂"訓"大"，則"大而笑之"是"大"就道言，"笑"就士言，兩句形式相對而意義不相對。又按：此兩句，傅奕本作"而勤行之"，"而大笑之"，文通而義長。王弼本作"勤而行之"，譯爲今語"勤勞而實行"，欠通。因"勤"本形容"行"的副詞，中間加"而"字，不合語法。

　　"建言有之"，傅奕本作"建言有之曰"。

　　"若退"，傅奕本在"夷道若纇"後句下。

　　"纇"，河上本作"纇"。

“廣德”，吳澄本作“廣得”。

“偷”，傅奕本作“媮”。

“渝”，傅奕本作“輸”。

“質真若渝”，傅奕本作“質直若渝”。按：“直”疑爲“悳”誤。劉師培說，見上文。

“大音”，傅奕本作“大言。”

“道隱無名”，或作“道隱無形”，魏源本作“道德無形”。

“善貸且成”，羅振玉云“敦煌本‘貸’作‘始’”，于省吾云“敦煌本‘貸’作‘始’，乃聲之轉，成猶終也。‘善貸且成’即善始善終也。”于解可參考。

姚鼐本將此章與上章合爲一章，甚牽强，兹不取。

三十九章

　　道生一，一生二，二生三，三生萬物。萬物負陰而抱陽，沖氣以爲和。人之所惡，唯孤寡不穀，而王公以爲稱。故物，或損之而益，或益之而損。人之所教，我亦教之。"强梁者不得其死。"吾將以爲教父。天下之至柔，馳騁天下之至堅。無有入無間。吾是以知無爲之有益。不言之教，無爲之益，天下希及之。

　　解　負陰而抱陽——"負"是負在背上，"抱"在是抱在懷中。負在背上的東西是在人的背後，抱在懷中的東西是在人的面前。"負陰而抱陽"，就是背陰而向陽的意思。"萬物負陰而抱陽"，即言任何事物都具有陰陽二氣。

　　沖——《說文》水部："沖，湧搖也。"段注："湧，上湧也。搖，旁搖也。"按："沖"有二義：一爲空虛義，通"盅"。"道：沖而用之"（四章）與"大盈若沖"（四十一章）的"沖"即空虛的意思。一爲湧搖義，通"衝"。此"沖氣以爲和"的"沖"即湧搖的意思。今人言"沖茶"、"沖酒"，醫生告人服藥粉方法"用水沖服"或"用酒沖服"，就都是湧搖的意思。又：兩種液體相混人叫相沖，用淡汁或水加入濃汁把濃度降低人叫沖淡。人們記帳，把已經記下的數目，用相同的數目抵銷名爲沖賬。

強梁者不得其死——《荀子》謂后稷之廟的金人銘有"強梁者不得其死，好勝者必遇其敵"。可見"強梁者不得其死"是早已流傳的一句格言。焦竑云："木絕水曰梁，負棟曰梁，皆取其力之強。"

教父——焦竑云"母主養，父主教，故言生則曰食母，言教則曰教父。"

馳騁——驅使的意思。

道是事物的自然規律。一是渾然一體的氣，二是由渾然一體的氣而生的對立兩方，如雌雄、剛柔、寒熱、躁靜等，統以陰陽二氣爲代表。三是由事物的對立兩方在矛盾統一的條件下所生事物，可以說是由對立的兩方所生的非此非彼、亦此亦彼的第三種事物，如雌雄交配、剛柔相濟、寒熱交流，都可以產生非此非彼、亦此亦彼的第三種事物。事物都有對立的兩方，在對立的兩方矛盾統一的條件之下都可以產生第三種事物，第三種事物在它的矛盾統一條件之下又產生新事物，這樣生生不息，就產生萬物了。萬物都有陰陽兩種對立的屬性。這兩種不同的屬性是由兩種不同的氣形成。兩種不同的氣相沖就可以得到中和，萬物就可以生成發展。懂得了這種道理，人們就可以知道處事做人道理了。例如，人所討厭的就是孤寡不穀這些名稱，但是位高職尊的王公卻以此自稱。所以事物或是因減損而反增益了，或是因增益而反減損了。王公等人的職位高貴是增益，而謙卑爲懷，以孤寡不穀自稱，就是減損。這樣高貴的職位和謙卑的稱號統集於一人之身，就是"沖氣以爲和"，就可以不至於顛覆。一般人教人的道理，也就是我所教人的道理。"强梁者不得其死"這句話是至理名言，我要把這句話當作最重要的教言。因爲天下最柔弱的東西纔能活躍於最堅强的東西上，無有纔能進入無間隙的空虛之處。因此，我知道無爲是有益的。"不言之教，無爲之益"，這是天下沒有能及得上的。

"强梁者不得其死"，就是因爲只能剛而不能柔，就是不能"負陰而抱陽，沖氣以爲和。""天下之至柔，馳騁天下之至堅。無有入無間"，係承"强梁者不得其死"，特從反面説明柔與無的作用。就是以柔沖剛，以無沖有。"沖氣以爲和"的意思，也就是"反者道之動，弱者道之用"的意思。魏源云："此章原弱所以爲道之用者，全在'沖氣爲和'一言，蓋沖和之氣未有不柔弱者。"魏説是。

張爾岐云："道生一，一生二，'無名天地之始'也。'二生三，三生萬物'，'有名萬物之母'也。一謂氣，二謂陰與陽，三謂陰與陽會和之氣，即所謂沖氣也。萬物負陰而抱陽，沖氣以爲和，即申説三生萬物也。"此説近是。按"道生一，一生二，二生三，三生萬物"似和黑格爾所説的正反合略同。正即一，正與反爲二，正反合而生新的正，就是二生三，如此永遠發展下去就是三生萬物。

《淮南子·天文訓》："道始於一，一而不生，故分而爲陰陽，陰陽合和而萬物生。故曰：'一生二，二生三，三生萬物。'"《人間訓》："'故物或損之而益，或益之而損。'何以知其然也？昔者楚莊王既勝晉於河雍之間，歸而封孫叔敖，辭而不受。病疽將死，謂其子曰：'吾則死矣，王必封女。女必讓肥饒之地，而受沙石之間有寢之邱者，其地墝石而名醜。荊人鬼，越人禨，人莫之利也。'孫叔敖死，王果封其子以肥饒之地，其子辭而不受，請有寢之邱。楚國之俗，功臣二世而爵祿，惟孫叔敖獨存。此所謂'損之而益'也。何謂'益之而損'？昔晉厲公南伐楚，東伐齊，西伐秦，北伐燕，兵橫行天下而無所綣，威服四方而無所詘。遂合諸侯於嘉陵，氣充志驕，淫侈無度，暴虐萬民。內無輔拂之臣，外無諸侯之助；戮殺大臣，親近導諛。明年出遊，匠驪氏、欒書、中行偃劫而幽之。諸侯莫之救，百姓莫之哀，三月而死，夫戰勝攻取，地廣而名尊。此天下之所願也；然而終於身死國亡。此所謂'益之而損'者也。"

按："損之而益，益之而損"，即對立轉化的道理。

章句異同　"負陰而抱陽"，《淮南子》作"背陰而袌陽。"

"人之所惡"，傅奕本作"人之所患"。

"王公以為稱"，傅奕本作"王侯以自稱也"。

"人之所教，我亦教之"，傅奕本作"人之所以教我，亦我之所以教人"，一本作"人之所教，我亦義教之。"馬敘倫云："義字實亦字音訛，因而'亦''義'重出。"

"教父"，傅奕本作"學父"。

"無有入無間"，《淮南子》、傅奕本作"出於無有，入於無間"，焦竑本作"無有入於無間"。

"吾是以知無為之有益"，焦竑本"益"下有"也"字，一本無"吾"字。

"希及之"，政和本"之"下有"矣"。

　　此章王弼本分爲二章，“吾將以爲教父”以上爲一章，“天下之至柔”以下爲另一章。吳澄合爲一章。按“天下之至柔”以下即承上文“强梁者不得其死”，而言柔與無的作用。合爲一章義較長，兹從吳本。

四十章

名與身孰親？身與貨孰多？得與亡孰病？是故甚愛必大費，多藏必厚亡。知足不辱，知止不殆，可以長久。

解 親——《說文》見部：“親，至也。”此所謂“親”即親近的意思。

多——重。《漢書·灌夫傳》：“士亦以此多之。”顏師古注：“多猶重之”。茲采楊柳橋說。

病——《說文》疒部：“病，疾加也。”《玉篇》：“疾，甚也。”《廣韻》：“憂也。”此所謂“病”即病害的意思。

世人對於名利都是熱心追逐，貪求無厭的，甚至不惜以身殉之。“烈士殉名，貪夫殉財”，就是因爲他們把名利看得太重而把自己的身體性命看得太輕了。人們應當這樣考慮：名譽和身體比較，究竟哪一種親近？身體和財貨相比，究竟哪一種貴重？得到名利而喪失了身體和保得身體而喪失了名利，究竟哪一種算是病害？這樣衡量比較，就不至爲了追逐名利而不顧身體了。因此，人們對於外物，要是特別喜愛，就要有大的銷費；要是收藏多了，喪失的也就要多。只要知足而不貪求無厭，就不至於遭到什麼恥辱；只要知道適可而止，不至追逐不休，就不至發生什麼危害；這樣就可以保持長久。

此章主要意義是教人不要過分追求名利，前三句是要人權衡身體和名利的輕重得失，認識到爲了追逐身外的名利而損失了自己的身體，是得不償失的。後五句是根據對立統一的辯證規律告誡人對於名利能知足知止，就可以不至遭遇恥辱與危害。

王弼注：“尙名好高，其身必疏。貪貨無厭，其身必少。得名利而亡其身，何者爲病也？甚愛不與物通，多藏不與物散，求之者多，攻之者眾，故大費厚亡也。”（華亭張氏本王弼此注有衍文，此引文參取魏源所引）

司馬光解“得與亡孰病？”云：“得名貨而亡身，與得身而亡名貨，二者孰病？”嚴復云：“馬季長曰：‘左手攬天下之圖書，右手到其喉，雖愚夫不爲。’則身固重也。故曰：‘貴以身爲天下’。楊朱所得於老者以此。”

此章所言名與身，身與貨，得與亡及知足、知止等問題，都是私有制社會上個人主義的名利問題。老子這種說法在私有制社會上是有一定意義的。對於剝削階級來說，爭名奪利，貪求無厭，是會遭到恥辱與危害的；知足知止是可以和緩階級鬥爭的。在公有制的社會上，個人主義的名利問題根本不存在。人們在社會主義的集體勞動中獲得榮譽，是人民對自己的信任；人們爲了增長集體的財富而忘我勞動，不是爲了私人的利益；因此，人們應當前進又前進，絕不應當有知足知止的思想。

章句異同　"是故"二字，河上本無，羅振玉云景福本亦無，各本多有。

"知足不辱"上，羅振玉云："景龍本，敦煌本皆有'故'字"；魏源云："身親爲韻，貨多爲韻，藏亡爲韻，足辱爲韻。首二句'名'在'身'上，'貨'在'身'下者，協韻耳。"

四十一章

　　大成若缺，其用不弊。大盈若沖，其用不窮。大直若屈，大巧
若拙，大辯若訥。躁勝寒，靜勝熱，清靜爲天下正。

　　解　弊——《廣韻》：“困也。”《玉篇》：“壞也，敗也。”
　　沖——空虛。
　　訥——《說文》言部：“言難也。”

　　事物都有對立的兩方面，對立的兩方面是彼此聯繫，相互爲用
的。普通以爲事物的成全就是完滿無缺，但是大的成全卻是像有缺
陷的，正因爲總覺有缺陷，所以它的作用纔能永遠不至於困弊。例
如天地成全了萬物，總像有缺陷的，人不能長壽，花不能常好，月
不能常圓。［鱘魚多刺，金橘多酸。］所以《中庸》說“天地之大
也，人猶有所憾”。正因爲總有缺陷，所以天地的作用永遠不會困
弊。普通以爲盈滿就是充實；但是大的盈滿卻像是沖虛的，正因爲
總是像空虛，它的作用纔能永遠不至於窮盡。例如大海是大盈，但
無論有多少水流入，它都能容納，而且是永遠如此的。準此以推，

可以說：直和屈是對立的；但是大直的人謙卑爲懷，好像是有所屈
的樣子。巧和拙是對立的，但是大巧的人，不自矜炫，好像是笨拙
的樣子。辯和訥是對立的；但是真正能辯的人，平常好像是口才不
靈的樣子。運動可以克服寒冷，安靜可以克服暖熱，由此可見清靜
爲天下的正道，即清靜可以克服紛亂，使天下平安。

王弼注："隨物而成，不爲一象，故若缺也。大盈充足，隨物
而與，無所愛矜，故若沖也。隨物而直，直不在一，故若屈也。大
巧因自然以成器，不造爲異端，故若拙也。大辯因物而言，己無所
造，故若訥也。躁罷然後勝寒，靜無爲以勝熱。以此推之，則清靜
爲天下正也。靜則全物之真，躁則犯物之性，故惟清靜，乃得如上
諸大也。"

《淮南子·道應訓》："秦穆公謂伯樂曰：'子之年長矣，子姓
有可使求馬者乎？'對曰：'良馬者可以形容筋骨相也；相天下之
馬者，若滅若失，若亡其一。若此馬者，絕塵弭轍。臣之子，皆下
材也，可告以良馬，而不可告以天下之馬。臣有所與供儋纏采薪者
九方堙，此其於馬，非臣之下也。請見之。'穆公見之，使之求馬。
三月而反，報曰：'已得馬矣，在於沙邱。'穆公曰：'何馬也？'
對曰：'牡而黃。'使人往取之，牝而驪。穆公不說。召伯樂而問之
曰：'敗矣！子之所使求馬者，毛物牝牡弗能知，又何馬之能知？'
伯樂喟然太息曰：'一至此乎！是乃其所以千萬臣而無數者也！若
堙之所觀者，天機也。得其精而忘其粗，在其内而忘其外，見其所
見而不見其所不見，視其所視而遺其所不視。若彼之所相者，乃有
貴乎馬者。'馬至而果千里之馬。故《老子》曰：'大直若屈，大巧
若拙。'"此例與"大直若屈"無關，特借此可以說明一切事物相反

相成的道理。

此章邏輯都是一般事物而推及人事。"大成若缺，其用不弊。大盈若沖，其用不窮"是就一般言，"大直若屈，大巧若拙，大辯若訥"是就人事言；"躁勝寒，靜勝熱"是就一般言，"清靜爲天下正"是就人事言。《老子》書中，常將自然界的一般原則，應用於人事，類如此。

章句異同　"弊"，河上本作"蔽"，傅奕本作"敝"，一本作"獘"。"弊"、"蔽"、"敝"、"獘"古通。

傅奕本"盈"作"滿"，"沖"作"盅"，"屈"作"詘"，"靜"作"靖"。"清靜爲天下正"中，"清"上有"知"字，"靜"下有"以"字。

孫詒讓云："《韓詩外傳九》引《老子》，'屈'亦作'詘'，與傅本同，又有'其用不屈'四字。以上文'其用不弊，''其用不窮'二句例之，則有者是也。"

馬敍倫說："'大直'、'大辯'下應各有'其用不□'一句，而今已矣。"可供參考。

四十二章

天下有道，卻走馬以糞；天下無道，戎馬生於郊。禍莫大於不知足，咎莫大於欲得。故知足之足常足矣。

解　有道、無道——古人常以"有道"、"無道"、"得道"、"失道"稱謂世事的好壞及人的好壞，特別是統治者的好壞。道是事物的規律，也就是人在言行上必須遵循的規律，所謂"有道"、"得道"，就是說人的言行能遵循事物的規律。所謂"無道"、"失道"，就是說人的言行違反事物的規律。因爲各家所說的"道"不同，於是所謂"有道"、"無道"的具體情況也不一樣。如儒家所說的"有道"，就是君仁、臣敬、父慈、子孝、兄友、弟恭、夫唱婦隨等；反之，就是"無道"。墨家所說的"有道"是兼愛、尚同、非攻、節用、薄葬等；反之，就是"無道"。老子所謂"有道"，就是無爲、無欲、知足、不爭等；反之，就是"無道"。

卻——《釋文》云："除也。"《說文》卩部："卻，節卻也。"（從段校）。段注"節卻者，節制而卻退之也。"《呂氏春秋·知接篇》："無由接固卻其忠。"高誘注："卻，不用。"《禮記·曲禮下》

鄭玄注：“卻，閒也。”此所謂“卻走馬”，即沒有戰爭走馬無用的意思。

走馬、戎馬——“走馬”是善走的馬，“戎馬”是戰馬，都是指戰爭所用的馬言。“走馬”、“戎馬”，變文。

糞——通“播”。

戎馬生於郊——朱芾煌云：“兵連禍結，戰馬死亡，行將生駒之馬，猶不得不驅出近郊作戰，以致戎馬生於近郊，則敵臨城下，國且亡矣。”此說是。

咎——《說文》人部：“咎，災也。”段注：“《釋詁》曰：‘咎，病也。’《小雅·伐木》《傳》曰：‘咎，過也。’《北山》《箋》云：‘咎猶罪過也。’《西伯戡黎》鄭注：‘咎，惡也。’《呂覽·移樂篇》注：‘咎，殃也。’”

天下有道，世事平安的時候，走馬閑着無用，人們使用它來種田；天下無道，世事紛亂的時候，戰馬死亡很多，需要急迫，行將生駒的馬，也驅入戰場，於是馬駒生於郊野。從馬的情況可以看出世事的好壞。世事的好壞由於人心。人心貪欲無厭，發生爭奪，天下就要紛亂；人心無欲無求，知足不爭，天下就可以平安。所以人們的禍害再沒有比不知足的禍害大，人們的罪過再沒比貪求欲得的罪過大。因爲不知足就要貪得無厭，貪得無厭就要發生爭奪，釀成戰爭。“師之所處，荊棘生焉。大軍之後，必有凶年”，是因爲不知足而貪求爭奪，反而更爲不足了。所以唯有知足是能常常滿足的。這是因爲知足就不貪求，不貪求就沒有爭奪，沒有爭奪就沒有損失，所以人能知足就常常滿足。

《韓非子·解老》:"有道之君,外無怨讎於鄰敵,而内有德澤於人民。夫外無怨讎於鄰敵者,其遇諸侯也外有禮義;内有德澤於人民者,其治民事也務本。遇諸侯有禮義則役希起,治民事務本則淫奢止。凡馬之所以大用者,外供甲兵而給淫奢也。今有道之君,外希用甲兵而内禁淫奢。上不事馬於戰鬥逐北,而民不以馬遠通淫物,所積力唯田疇。積力唯田疇必且糞灌,故曰'天下有道,卻走馬以糞也。'人君者無道,則内暴虐其民,而外侵欺其鄰國。内暴虐則民産絶,外侵欺則兵數起。民産絶則畜生少,兵數起則士卒盡。畜生少則戎馬乏,士卒盡則軍危殆。戎馬乏則牸馬出,軍危殆則近臣役。馬者,軍之大用;郊者,言其近也。今所以給軍之具於牸馬近臣。故曰'天下無道,戎馬生於郊。'"["近臣"疑爲"近城"之誤]

王弼注:"天下有道,知足知止,無求於外,各修其内而已,故卻走馬以糞田也。[天下無道],貪欲無厭,不修其内,各求於外,故戎馬起於郊也。"

李嘉謨云:"有道則使兵爲民,無道則使民爲兵。"

日人太田方《韓非子翼毳》云:"《鹽鐵論·未通》注引許慎曰:'卻,止也。糞,田也。止馬不以走,但以田,行至德之效也。'"

章句異同　"糞",傅奕本作"播"。"糞"、"播"古通。魏源云:"張衡《西京賦》:'卻走馬以糞車。'張協《七命》亦用糞車。朱子及吳澄並稱之,謂車郊協韻。然《韓非子》、《淮南子》、《鹽鐵論》引此並無車字,河上、王弼諸本皆同,故仍其舊。"

　　"戎馬生於郊"下，河上本、傅奕本、焦竑本、魏源本，均有
"罪莫大於可欲"句。《韓非子·喻老》、《群書治要》引並有此句。
（《韓非子》引文"罪"作"禍"，俞校"禍"爲"罪"訛。）羅振玉
云："景龍、《御注》、敦煌、景福四本均有此句。"《韓詩外傳》引
"'可欲'作'多欲'"，按有"罪莫大於多欲"的義較長。

　　"禍莫大於不足，咎莫大於欲得"，"咎莫大"之"大"，《韓非
子》、傅奕本作"憯"。羅振玉云："兩'大'字敦煌本作'甚'。"
馬敘倫云："甚借爲憯，聲同侵類。"吳澄本"咎莫大於欲得"句在
"禍莫大於不足"句前，按文氣應如此。

　　"知足之足常足矣"，司馬本無"之足"二字，又無"矣"字。
《韓非子》作"知足之爲足矣"。

四十三章

不出戶，知天下；不窺牖，見天道。其出彌遠，其知彌少。是以聖人不行而知，不見而名，不爲而成。

解 此章所言可以說是老子的認識論。老子以爲人們對於事物的認識，主要的是在認識事物的規律，而不是在認識事物的現象。認識了事物的規律，可以執簡御繁，一以貫之。不認識事物的規律而只涉獵事物的現象，必至如莊子所謂："生也有涯，而知也無涯，以有涯隨無涯，殆矣。"所以此章說，掌握了事物的規律，不必走出自己的門戶，就可以知道天下的情況；不必從窗戶上觀察天象，就可以知道天的道理。反過來說，如不能掌握事物的規律，則走的地方愈遠，知道的事物愈少。因爲走馬觀花，只涉獵事物的現象而不能掌握事物的規律，不僅不能對於事物有所知，而且因爲事物紛紜錯雜，無法貫通，則見聞愈多，將致頭腦愈糊塗。因此，聖人對於事物是不必實行就可以知道，不必看見就可以明瞭，不必動作就可以成功。

古人對於此章注解有三種不同的見解：

《韓非子·喻老》："空竅者，神明之戶牖也。耳目竭於聲色，精神竭於外貌，故中無主。中無主，則禍福雖如丘山，無從識之。故曰：'不出戶，可以知天下；不窺牖，可以知天道'；此言神明之不離其實也。""白公勝慮亂，罷朝，倒杖而策銳貫頤，血流至於地而不知。鄭人聞之，曰：'頤之忘，將何不忘哉？'故曰：'其出彌遠者，其智彌少。'此言智周乎遠，則所遺在近也。"此解是把戶牖作耳目解。意思是說，人們只憑感覺，不用思維，就是對於很大的福禍也無從認識；人的知識注意了遠的事物，對於近的禍福就顧不到了。此解將戶牖解爲耳目，近於鑿；將所知限於禍福，似嫌狹。

《淮南子·主術訓》："人主深居隱處以避燥濕，闈門重襲以避姦賊。內不知閭里之情，外不知山澤之形。帷幕之外，目不能見十里之前，耳不能聞百步之外；天下之物無不通者，其灌輸之者大，而斟酌之者眾也。是故不出戶而知天下，不窺牖而知天道。乘眾人之智，則天下之不足有也；專用其心，則獨身不能保也。"(《淮南子·道應訓》、《淮南子·精神訓》所說此章大體與《韓非子·喻老》同。)此說專就人主言似嫌狹，按此章結論云"是以聖人不行而知，不見而名，不爲而成。"所謂"聖人"是指有道的人主言，但這是由上文"不出戶"云云的前提推得的結論。此章的思維形式是由一般推及特殊的演繹推理。"不出戶，知天下；不窺牖，見天道。其出彌遠，其知彌少"是原則，是前提，是就一般言，並不是專就人主言。

王弼注："事有宗而物有主，途雖殊而同歸也，慮雖百而其致一也。道有大常，理有大致。執古之道可以御今，雖處於今可以知古始，故不出戶牖而可知也。無在於一而求之於眾也。道視之不可

見，聽之不可聞，搏之不可得。如其知之，不須出戶；如其不知，
出愈遠愈迷也。得物之致，故雖不行而慮可知也。識物之宗，故雖
不見而是非之理可得而名也。明物之性，因之而已，故雖不爲而使
之成也。"（"無在於一而求之於眾也"句是注"其出彌遠，其知彌
少"。）王注所言較抽象，但對於規律與事物的關係、特殊與一般的
關係及感覺與思維的關係，所說都近是，較《韓非子》、《淮南子》
所言義長。

呂惠卿云："天下之所以爲天下者，果何邪？見天下之所以爲
天下，則不出戶而知之矣。天道之所以爲天道者，果何邪？見天道
之所以爲天道，則不窺牖而見之矣。今天下之大固無窮也，必待出
而後知之，則足力之所及者寡矣。所知者幾何哉？天道之遠固不可
測也，必待窺而後見之，則目力之所及者寡矣，所見者幾何哉？故
曰：'其出彌遠，其知彌少。'"呂說大體同王弼，也頗可取。

嚴復云："出彌遠，知彌少。不可與上文反對看，作反對看，
其義淺矣。其知所以彌少者，以爲道固日損耳。"此說與《老子》
原文語氣似不合，可作參考。

此章所說是離開實在的事物而講抽象規律，離開感性的經驗
而講理性的思維，離開實踐而講理論；這有似歐洲哲學史上的唯理
論，而比唯理論更加玄虛。我們知道，人們對於事物的認識，必須
先和實在事物有所接觸獲得感性的材料，然後進一步運用理性的思
維，纔能認識事物的規律；再把所獲得的事物規律由實踐來證明，
纔算是真知灼見。"實踐、認識、再實踐、再認識，這種形式，循
環往復以至無窮，而實踐和認識之每一循環的內容，都比較地進

到了高一級的程度。”（毛主席《實踐論》）不經過這樣的歷程，要想“不出戶，知天下；不窺牖，見天道”是不可能的。要想“不行而知，不見而名，不爲而成”也是不可能的。老子所謂道是無，所謂體現道的方法是無爲。無與無爲似乎不需要感性材料，實則這些抽象概念的構成，也是離開感性材料不可能的。就如此章所言“不出戶，知天下；不窺牖，見天道。其出彌遠，其知彌少”，這些道理如果是正確的，就一定是以經驗材料爲根據而又在實踐上能證明的；否則就只是一個人的囈語，根本不足以言真理。毛主席說：“邁開你的兩腳，到你的工作範圍的各部分各地方去走走，學個孔夫子的‘每事問’，任憑什麼才力小也能解決問題，因爲你未出門時腦子是空的，歸來時腦子已經不是空的了，已經載來了解決問題的各種必要材料，問題就是這樣子解決了。”（《反對本本主義》）“不出戶，知天下”，那只有讀別人的遊記；但是如果人都不出戶，如何能有遊記供你讀？“不窺牖，見天道”，那只有在收音機上聽天氣預報，但是氣象台上的人如果都不窺牖，如何能給人作天氣預報？

　　科學上的抽象有些好像是和感性的經驗不符的，例如幾何學上所謂沒有面積的點、沒有厚度和寬度的線，流體動力學中所謂不具有內部摩擦（粘性）的導熱性的“理想液體”，在自然界都是沒有的。但事實上這些概念也是根據感性的經驗材料而構成的。〔“和數的概念一樣，形的概念也完全是從外面世界得來，而不是在頭腦中從純粹的思維中產生出來的。”（恩格斯：《反杜林論》第37頁）〕“理想液體”，是因爲在一定的條件下有些液體粘性非常小，以致對液體運動的性質不起什麼重大的影響，它們的導熱性也不起什麼重要作用而形成的一個概念。"理想液體"這個概念正是這些條件下的實在液體的反映，而"理想液體"運動的理論正是實在液體流動的反映。（參閱《馬克思主義哲學原理》上第187頁【整理者按：原稿下缺七八字】　　　　　　　）由此可見，無論任何知識都是以感性的經驗材料爲基礎的。就如《淮南子·主術訓》所言，人主深居隱處，閨門重襲而能知天下，知天道，還是因爲能乘眾人之智。眾人之智都是從出戶窺牖而得來的，那麼，人主不過是不直接出戶窺牖罷了，並不是根本能"不出戶，知天下；不窺牖，見天道。"

章句異同　首四句，《韓非子》作"不出於戶，可以知天下；不窺於牖，可以見天道"，《淮南子》作"不出戶以知天下，不窺牖以見天道"，傅奕本作"不出戶，可以知天下；不窺牖，可以見天道。"

"其出彌遠，其知彌少"，《韓非子》"遠"下有"者"字；傅奕本"彌"作"彌"，"少"作"尟"。

"不行而知"，"知"或作"至"。

"不見而名"，《韓非子·喻老》及張嗣成本"名"作"明"，古"名"與"明"通，此"名"即"明"義。

四十四章

爲學日益，爲道日損；損之又損，以至於無爲；無爲而無不爲。取天下常以無事；及其有事，不足以取天下。

解 “爲學”的目的是在增進智慧才能。智慧才能是廣博無止境，發展無窮期的，是需要“日知其所無，月無忘其所能”，一點一滴積累的，所以《老子》說“爲學日益”。“爲道”的目的是在體現事物的自然規律。事物的自然規律是概括各種事物的，是人們從紛紜複雜的事物中用抽象的思維認識到的，即人們必須用去粗取精的方法纔能認識到。老子所謂“道”是無，要體現無，必須不自是、不矜、不伐、不爭、無知、無欲，這些工作就都是“損”，所以《老子》說：“爲道日損”。損之不已，損到極點就是“無爲”；道是無須人爲的，而它的作用卻是無所不爲。所以《老子》說：“損之又損，以至於無爲；無爲而無不爲。”一般人看來，取天下是不容易的，是需要大有作爲的；事實上是“執大象天下往”，只要順乎自然，不須有爲。反之，“爲者敗之，執者失之”，有作爲倒不足以取天下。

這一章是承上章而來，主要的是要人"爲道日損"，所謂"爲學日益"是反襯。老子把爲學和爲道看成絕對相反的兩件工作，只重爲道而不重爲學是大有問題的。道是事物的自然規律。人們認識事物的規律，是根據事物的具體材料用抽象思維認識的。人們認識了事物的規律以後要使它發生作用，又要把它運用到實踐上去。因此，如不能佔有豐富的材料，就不可能認識抽象的規律；如不把抽象的規律運用到實踐上去，規律也就毫無意義。孟子說："博學而詳說之，將以反說約也。"（《孟子·離婁下》）由博反約就是由爲學而進於爲道的過程，也就是由益而到損的過程。爲學和爲道是相反的，而又是密切聯繫，相互爲用的。老子把它們看爲絕對相反，要人爲道而不爲學，有似歐洲哲學史上把理性和經驗對立，我國宋明理學家把尊德性和道問學對立，都是事實上走不通的。求一貫於多學而識，尊德性而道問學，由感性的經驗而上升爲理性的思維，這是正確的認識，也是正確的實踐。

《淮南子·原道訓》："所謂無爲者，不先物爲也。所謂無不爲者，因物之所爲。"此解"無爲而無不爲"是。

嚴復云："日益者內籀之事也。日損者外籀之事也。其日益也，所以爲日損也。"所謂"內籀"即歸納，所謂"外籀"即演繹。此說不盡合本義，可參考。

章句異同　"爲學"、"爲道"，傅奕本作"爲學者"、"爲道者"。

"損之又損"，河上本作"損之又損之。"

"無爲而無不爲"，焦竑本作"無爲而不爲矣"，傅奕本作"無爲則無不爲"。

　　馬敘倫言“五十七章[1]‘以正治國，以奇用兵，以無事取天下，吾奚以知其然哉？以此’五句當在此下。”陳柱言“取天下”以下十五字當是錯簡，應移至五十七章[2]‘以無事取天下’句下”。均非是。

四十五章

聖人無常心，以百姓心爲心。善者吾善之，不善者吾亦善之，德善。信者吾信之，不信者吾亦信之，德信。聖人在天下，歙歙爲天下渾其心。百姓皆注其耳目，聖人皆孩之。

解 常心——一般所謂"常心"與恆心同，即常久不變的思想。此處所謂"常心"與一般所謂"常心"不同，是指一定的成見言。

德善、德信——"德"同"得"。內得於己，外得於人之謂"德"。"德善"即大家皆善，"德信"即彼此皆信。

歙歙——《釋文》："顧云：'危懼貌。'"歙有收縮、收斂義。

孩之——"孩"爲名詞，此處作動詞用，即當作小孩看待的意思。

一般人對於事物的看法都是有主觀成見的，因之，他們對於事物的評定總是以自己的尺度作標準。例如對於人的問題，他們主觀上以爲是好的就稱讚引用，他們主觀上以爲是不好的就厭惡排斥。這樣，對於不好的人就不能挽救而是棄絕了；而且因爲尚賢惡不肖，還可以引起人民的爭奪紛擾。聖人虛懷若谷，沒有一定的成見，依靠群眾，以人民的思想爲自己的思想。人們的品質在程度上雖有高下的不同，聖人都能一視同仁地看待他們。聖人對人的態度是：善的人我以爲是好的，不善的人我也以爲是好的；這就可以使得大家都好。信實的人我信他，不信實的人我也信他，這就可以使得彼此都相信。聖人在天下，很謹慎小心地把自己的思想作爲渾然一體，把天下的人，無論善與不善、信與不信，都不加分別地一樣看待。人們的耳目都注意到聖人，聖人把他們都看成如同小孩子一樣，加以愛護。善的固然是善，不善的也可以教育爲善；信的固然可信，不信的也可以教育爲信。不善不信並不是絕對不可變易的。聖人常善救人，故無棄人。

按：父母對於自己的小孩就是，"善者吾善之，不善者吾亦善之……信者吾信之，不信者吾亦信之"。所以《禮記·大學》說："人莫知其子之惡"。所謂"聖人皆孩之"，就是這種意思。事實上，人只要對人熱愛，對於不善不信的人存有治病救人的心，世界上沒有不能教育的人，也沒有不能改好的人。所以所謂"善者吾善之，不善者吾亦善之"，"信者吾信之，不信者吾亦信之"，不是世故的思想，也不是是非真僞不分的糊塗思想，而正是對人的偉大的同情心。此所謂"聖人"是指有德有信的統治者言。"聖人皆孩之"，也就是"視民如子"的意思。孟子說："中也養不中，才也養不才，故人樂有賢父兄也。如中也棄不中，才也棄不才，則賢不肖之相去，其間不能以寸"。(《孟子·離婁下》)可與此意相印證。

陳懿典云："渾其心者，渾然不分其善不善也。"

"善"與"不善"，"信"與"不信"，是矛盾概念。"善"與"惡"，"信"與"僞"是對立概念。對立概念可以有中間性的概念。

如善與惡之間可以有不善不惡、也善也惡的中間性概念；信與偽之間可以有不信不偽、也信也偽的中間性概念。矛盾概念是非此則彼，非彼則此，絕不容有中間性的概念，如善與不善，信與不信。是善即非不善，是不善即非善；是信即非不信，是不信即非信。善之中稍有一點不善，就是不善而非善，信之中稍有一點不信，就是不信，而非信。此處不用善與惡，信與偽的對立的概念，而用善與不善，信與不信的矛盾概念，是概括無遺的意思，是與末句"聖人皆孩之"相呼應的，是極言聖人不棄一人的意思。

　　老子講對立統一與對立轉化所用的概念多為對立概念而矛盾概念不多。如有無、難易、長短、高下、前後、曲全、枉直、窪盈、敝新、少多、重輕、靜躁、雄雌、白黑、榮辱、行隨、歙吹、強羸、挫隳、左右、吉凶、小大、歙張、弱強、廢興、奪與、柔弱剛強、無為有為、明昧、進退、損益、盈沖、直屈、巧拙、辯訥、生死、牝牡、正奇、禍福、大國小國、怨德、終始、有餘不足、利害等概念都是對立概念。矛盾概念只有善、不善，言、不言，為、無為，敢、不敢，善人、不善人，善者、不善者，信者、不信者等。（所舉對立概念與矛盾概念的次序大體以老子各章的先後為據）二章"天下皆知美之為美，斯惡矣；皆知善之為善，斯不善矣。""不善"與"惡"為變文，因上句"美"與"惡"相對，下句再以"善"與"惡"相對，似混淆不清，故變為"善"與"不善"相對。不善人、不善者、不信者，都不是專指絕對惡人、絕對偽者言，而是包括善人與惡人、信者與偽者中間的大多數人而言，這些中間性的人不是絕對的惡人、絕對的偽者，但不能說他們是善人、信者。老子注重事物的對立統一與對立轉化，而不注重事物的對立矛盾與鬥爭，所以多用對立概念而少用矛盾概念，即因前者可有中間性概念，後者絕沒有中間性概念。

章句異同　"聖人無常心"，馬敘倫云：臧疏、羅卷、易州並無"常"字，河上、成《疏》亦無"常"字，蓋涉上章而衍。按：有無"常"字，均可通，據下文"爲天下渾其心"，"無常心"義較長。茲從王弼本。

"德善"、"德信"，一本"德"作"得"，傅奕本"德善"、"德信"下並有"矣"字，羅振玉云：景龍本、敦煌本"德"均作"得"。

"歙歙"，河上本作"怵怵"，《釋文》作"惔惔"，焦竑本作"惵惵"，一本下有"焉"字。

"渾其心"，傅奕本作"渾渾焉"，勞健讀作"聖人在天下，歙歙焉；爲天下，渾渾焉。"可作參考。

"孩"，《釋文》、傅奕本並作"咳"，龍興碑、唐寫本殘卷並作"恠"。馬敘倫云："咳"、"孩"一字，"咳"、"恠"又並借爲"晐"。《說文》曰："咳兼晐也。"也可通。

"百姓皆注其耳目"，今所傳王弼本無此句，傅奕本、焦竑本均有。俞樾云："觀弼注曰：'百姓各皆注其耳目焉，吾皆孩之而已'則亦有此句。"茲據增。

四十六章

出生入死。生之徒十有三，死之徒十有三。人之生，動之死地亦十有三。夫何故？以其生生之厚。蓋聞善攝生者，陸行不遇兕虎，入軍不被甲兵；兕無所投其角，虎無所措其爪，兵無所容其刃。夫何故？以其無死地。

解 出生入死——《韓非子·解老》：「人始於生而卒於死。始謂之出，卒爲之入，故曰：‘出生入死’。」莊子云：「萬物皆出於機，皆入於機。」又曰：「其出不訴，其入不詎。」又云：「有乎出，有乎入。」皆以出爲生，入爲死。吳澄云：「出則生，入則死。出謂自無而見於有，入謂自有而歸於無。」各家多同此說。以出入詮生死爲古義，惟此處所謂「出生入死」，似不僅爲「始於生而卒於死」的意思，也不僅是「出則生，入則死」的意思，而還有非生即死，非死即生的意思。因爲這句話的意思不是只對於生死兩個概念作詮釋，重要的意義是在說明有生有死是生物的自然規律。魏源云：「天下惟生死二者，出乎生則入乎死矣。」魏說近是。「出生入死」是就一般生物言，「生之徒」，「死之徒」是就人言。

　　徒——魏源云："徒之爲言類也。""徒"即《論語·微子》"吾非斯人之徒與而誰與"的"徒"，徒屬、類屬的意思。

　　十有三——王弼云："十有三，猶云十分有三分也。"

　　［人之生，動之死地亦十有三］這是就一個人在生活過程中可能遇到的死亡機會言。如人在飲食、起居、言語、行動的過程中，十次之中可能有三次可能發生毛病。這種比例是大概的情形，不是精確的數字。

　　攝生——《說文》手部，"攝，引持也。""引持"略同"保持"，"攝生"猶今言"衛生。"

　　兕——猛獸名，雌犀，頂有一角，皮堅厚，可以制甲。

　　凡有生命的東西都是有生有死的。有生就有死，有死就有生。不是死就是生，不是生就是死。大概說來，人的生死的比例，在單位時間內新生的佔總數的十分之三，死亡的也佔十分之三。人是有生命的，就一個人來說，人在生活的過程中，爲了求生而活動，陷入死地者也有十分之三。這是什麼原因？因爲人們把生命看得太重了。人們把生命看得太重就有欲，有欲就要貪得，要貪得就要爭，有爭就要與物爲忤，與物爲忤生命就不能安全。我曾聽說：善於保持生命的人，陸上行走不會遇到兕虎，進入軍隊不會被甲兵傷害。因爲他無欲無求，與物無忤，所以兕的角無用了，虎的爪無用了，兵器的利刃也無用了。這是什麼原故？因爲人無欲無求，與物無忤，就不會陷入死地。

　　所謂"善攝生者……無死地"與五十一章"含德之厚，比於赤子；毒蟲不螫，猛獸不據，攫鳥不搏"義同。這都是說明人能無欲、無求、無爲、不爭，就可以與物無忤；與物無忤，就可以不遭到外來的侵害。這都有點過甚其辭的誇大性。與物無忤的確是可以少受到些外來的侵害，但不是絕對可以避免的，無論如何善攝生，如果遇到兕虎甲兵，不能保證絕對安全。含德甚厚的赤子，蚊子臭蟲還是要咬的，豺狼虎豹還是要吃的，老鷹看到說不定還是要抓的。後世方士附會此說，以爲一個人如能修鍊成功，真可以陸行不避兕虎，入軍不被甲兵，全是自欺欺人的。王弼注："善攝生者無以生爲生，故無死地也。器之害者莫甚乎戈兵，獸之害者莫甚乎兕虎，而令兵戈無所容其鋒刃，虎兕無所措其爪角，斯誠不以欲累其身者也，何死地之有乎？夫蚖蟺以淵爲淺而鑿穴其中，鷹鸇以山爲卑而增巢其上；矰繳不能及，網罟不能到，可謂無死地矣。然而卒以甘餌乃入於無生之地，豈非生生之厚乎？故物苟不以求離其本，不以欲渝其真，雖入軍而不害，陸行而不可犯也。赤子之可則而貴，信矣。"此意就是以爲人能沒有欲求，就可以不受外物的侵害，頗平妥。

章句異同　"人之生，動之死地"，《韓非子》、傅奕本皆作"民之生，生而動，動皆之死地。"傅本"民之生"下有"而"字。

"亦十有三"，羅振玉云："景龍、《御注》、景福、敦煌四本均無'亦'字。"

"生生之厚"，傅奕本"厚"下有"也"字。

"入軍不被甲兵"，"被"或作"避"。

"夫何故？"，傅奕本"故"下有"也"字。

"無死地"，傅奕本"地"下有"焉"字。

四十七章

道生之，德畜之，物形之，勢成之。是以萬物莫不尊道而貴德。道之尊，德之貴，夫莫之命而常自然。故道生之，德畜之，長之育之，亭之毒之，養之覆之。生而不有，爲而不恃，長而不宰，是謂玄德。

解　畜——同"蓄"。《說文》田部："畜，田畜也。"段注："田畜謂力田之畜積也。"《說文》艸部："蓄，積也。"

勢——即今所謂形勢，即指結構、組織言。蘇轍云："遠近相取，剛柔相交，積而爲勢。"

夫莫之命而常自然——"夫"猶"此"；"命"，即使。

育——《爾雅·釋詁》："育，長也。"《廣韻》："育，養也。"

亭——《說文》高部："亭，民所安定也。"《風俗通》曰："亭，留也。"《釋名》曰："亭，停也。"古代十里一亭。亭有長，以禁盜賊，亭有室，人可以止宿。此所謂"亭"，即安定的意思。佛典言一切流轉相皆有生住異滅。"亭"即適當佛典所謂"住"，也就今日所謂穩定、鞏固的意思。

毒——《說文》中部："毒，厚也。"段注："毒"與"竺"、"篤"同音通用。《微子篇》："天毒降災"，《史記》作"天篤"，此所謂"篤"即今日所謂充實的意思。

養——《玉篇》："育也，畜也，長也。"此所謂"養"即培養的意思。

覆——"覆"、"復"聲義相通。此所謂"覆"即再生的意思，如動物生出下一代，植物結下種子又生新植物。"養"與"覆"連言，"養"對事物（生物）本身的長育言，"覆"對事物的再生言。

長、育、養——此三字義略同。先言"長之育之"是生長發育的意思，後言"養之覆之"是培養滋生的意思。生長發育是就生物個體的生命言，培育滋生是就生命的種屬生命言。此章"夫莫之命而常自然"以前是就一般事物言，以後是專就生物，特別是指人言，這是由一般推及特殊的邏輯。

宇宙間的東西都是由一定的規律產生，由一定的屬性作爲它的本質，由一定的物體作爲它的形象，由一定的組織作爲它的結構。規律、屬性、形象、結構四者之中，規律和屬性二者特別重要，因此，萬物沒有不是把規律和屬性看爲很尊貴的東西。這並不是誰能使規律和屬性成爲尊貴的，而是自然的情形。道是規律，德是屬性。就生物來說，都是按一定的規律產生，以一定的屬性作爲本質，纔能生長、發育、鞏固、充實與培養繁殖。道德對於事物，產生而不佔有，有所作爲而不矜恃，使之成長而不宰制，這就叫作"玄德"。玄德是無聲無臭的深邃之德。

"生而不有，爲而不恃，長而不宰，是謂玄德"四句與十章末四句同。陸希聲云：“營魄章言人同於道德，今此章言道德同於人，是以其辭同而其理同也。”

此章主要的意思是說道與德在事物的產生與過程中的作用，要人取法道德自然無爲的玄德。

《莊子・天地篇》：“物得之以生謂之德，物成生理謂之形。”王弼云：“道者物之所由也。德者物之所得也。”李嘉謨云：“物自有形以至成勢，莫不以道德爲主。然道雖尊，德雖貴，而不自尊其尊，自貴其貴。其施於物非有心以命於物也，莫之使令而自然生，自然畜，凡所以長育成熟養覆，莫非自然者。由其自然，故未嘗望物之報。生不辭勞，施不求報，是謂玄德。”

章句異同　“夫莫之命”，一本無“夫”字，開元本及傅奕本“命”作“爵”。

“故道生之，德畜之”，各本多無“德”字，此從王弼本。

“亭之毒之”，河上本作“成之熟之”。畢沅云：“亭成，毒熟，聲義相近。”

“養之覆之”，傅奕本“養”作“蓋”。按：“蓋”與“覆”義同而重，“養之覆之”義較長。

“是謂玄德”句，馬敘倫說是第六十五章[1]【即“古之善爲道”章】文。未確。

1　本書編爲第六十一章。——編者注

四十八章

　　天下有始，以爲天下母。既得其母，以知其子；既知其子，復守其母；沒身不殆。塞其兌，閉其門，終身不勤。開其兌，濟其事，終身不救。見小曰明。守柔曰强。用其光，復歸其明。無遺身殃，是爲習常。

　　解　母——指道言。二十三章云："有物混成，先天地生；寂兮寥兮，獨立而不改，周行而不殆，可以爲天下母。吾不知其名，字之曰道"。

　　子——指事物言。

　　兌——段玉裁注：《說文》閱字和兌字皆謂《老子》"塞其兌"的"兌"即"閱"之省，"閱"同"穴"。高誘注《淮南子·道應訓》云："兌，耳目口鼻也。"此所謂"兌"與"門"指感覺器言，"兌"似指耳目言，"門"似指口言。

　　濟——《爾雅·釋言》："濟，渡也。"《易》有"既濟"、"未濟"二卦。此言"濟其事"，即"爲其事"、"成其事"的意思。

　　〔塞其兌，閉其門，終身不勤。開其兌，濟其事，終身不救〕

這意思就是說人們必須運用思維，掌握了事物的規律，纔可以不至終身勞勞碌碌爲紛紜複雜的事物所苦惱。假如不用思維掌握了事物的規律而要每一件事物都用自己的感覺經驗去處理，是終身弄不好的。

〔用其光，復歸其明〕"歸"是藏的意思。《周禮·春官》："大占掌三易之法，二曰歸藏。""歸"、"藏"連言，即歸有藏義。人們在房子裏點着燈做事，而用黑布把窗戶遮住使光不外露，就是"用其光，復歸其明"。這是用來譬喻聰明不外露的意思。王弼注"用其兌"謂"顯道以去民迷"，注"復歸其明"謂"不明察也"。近是。十九章："我愚人之心也哉！沌沌兮，俗人昭昭，我獨昏昏；俗人察察，我獨悶悶"；四十一章："大直若屈，大巧若拙，大辯若訥"；皆同此意。"見小"、"守柔"、"用其光，復歸其明"，都是老子所謂體現道的行爲，能如此，就可以不至於遭殃，這就是人應當學習的常道。

天下事物都有源始，源始是"母"，就是道，就是規律。事物是由規律生的，是"子"。認識了規律就可以認識一切事物，認識了事物，又能掌握了它的規律，就可以終身不至有什麼過錯。道是虛無寧靜的。人們閉塞了感官，無知無欲，就可以終身不至勞苦。依靠感官，要想辦好事情，是終身不成的。人能看到微小的東西就叫作"明"。人能堅持柔弱的精神就叫"强"。對於有光的東西，用它的光，又要掩藏它的明，不要給自己留下災殃。這就是日常應得注意的事情。人應當學習的"常道"。

此章是講道與事物的關係，要人體現道的精神，在日常生活上能見小，能守柔，更能聰明不外露，就可以避免災殃。這仍是知常、守柔、不自是、不矜、不伐的意思，老子要人不能專依靠感覺認識具體事物，更應當運用理性掌握事物的規律，是對的；惟以道爲母，以事物爲子，把道與事物分爲二物，有類於唯理派的偏弊。

章句異同　"以爲天下母"，傅奕本作"可以爲天下母。"

"既得其母，以知其子"，河上本"得"作"知"，"以"作"復"。

兩"兌"字，《釋文》云"河上本作'銳'"，羅振玉云"景福本亦作銳"，孫詒讓云"兌當讀爲隧，二字古通用。《廣雅·釋室》：'隧，道也。'《左傳》文元年杜注云：'隧，徑也。''塞其兌'亦謂'塞其道徑也。'"按：河上本作"銳"，孫讀作"隧"，皆難通。

"見小曰明。守柔曰強"，兩"曰"字河上本皆作"日"。

"是爲習常"，各本多作"襲常"，葉夢得本作"襲裳"；"爲"傅奕本作"謂"，羅振玉說：景龍、《御注》、敦煌諸本均作"謂"。按"爲"、"謂"古通。

高亨將"天下有始"至"沒身不殆"作爲一章，將"塞其兌"至"終身不救"作爲一章，將"見小曰明"至末句作爲一章，非是。按：高所分的三章是此章的三段，首段言規律與事物的關係，要人注重具體事物，更要注重抽象規律，即教人不要只憑感覺，更要運用思維；第二段言感覺在認識上是不重要的；第三段言運用思維能見微知著，但不應當聰明外露，好行小慧。三段意思是有連貫性的，不必分作三章。

四十九章

使我介然有知行於大道，唯施是畏。大道甚夷而民好徑。朝甚除，田甚蕪，倉甚虛，服文綵，帶利劍，厭飲食，財貨有餘，是謂盜夸。非道也哉！

解　介——楊子《方言》：“物無偶曰特，獸無偶曰介。”段玉裁注《說文》“介”字云：“介又訓間。一則云介特，兩則云間介。”此所謂“介然”即“介特”的意思，即特異於眾的意思。

施——吳澄云：“施，猶《論語》‘無施勞’，《孟子》‘施施從外來’之‘施’，謂矜誇自大也。”

除——治。

厭——同“饜”，足。

夸——《說文》大部：“夸，奢也。”段注：“奢，張也。”“夸”同“誇”。

聖人不自伐，不自矜，所以就使我對於大道特別有所認識和作爲，也是最怕矜誇自大的。大道不尚賢，不使能，不貴知巧，生而不有，爲而不恃，長而不宰，功成而不居，是一條平坦大路；而一般人多是好行小慧，自伐自矜，這就像舍平坦大路不走而走偏僻小路一樣。體現大道，要務本而不要務末，要務內而不要務外。但是一般統治者的行爲不是這樣。他們把人所觀瞻的朝廷治理得很整潔，而把生產糧食的田地弄得很荒蕪，把儲藏糧食的倉庫弄得很空虛，人民無衣無食，他們卻穿上錦繡衣服，帶上鋒利寶劍，飲食充足，財貨有餘。這樣的行爲可以說盜賊的誇耀。這是不合道理的！

這一章是指當時的統治者言。當時諸侯王以爲自己的知識行爲都比人高，所以多自伐自矜。他們自己不事生產，也不注意人民的生產事業，專事剝削爲生，卻大修宮室，"服文綵，帶利劍，厭飲食，財貨有餘"，真如盜賊搶了別人的東西還向人誇耀一樣。這種情形春秋戰國時代的諸侯多如此。《晏子春秋》載："景公飲酒不卹天災"、"景公衣狐白裘不知天寒"、"景公爲長庲欲美之"、"景公自矜衣裳遊處之貴"等事，即此例。孟子說梁惠王"庖有肥肉，廄有肥馬，民有饑色，野有餓莩"。齊宣王有囿方四十里，"好貨好色"，也是此例。本章總的意思是說，即使一個人特別對大道有所知行也不應當自伐自矜，統治者搶奪人民的財貨而行誇耀，那簡直是盜賊的誇耀。

"使我介然有知行於大道，唯施是畏"句讀，各家多作"使我介然有知，行於大道，唯施是畏。"或"知行"連讀。按："知行"連讀，則"唯施是畏"是指"我"言；若"知行"分讀，則"唯施是畏"是以"行於大道"爲條件，如不是行於大道，可以不"唯施是畏"。所以"知行"連讀義較長。

"施"，王念孫云："當讀爲'迆'，邪也。言行於大道之中，唯懼其入於邪道也。"按：讀"施"爲"迤"訓"邪"，只就行言可通，若"知行"連讀，不合兼指"知行"。

"朝甚除"，《韓非子》解作"獄訟繁"，不知何據。《韓非子·解老》，對此章用連鎖式作論證，多牽强不自然。馬敍倫謂"除"是"汙"的借字，"朝甚除"即"朝甚汙"的意思。按"朝甚汙"與下文"服文綵"云云似矛盾。腐朽的統治者能財貨有餘，飲食充足，穿戴的漂漂亮亮，似不至於把自己的居處地方弄得污穢不堪。

"盜夸"，《韓非子·解老》作"盜竽"。《解》云："竽也者，五聲之長也。故竽先則鐘瑟皆隨，竽唱則衆樂皆和，今大姦作則俗之民唱，俗之民唱則小盜必和。故服文綵，帶利劍，厭飲食，而資財有餘者，是之謂盜竽矣。"是"盜竽"即强盜頭子。此解也可通，似嫌曲折。魏源云："夸義通章爲貫。《說文》'竽'、'夸'皆亏聲，蓋篆文于作亏，是以形近致誤。"按：各本多作"盜夸"。魏說是。

章句異同　"而民好徑"，司馬光本、陳景元本作"民甚好徑"。"財貨有餘"，傅奕本"財貨"作"資貨"，一本作"資財"。

"非道也哉！"，焦竑本、魏源本皆無"也"字。此句趙志堅本作"盜夸非盜"，陳柱云"也"爲"施"的省寫或毀體，"非道也哉！"即"非道施哉？"趙本、陳說均非是。

五十章

善建者不拔，善抱者不脫，子孫以祭祀不輟。修之於身，其德乃真；修之於家，其德乃餘；修之於鄉，其德乃長；修之於邦，其德乃豐；修之於天下，其德乃普。故以身觀身，以家觀家，以鄉觀鄉，以邦觀邦，以天下觀天下。吾何以知天下之然哉？以此。

解 一般人所建立的事物總是能被人拔掉的，善於建立的人他所立的事物是不能拔掉的；一般人所抱持的東西總是容易脫落的，善於抱持的人他所抱持的東西是不會脫落的；不只是他自己本身可以保得住，而其可以傳給子孫萬世繼續不斷。建立什麼事物可以不被拔掉？抱持什麼東西可以不會脫落？惟有德行。德行這種東西，修之於本身，它就能真實；修之於一家，它就能有餘；修之於一鄉，它就能長久；修之於一國，它就能豐滿；修之於天下，它就能普遍。德行怎樣修？惟一方法，即推己及人。所以善於修德的人，能以自己之身觀察眾人之身，以自己之家觀察眾人之家，以己鄉觀察各鄉，以己國觀察各國，以現在的天下觀察過去未來的天下。我怎能知天下的情形，就是用這種推己及人的方法。

　　“以身觀身”云云，就是《墨子·兼愛·中》所說“視人之國若視其國，視人之家若視其家，視人之身若視其身”的意思，也就是孔子所謂“己欲立而立人，己欲達而達人”，能近取譬的方法，也就是孟子所謂“善推其所爲”的意思。“以天下觀天下”，即《墨辯·大取》所謂“愛尚世與愛後世，一若今世之人也”的意思。前人解此多玄，非本義。王弼云：“吾何以知天下乎？察己知之，不求於外也。所謂‘不出戶知天下’者也。”王說近是。

　　此章講修德的意義及其方法，略同儒墨二家所說。

　　章句異同　“善建者”、“善抱者”，《韓非子·喻老》無兩“者”字。

　　“抱”，傅奕本作“裏”。

　　“子孫以祭祀不輟”句，《韓非子·喻老》作“子孫以其祭祀，世世不輟”，魏源本無“以”字。

　　三“邦”字，王弼本皆作“國”，傅奕本作“邦”，《韓非子·解老》篇引同。劉師培云：“改邦爲國，漢人避高祖諱也。”

　　魏源云：“拔、脫、輟爲韻，身、真爲韻，家、餘爲韻，邦、豐爲韻，下普爲韻，皆古音也。”江永、江有誥、孔廣森、鄧廷楨據古音皆證明“國”當爲“邦”。茲據正。

　　魏源本五“修”字下無“於”字。

　　趙志堅本五“乃”字並作“能”字，“乃餘”作“能有餘”。

　　“吾何以知天下然哉？”，傅奕本“何以”作“奚以”，“然”前有“之”字；《韓非子》“哉”作“也”。

五十一章

　　含德之厚，比於赤子；毒蟲不螫，猛獸不據，攫鳥不搏；骨弱筋柔而握固，未知牝牡之合而全作，精之至也；終日號而不嗄，和之至也。知和曰常，知常曰明，益生曰祥，心使氣曰強。物壯則老，謂之不道，不道早已。

　　解　赤子——嬰兒。

　　螫——音"釋"。《說文》虫部："螫，蟲行毒也。"

　　據——俞樾云："當作㨿。"按："據"同"㨿"。《說文》豸部："㨿，鬥相刓不解也。從豸虍，豸虎之鬥不相捨。""據"即以爪按抓的意思。

　　攫鳥——《說文》手部："攫，執也。"《增韻》："撲取也。""攫鳥"即能撲取食物的鷙鳥，如鷹隼等。

　　搏——《禮記·儒行》："鷙蟲攫搏。"《疏》："以腳取之謂之攫，以翼擊之謂之搏。"凡鷙鳥撲取食物都是先以翼搏，繼以足攫。此言"攫鳥不搏"，舉搏而兼攫也。焦竑云："毒蟲，蜂蠆之類，以尾端施毒曰螫。猛獸，虎豹之類，以爪按拏曰據。攫鳥、鵰鶚之類，以羽距擊觸曰搏"。

全——河上本作"峻"，一本作"朘"。"全"、"峻"、"朘"通。《釋文》云："赤子陰也。"

號——哭。

嗄——聲嘶。《集韻》："氣逆也。楚人謂啼極無聲爲嗄。"

益生曰祥——"祥"，《說文》示部："祥，福也。"段注："凡統言則災亦謂之祥，析言則善者謂之祥。"《前漢書·五行志》："妖孽自外來謂之祥。"《左傳·昭十八年》："鄭之未災也，里析曰：'將有大祥'。"注："祥，變異之氣。"《疏》："祥者，善惡之徵。《中庸》'必有禎祥，'吉祥也。'必有妖孽'，凶祥也。"此"祥"即指凶祥言。"益生曰祥"，如後人爲求長生服丹藥而致死是。（參閱趙翼《二十二史劄記》卷十九《唐代諸帝多餌丹藥》條）

心使氣曰强——如人心有忿則生氣是。

［益生曰祥，心使氣曰强］王弼注云："生不可益，益之則夭也。心宜無有，使氣剛强。"魏源云："益生由於多欲，多欲則起居動作縱於外，飲食男女恣於內，異於精之至者矣。心使氣由於多忿，多忿則乖張決驟，而內不能自主，張眦償興而外不能自制，異於和之至者矣。物壯則老，爲其强梁而違道也。苟守柔知和，常如赤子，則既不壯，惡乎老？既不老，惡乎已？"魏氏解"不道早已"，似謂不合道理就要早亡，也可通。

"孔德之容，惟道是從"，即言德是以道爲依據的，即事物的屬性是以事物的自然規律爲根據的，因此，人的品質和行爲也應當是以事物的自然規律爲根據。道的本質是虛無清靜，所以最好的德是無知無欲，無爲無言，柔弱不爭。人能含德豐厚就能像嬰兒一樣：
他與物無忤，所以毒蟲不來螫他，猛獸不來抓他，鷙鳥不來撲他；
他的筋骨是柔弱的，但是他的手能握的很緊；他不知道牝牡性交的
事情，但是他的生殖器能自動硬起來，這是由於精神的充足；他整
天號泣，卻不至聲嘶氣竭，這是由於和氣的充足。人能知道“和”
就可以說是知道“常”了，能知道“常”，就可以說是“明”。反過
來說，人不知常就不明。不明就要不依從事物的自然規律，胡作妄
爲了。不按照生命的自然規律要想延長生命就是自找災殃，不按照
氣的自然規律而用心使氣就顯出“强”的樣子。要想延長生命是
欲，使氣逞强是爭，有欲有爭是强壯的表現，也就是衰老的開始，
因爲事物的發展規律，總是在强壯之後接着就是衰老。所以要想延
長生命，使氣逞强是不合道理的；不合道理的事情應當及早停止。
還是像嬰兒一樣，無知無欲，無爲無言，柔弱不爭，爲好。

十六章云：“歸根曰靜，靜曰復命。復命曰常，知常曰明”。此
章言“知和曰常，知常曰明”。前者就道言，後者就德言。道和德
都有常，道的常是靜，靜即無爲，德的常是和，和即不爭。“常德
不離，復歸於嬰兒”（二十六章），即此意。

此章主要意思是要人能認識“和”之爲德的意義。和與柔是有
密切關係的，柔就可以與物無忤，與物無忤就是和，所以人們常以
柔和並言。儒家言“中庸之爲德也，其至矣乎！”（《論語·雍也》）
“致中和，天地位焉，萬物育焉。”（《禮記·中庸》）老子以和爲常
德，雖然和儒家所謂“中庸”的意義不盡相同，而他們都是只認識
了事物的對立統一性而沒有認識到更重要的是事物的矛盾鬥爭性，
這一點是大體相同的。因此，他們對於社會的發展都只是想用階級

協調的辦法而不知道階級鬥爭的意義，對於自然界的事物也只想人與天合而不敢人與天爭。事實上階級協調是剝削階級防止被剝削階級反抗所進行的欺騙口號，天人相合也只是人們愚昧無知，軟弱無力，不能與自然抗爭的可憐思想。所謂"含德之厚，比於赤子；毒蟲不螫，猛獸不據，攫鳥不搏"云云，也只有浪漫的詩意而沒有科學的根據。因爲如蜂蠆等蟲，赤子不觸犯它們，它們是不螫的；但赤子並沒有觸犯蚊蠅蚤虱，而蚊蠅仍是要叮他，蚤虱仍是要咬他的。要是沒有人看管赤子，猛獸見了一定要據，攫鳥見了也一定要搏的。

章句異同　"含德之厚，比於赤子"，傅奕本作"含德之厚者，比之於赤子也"。

"毒蟲不螫"，王弼本作"蜂蠆虺蛇不螫"，傅奕本作"蜂蠆不螫"，各本多作"毒蟲不螫"，羅振玉云："景龍、《御注》、敦煌、景福諸本均作'毒蟲不螫'。"此從諸本，因毒蟲、猛獸、攫鳥皆概括而言。

"握"，葉夢得本作"捾"。

"全"，河上本作"峻"，傅奕本作"朘"。

"號而不嗄"，《釋文》作"聲不嗄"，云聲當作"噎"，傅奕本作"號而嗌不嗄"，《玉篇》引作"號而不嘎"，又一本作"號而不啞"。

"精之至也"、"和之至也"，陸希聲本兩"至"字下無"也"字。

"知和曰常"，高亨云："知疑當作精。前文云：'精之至也。'又云'和之至也。'故此總之曰'精和曰常'"。

陳柱謂"益生曰祥"的"祥"當作"䄣"，爲"殃"字異文。高、陳二氏說可參考。

五十二章

知者不言，言者不知。塞其兑，閉其門；挫其銳，解其分；和其光，同其塵；是謂玄同。故不可得而親，不可得而疏；不可得而利，不可得而害；不可得而貴，不可得而賤。故爲天下貴。

解 ［塞其兑，閉其門］義同四十八章所云，即閉塞感官不與外界事物接觸的意思。

［挫其銳，解其分；和其光，同其塵］義與四章所云略同，惟彼就道的本質的言，此就修道者的功力言。"分"通"紛"。"分"，四章作"紛"。

玄同——"玄"，幽遠。"玄同"即幽遠的同。幽則非明，遠則非近，幽遠的同即深邃的同，即不是表面的同，即渾然一體不着痕蹟的同。此指知道者與道合一而言，即人與道渾然一體的意思。孔子所謂"從心所欲不逾矩"（《論語·爲政篇》），《中庸》所謂"不勉而中，不思而得，從容中道"的聖人，與此所謂"玄同"略同。

"道可道，非常道"（一章），真正的道是不能說的，能說的道不是真正的道。所以真正認識道的人是不講說道的，講說道的人不是真正認識道的。怎樣纔算是真正認識道？真正認識道的人是：閉塞感覺器官，不與外物接觸；挫去銳利的鋒芒，解除人與事物的糾紛；可以和光明和合，也可以和塵垢同處。這樣就人與道相合，成爲渾然一體了。這就叫作“玄同”。人能與道相合成爲一體，就是本身具足，毫無外求，因此，人們不能對他親近，也不能對他疏遠；不能對他有利，也不能對他有害；不能使他貴，也不能使他賤。所以這樣的人是天下最寶貴的。

陳碧虛云：“塞兌閉門，已見第四十八章（原文爲五十二章——引者改）。然彼則約道清淨，以塞嗜欲愛悅之端；此則宗道無言，故興損棄聰明之說。夫道無形，不可以目眂，不可以口傳，故心困焉不能知，口辟焉不能議，此至人不待收視緘口而自塞兌閉門也。”“挫銳解紛，和光同塵，已見第四章，然彼則就道以論功，此則據人以明行。至人與天地同心而無知，與道同身而無體，則進銳紛亂之心於何而有？光塵分別之意，於何而生哉？故至人之遊處，顯則與萬物共其本，晦則與虛無混其根，語默隨時而不殊，危言日出而應變，是以謂之玄同也。”

王弼云：“可得而親則可得而疏也。可得而利則可得而害也。可得而貴則可得而賤也。無物可以加之也，故爲天下貴。”此所謂“不可得而親”云云，與孟子所謂“富貴不能淫，貧賤不能移，威武不能屈”，義略同。主要的意思在“不可得而疏”，“不可得而害”，“不可得而賤”，所謂“不可得而親”，“不可得而利”，“不可得而貴”，係陪襯。並不是說人得道以後，別人就不能親近他，不能給他便利，不能尊貴他，成爲一個孤僻的神經病者；而是說人得道以後，本身俱足，毫無外求，不求人親己，不求人利己，不求人貴己。

　　此章主要意思是說知道者的情形。老子所謂"知"，常常是包括"行"在內。所謂"知道者"就是得道者，就是能認識道、執守道與實行道的人，就是人與道相合的人，用今日的話來說，就是能認識事物的規律，掌握事物的規律並能實踐的人，就是由必然王國進入自由王國的人。首二句指出知道者與不知道者的根本區別，即在言與不言。因爲常道本不可道，真能體現道不須言，也不貴乎言，所以《老子》說"知者不言"、"塞其兌"云云，是說得道者的功力及其表現。"不可得而利"云云，是說得道者的境界及其價值。

　　章句異同　"解其分"，四章"分"作"紛"，各本多作"紛"，一本作"忿"。按："分"、"紛"通。

　　"故不可得而親"，傅奕本無"故"字，又"不可得而疏"，"不可得而害"，"不可得而賤"三句前有三"亦"字。

　　馬敍倫以爲"知者不言"二句係七十七章（王弼本八十一章）錯簡，"塞其兌"二句係四十八章（王弼本五十一章）錯簡，當刪去。陳柱從之。理由不充足，不便從。

　　高亨以"知者不言，言者不知"二句爲一章，非是。

五十三章

以正治國，以奇用兵，以無事取天下。吾何以知其然哉？以此：天下多忌諱而民彌貧；民多利器，國家滋昏；人多伎巧，奇物滋起；法令滋彰，盜賊多有。故聖人云：我無爲而民自化，我好靜而民自正，我無事而民自富，我無欲而民自樸。其政悶悶，其民淳淳；其政察察，其民缺缺。

解 正——通“政”。《說文》攴部：“政，正也。”《釋名》：“政，正也，下所取正也。”此所謂“正”有二義：與“奇”相對，即正當、正直的意思；與“無爲”相對，即政治的意思。《尹文子》與《文子》引《老子》此文，“正”均作“政”。

奇——祕，異。《史記·陳平傳》：“平凡六出奇計，其奇祕世莫得聞。”平常人說奇策、奇計、奇聞、奇事、奇人、都兼有奇祕、奇異二義，奇祕則非一般人所能知，奇異則和一般情形不同。劉師培云：“奇正對言，奇義同衺。”

以此——“此”指下文“多忌諱”等事言。

忌諱——指限制人民自由的禁令和措施言。如對商設立關卡，

對工禁止開採，對農限制人身自由等事。這都是反動統治階級壓迫
人民的措施。

滋——《說文》水部："滋，益也。"

悶悶——《說文》心部："悶，懣也。"十九章"悶悶"指人言，
爲癡憨貌。此"悶悶"指政言，即麻麻糊糊的意思，與下文"察
察"相對。

淳淳——同"醇"。《說文》酉部："醇，酒味長也"，引伸爲醇
厚意。"醇醇"即忠厚老實的樣子。

察察——《說文》宀部："察，覆審也。""察察"即苛求明察
的意思。

缺缺——《說文》缶部："缺，器破也"，通"闕"。"缺缺"即
心懷不滿的樣子。

以政治治國，以權術用兵，以無爲不爭取得天下。一般人以爲
政治是正道，用政治可以把國家治好，事實上有政治就有矛盾，矛
盾激化就不得不用兵來解決，用兵就不得不用權術。如果政治是
正，權術就是奇。正與奇是相反的，而又是互有聯繫，相互轉化
的。所以惟有無爲不爭才可以取得天下。我何以能知道這種道理？
就是根據以下的事實：天下各國多有禁忌措施，說是保護人民財
富，事實上弄得人民不能自由生產，反而更加貧窮了。鋒利的兵器
本是用來保衛國家的，但是人民手裏要是多了這些東西，就要自相
攻伐，把國家鬧得更昏亂了。人民的工藝技術多了，奇異奢侈的器
物就愈加增多，這對於人民的生活並沒有好處。法令訂得愈明白，
人民動輒得咎，盜賊不得減少反而要增多。所以聖人說：我無爲人

民自然可以化惡爲善，我好靜而人民自然可以改邪歸正，我無爲而人民自然可以富足，我無欲而人民自然就能質撲。政治麻麻糊糊，人民就忠厚老實；政治察察爲明，人民就常懷不滿。

“以正治國，以奇用兵，以無事取天下。”各家多將此三句作平等並列語，未確。按：下文對於“以正治國”和“以無事取天下”都有說，對於“以奇用兵”無說。可知此三句非平等並列語，而是說要想“以正治國”，就不得不“以奇用兵”，惟有無爲纔可以取得天下。“以無事取天下”是主要語句，“以正治國”和“以奇用兵”是因果聯繫的語句。“天下多忌諱”、“民多利器”、“人多伎巧”、“法令滋彰”，即都是“以正治國”的事情。“民彌貧”、“國家滋昏”、“奇物滋起”、“盜賊多有”，即都是“以正治國”的結果。推其極即不得不“以奇用兵”。聖人所云即“以無事取天下”的意思。王弼注云：“以道治國則國平，以正治國則奇正起也。以無事則能取天下也。上章云：‘其取天下者常以無事，及其有事不足以取天下也。’故以正治國則不足以取天下而以奇用兵也。夫以道治國，則崇本以息末；以正治國立辟以攻末。本不立而末淺，民無及，故必至於以奇用兵也。”王說是。《尹文子·大道篇下》引老子語說：“老子曰：‘以政治國，以奇用兵，以無事取天下。’政者，名法是也；以名法治國，萬物所不能亂。奇者，權術是也；以權術用兵，萬物所不能敵。凡能用名法權術而矯抑殘暴之情，則己無事焉，己無事則得天下矣。故失治則任法，失法則任兵，以求無事不以取彊。取彊則柔者反能服之。”此解是說，統治者能以名法治國，以權術用兵，則可以不費力得到天下。與王弼說稍異，可參考。

王弼注“其政悶悶”四句云：“善治政者，無形、無名、無事、無政可舉，悶悶然卒至於大治。故曰‘其政悶悶’也。其民無所爭競，寬大淳淳，故曰‘其民淳淳’也。立刑名，明賞罰，以檢姦僞。故曰：‘其政察察’也。殊類分析，民懷爭競。故曰‘其民缺缺。’”

按：《老子》此章所言，有些是比較有正確意義的，有些是在某種條件之下纔有意義的。如所謂“以正治國，以奇用兵”，就比較有正確的意義。我們知道，政治就是一個階級壓迫其他階級的工具。在社會主義社會以前，政治是階級社會的剝削階級統治被剝削階級的工具，在社會主義時代則是無產階級壓迫、消滅國內外反動階級的工具。有政治就說明是有階級鬥爭，有階級鬥爭就不得不有武力，所以“以正治國”就不得不“以奇用兵”。到了共產主義時代，全世界沒有階級了，也就沒有政治了，因而也就用不着武力了。“天下多忌諱而民彌貧；民多利器，國家滋昏。”在少數人統治多數人的時候是如此，若國家政權爲廣大的人民所掌握的時候，所謂“忌諱”是對於反動分子的忌諱，對於人民的生產不只毫無影響而且是有幫助的。“民多利器”則全民皆兵，正是保衛祖國鎮壓反動階級所必需，絕不會使國家更亂。“人多伎巧，奇物滋起”，如伎巧是用以製造供剝削階級享受使用的奇物，是不好的；如是用以製造生產工具及廣大人民的生活用品，則並非不好而是好的。“法令滋彰，盜賊多有”，這在少數人對多數人統治剝削的情形下是事實，而在勞動人民掌握政權的時候，事實正是相反。“其政悶悶，其民淳淳；其政察察，其民缺缺”，也是社會主義社會以前的情形。在社會主義的社會及其以後，就正與此相反。老子沒有社會主義的思想，更沒有見到社會主義的社會，他的思想只能是他的時代的反映，所以表現了這樣的局限性。

章句異同　"以正治國"，《尹文子》、《文子》引文"正"均作"政"，傅奕本也作"政"。

"吾何以知其然哉？以此"，一本作"吾奚以知天下其然哉？以此夫"，焦竑本作"吾何以知天下之然哉"，無"以此"二字。此從王弼本。

"以此"二字冒領下文，"此"字指下文"民多利器"云云。

"人多伎巧，奇物滋起"，傅奕本作"民多智慧，而衺事茲起"，焦竑本"伎巧"作"技巧"。按："伎"、"技"古通。

"我無欲而民自樸"句下，傅奕本有"我無情而民自清"句。

"悶悶"，傅奕本作"閔閔"。

"淳淳"，傅奕本作"惷惷"，河上本作"醇醇"。

"缺缺"，一本作"觖觖"。

王弼本以"其政悶悶"四句屬下章。姚鼐本屬此章，吳澄本合下章與此章爲一章。此章與下章是有聯繫；惟此章只就政治上論證對立轉化的道理，下章就一切事物論證對立轉化的道理，分爲二章比較明確。至"其政悶悶"四句，因係論政，屬此章是。此從姚本。

五十四章

禍兮，福所倚；福兮，禍所伏。孰知其極？其無正。正復爲
奇，善復爲妖。人之迷，其日固久。是以聖人方而不割，廉而不
劌，直而不肆，光而不耀。

解　其無正——"正"猶"止。"焦循《孟子正義》公孫丑章
上："必有事焉而勿正。"《正義》云："《詩·終風·序·箋》云：
'正猶止也。'《莊子·應帝王篇》云'不正。'《釋文》云：'正本作
止。'正之義通於止也。"此所謂"其無正"，即"其無止"的意思。
"其無止"是對"孰知其極"的答解。與上章"吾何以知其然哉，
以此"同爲自設問答的語句。這是說，要問禍福相互倚伏的情形，
到什麼時候是極點？那是永遠沒有停止的極點，即禍轉爲福，福轉
爲禍，如此輾轉發展，是永無窮期的。各家不知"正猶止"義，以
爲此"正"與下句"正復爲奇"的"正"同義，不得其解，乃將此
句多加改竄。傅奕本"正"下加一"衺"字，作"其无正衺"。焦
竑本作"其無正邪"。楊樹達連下文讀，作："其無正？正復爲奇，
善復爲妖。"並云："按其，豈也。'善復爲妖'上疑脫'其無善'

三字"。(《老子古義》)陳柱言"其无正"三字爲衍文，張默君據陳說逕刪。均非是。

善、妖——"善"，《說文》言言【二言字拼在一起，爲譱（善）字之部首】部："善，吉也。"示部："祥，善也。"《禮記·中庸》："國家將亡，必有妖孽。"古人常以"善"與"祥"連言，"妖"與"孽"連言。此所謂"善"、"妖"，即"祥"、"孽"的意思。

方而不割——"方"是方形、方體，"割"本義爲剝、裂、裁。此所謂"割"是有稜有角的意思。"方而不割"即三十八章"大方無隅"的意思，即一個方體而不是經過裁割成爲有稜有角的東西，是一個大概的方體。喻人方正而不生硬。

廉而不劌——"廉"，《說文》广部："廉，仄也。"段注："謂偪仄也。""堂之邊曰廉。""堂也有隅有稜，故曰'廉，隅也'。又曰'廉，稜也'。引伸之，謂清也，儉也，嚴利也。""劌"，《說文》刀部："劌，利傷也。""廉而不劌"，是說一個東西有稜有角卻碰不傷人。喻人自己能清廉卻不至於使一些不夠清廉的人感受難堪。

直而不肆——"直"是正直、直率。"肆"有極，恣，放，犯突等義。"直而不肆"，是說一個挺直的東西在挪動的時候不橫衝直撞。喻人自己很直率卻不至於毫無顧忌，觸犯別人，與四十一章"大直若屈"義略同。

光而不耀——"耀"，《說文》火部："耀，照也。""光而不耀"，即有光而不炫耀的意思；喻人有功不伐，有能不矜。

禍呢，是福所倚靠的東西；福呢，是禍所藏伏的東西。禍可轉

爲福，福可轉爲禍，禍福相互轉化，誰能知道它的終極？它是永沒
有停止的時候，不僅禍福的相互轉化是如此，其他一切事物都有對
立的兩方面，而對立的兩方都是在永遠不停地相互轉化着，所以正
可以成爲奇，善可以成爲妖。一般人對於這種對立轉化的道理早就
迷惑不懂了。聖人深深認識了這種道理，所以不走極端，防止事物
的轉化。他爲人方正而不生硬，好像一個方的東西卻沒有稜角；他
爲人清廉而不至於使其他一些不夠清廉的人相形之下覺着難堪，好
像是一個東西有稜有角，人碰到它上邊卻不會碰傷；他爲人直率而
不至毫無拘束，動輒觸犯他人，好像一個挺直的東西卻不至於橫衝
直撞；他有功不伐，有能不矜，好像一個有光的東西，人們看見它
的時候，眼睛卻不感覺炫耀刺激。

　　這一章是承上一章進一步論證事物對立轉化的道理，上一章
是只從政治上論證，這一章是以禍福、正奇、善妖爲例而推及一
切事物的概括論證。最後說聖人爲了防止事物的對立轉化是不走
極端以求對立統一的。事實上不用鬥爭的方法而用調和的方法防
止事物的對立轉化以求對立統一，是不可能的。例如福與禍的對
立，人們不應當怕福轉爲禍，以爲採取半禍半福的調和辦法就可
以永久使得福不成禍，而是應當如毛主席所說鬥爭、失敗、再鬥
爭、再失敗，以至最後勝利的辦法與禍鬥爭。在鬥爭的過程中，
當然不是一帆風順的，而是有反覆曲折的，即福轉爲禍，禍又轉
爲福，如此輾轉發展，每轉變一次福的成分可以增加一些，禍的
成分可以減少一些，事物的對立轉化沒有終極，人們的鬥爭也沒
有停止的時候。

《韓非子・解老》云："人有禍而心畏恐，心畏恐則行端直，行端直則思慮熟，思慮熟則得事理；行端直則無禍害，無禍害則盡天年；得事理則必成功，盡天年則全而壽，必成功則富與貴。全壽富貴之謂福，而福本於有禍。故曰：'禍兮，福之所倚，'以成其功也。人有福則富貴至，富貴至則衣食美，衣食美則驕心生，驕心生則行邪僻而動棄理。行邪僻則身死夭，動棄理則無成功。夫內有死夭之難而外無成功之名者，大禍也，而禍本生於有福。故曰：'福兮禍之所伏'。"《韓非子・解老》對此章解釋頗多，惟此段較確。餘皆與《老子》本義不盡合。

《淮南子・道應訓》："景公謂太卜曰：'子之道何能？'對曰：'能動地。'晏子往見公。公曰：'寡人問太卜曰：子之道何能？對曰：能動地，地可動乎？'晏子默然不對。出見太卜，曰：'昔吾見句星在房心之間，地其動乎？'太卜曰：'然。'晏子出，太卜走往見公，曰：'臣非能動地，地固將動也。'田子陽聞之，曰：'晏子默然不對者，不欲太卜之死；往見太卜者，恐公之欺也。晏子可謂忠於上而惠於下矣。'故老子曰：'方而不割，廉而不劌'。"此例說明"方而不割"等四句最好。

章句異同　"福所倚"，"禍所伏"，《韓非子》作"福之所倚"，"禍之所伏"。

"其無正"句，各家校改如上所舉。

"妖"，傅奕本作"訞"，焦竑本作"祅"。

"人之迷，其日固久"，《韓非子・解老》作"人之迷也其日故以久矣"，傅奕本作"人之迷也其日固久矣。"

"劌"，河上本作"害"，一本作"穢"。

"耀"，亦作"燿"。

高亨將上章"其政悶悶"四句作爲一章，將此章"禍兮，福所倚"至"其日固久"八句作爲一章。非是。

五十五章

治人事天莫若嗇。夫唯嗇，是謂早服；早服謂之重積德；重積德則無不克；無不克，則莫知其極；莫知其極，可以有國；有國之母，可以長久。是謂深根固柢，長生久視之道。

解 治人——指治國治民言，即統治人民。

事天——指從事生產言，"天"即自然，農工生產都須對於自然有所從事，故言"事天"。

嗇——《說文》嗇部："嗇，愛濇也。從來向，來者向而臧之，故田夫謂之嗇夫。""向"即古"廩"字。段注："嗇者多入而少出，如農夫之備蓋藏，故以來向會意。"古人常以"儉"、"嗇"並言，《詩序》云："其君儉嗇褊急"。此"嗇"即儉嗇義。

服——《爾雅·釋詁》："服，事也。""早服"即早從事，即早有準備的意思。

德——德者得也。此所謂"德"，包括精神與物質兩方面，不是單純指德行言。"重積德"即在精神和物質兩方面能有多的積累。

有國之母——"母"指"道"言。"有國之母"即立國之道。

《韓非子·解老》："所謂'有國之母'，母者道也。道也者生於有國之術。所以有國之術，故謂之有國之母。"

根、柢——《韓非子·解老》："樹木有曼根，有直根。直根者，書之所謂柢也；柢也者，木之所以建生也。曼根者，木之所以持生也。"直根今植物學上名爲主根，曼根今植物學上名爲須根。

治理人民，從事生產，最好的辦法莫如儉嗇。人能儉嗇，就能及早有所準備；早有準備，就可以在精神上與物質上多有積累；精神上與物質上多有積累，就沒有不能克服的；沒有不能克服的，人們就不能知道他的底裏；人們不知道他的底裏，就可以建立國家；建國有道，就可以長久。這就是既能鞏固又能長久的道理。

"深根固柢，長生久視"，都是喻辭，可能是當時一般人常用以譬喻鞏固和長久的通用語，如今人所謂"基礎鞏固"、"天長地久"等語。《韓非子·解老》云："德也者，人之所以建生也；祿也者，人之所以持生也。今建於理者其持祿也久，故曰深其根；體其道者其生曰長，故曰固其柢。柢固則生長，根深則視久，故曰：深其根，固其柢，長生久視之道也。"此解以柢指德，還可；以根指祿，不知從何而來；至云："根深則視久"，則更無法理解。高亨言"視"當作"立"字解，"長生久視"即長生久立的意思，可參考。

《韓非子·解老》云："聰明睿智，天也；動靜思慮，人也。……書之所謂治人者，適動靜之節，省思慮之費也。所謂事天者，不極聰明之力，不盡智識之任。苟極盡則費神多，費神多則盲聾悖狂之禍至，是以嗇之。嗇之者，愛其精神，嗇其智識也。故曰：'治人事天莫如嗇。'眾人之用神也躁，躁則多費，多費之謂侈；聖人之用神也靜，靜則少費，少費之謂嗇。嗇之謂術也，生於道理，夫能嗇也，是從於道而服於理者也。眾人離於患，陷於禍，猶未知退而不服從道理。聖人雖未見禍患之形，虛無服從於道理以稱蚤服。故曰：‘夫唯嗇，是以早服。’”此解以人的感官機能爲天，以人的感覺思維爲人。“治人事天莫若嗇”是不濫費精神，不多用智識的意思。這樣把嗇的意義只限於人的精神方面，似不盡合老子本意。按老子所謂“嗇”，應當是包括物質和精神兩方面言。他反對“服文綵，帶利劍，厭飲食，財貨有餘”的“盜夸”（四十九章），是要人在財物上能嗇。他主張“處無爲之事，行不言之教”，無知、無欲、不爭、不矜，是要人在精神上能嗇。六十三章言：“吾有三寶，持而寶之。一曰慈，二曰儉，三曰不敢爲天下先。”“嗇”即儉嗇，即所謂“三寶”之一。儉嗇不應當是只限於精神方面。按：“嗇”即今所謂節約。老子所說的嗇和我們所說的節約，在意義當然不完全相同。但節約在社會主義時代還是有重要意義的。馬克思說：“一切節省，歸根到底都是歸結爲時間的節省。”（馬克思1857——1858年經濟學手稿之一《貨幣論》。《馬恩列斯論共產主義社會》【整理者按：原稿下缺六七字】　　　第67頁）。列寧說：“社會主義就是節約。”毛主席說：【整理者按：原稿下缺，空二行】

　　人們常以“吝”與“嗇”連言，如說“某人吝嗇”。按“吝”與“嗇”是有分別的。《晏子春秋》載：叔向問晏子曰：“嗇、吝、愛之於行何如？”晏子對曰：“嗇者，君子之道；吝、愛者，小人之行也。”叔向曰：“何謂也？”晏子曰：“稱財多寡而節用之，富無金藏，貧不假貸，謂之嗇。積多不能分人而厚自養，謂之吝。不能分人又不能自養，謂之愛。故夫嗇者，君子之道；吝、愛者，小人之行也。”（《內問篇·問下》第四、第二十三）

關於“嗇”字，《釋文》：“河上云：‘貪也’。”王弼注：“嗇，農夫。農人之治田，務去其殊類，歸於齊一也。全其自然，不急其荒病，除其所以荒病。上承天命，下綏百姓，莫過於此。”均非是。荀悅《申鑒》：“愛親、愛德、愛力、愛神之謂嗇。”（《俗嫌》第三）這也是多重在精神方面的嗇。惟愛親何以謂嗇？頗費解。

章句異同　“治人”，陸希聲本作“治民”。

“莫若”，《韓非子·解老》作“莫如”。

“是謂早服”，《韓非子》作“是以蚤服”。“早”、“蚤”同。焦竑云：“‘早服’作‘早復。’”

“莫知其極”，黃茂材本無疊句。

“深根固柢”，《韓非子·解老》作“深其根，固其柢”。

“柢”，河上本作“蒂”，羅振玉云：敦煌、《御注》、景福三本均作“蒂”。焦竑云：“‘柢’一作‘蔕，’花趺也。”

五十六章

治大國若烹小鮮。以道蒞天下，其鬼不神。非其鬼不神，其神不傷人；非其神不傷人，聖人亦不傷人。夫兩不相傷，故德交歸焉。

解 鮮——《說文》魚部：“鮮，鮮魚也。”

蒞——音“利”，《釋文》云：“古無此字，《說文》作埭。”《說文》立部：“埭，臨也。”段注：“埭，經典蒞字，或作涖。注家皆曰臨也。”

鬼——《說文》鬼部：“鬼，人所歸爲鬼。”

神——讀爲“鬽”。《說文》鬼部：“鬽，神鬼也。”（從段校）段注：“神鬼者，鬼之神者也。”按：“鬼不神”即言鬼不靈，不能崇人。

“德交歸”，“歸”，饋也，即《論語·陽貨》“歸孔子豚”的“歸”。“德交歸”即聖人與人民互相行德於對方的意思。

以道治國，無爲而治，就是治理大國，也如同烹小魚一樣，不去頭，不截尾，不多攪動，如若無事然。以道治天下，無爲無事，可以使得鬼不靈。並不是鬼真不靈，是有靈而不傷害人了；也不只是鬼不傷害人，聖人也不傷害人。這樣，聖人不傷害人民，人民也就不傷害聖人。兩不相傷，聖人的德行就行於人民，人民的德行也就行於聖人，上下的德行就互相交流，彼此相行了。

前人將“兩不相傷”多解爲鬼與聖人或神與聖人不傷害人民。這樣對於“兩不相傷”的“相傷”及“德交歸”的“交歸”都難說通。下文六十八章云：“民不畏威，則大威至”，七十章云：“民不畏死，奈何以死懼之？”這都說明統治者要傷害人民，人民也就要傷害統治者。此處言“聖人不傷人”，當然人民也就不會傷害統治者，因此說“兩不相傷，故德交歸焉。”不明言人不傷聖人，是省略了。前人多不作這樣解的原因，一因上文有神不傷人，聖人不傷人等語，下文無人不傷聖人的明言。二因人不傷聖人這話好像對聖人太侮辱了。實則，按老子所說“絕聖棄智，民利百倍”的話，聖人是可能傷人的；傷人者，人亦傷之，是必然的。《韓非子·解老》云：“鬼祟疾人之謂鬼傷人，人逐除之之謂人傷鬼也。民犯法令之謂民傷上，上刑戮民之謂上傷民。民不犯法，則上亦不行刑；上不行刑之謂上不傷人。故曰：‘聖人亦不傷民。’上不與民相害，而人不與鬼相傷，故曰‘兩不相傷。’”此解所謂上下相傷的道理甚是；而對於“兩不相傷”解作“上不與民相害，而人不與鬼相傷”，是不了解“神不傷人”是陪襯，“聖人不傷人”是主體，而仍誤爲平等並列語了。

所謂“神不傷人”是陪襯，主要的意思是在“聖人不傷人”。所謂“其鬼不神”、“其神不傷人”，是言在無爲的政治之下，沒有任何紛擾、人不知鬼不覺的情況，極形容無爲而治的寧靜情況，是形容比擬的意思，不必當事實看。《老子》書中言鬼，這是僅見的。

《韓非子‧解老》又云"工人數變業，則失其功；作者數搖徙，則亡其功。一人之作，日亡半日，十日則亡五人之功矣；萬人之作，日亡半日，十日則亡五萬人之功矣。然則數變業者，其人彌眾，其虧彌大矣。凡法令更則利害易，利害易則民務變，民務變謂之變業。故以理觀之，事大眾而數搖之，則少成功；藏大器而數徙之，則多敗傷；烹小鮮而數撓之，則賊其宰；治大國而數變法，則民苦之。是以有道之君貴虛靜而重變法。故曰：'治大國者若烹小鮮。'"

此章言無爲對於治國的意義。"兩不相傷，故德交歸焉"，仍是對立統一的道理。

"治大國若烹小鮮"，是說治國不要常有變動，治大國如此，治小國更是如此。《韓非子‧解老》的意思也是如此。這種說法只有在某些時候、某些地方和某種條件下是正確的，並不是在任何時候、任何地方與任何條件下都正確的。世界上的事物都是在不斷地變化發展着，而一國的政治法律制度則在制定以後就有相對的固定性。所以朝令夕改，隨意變動，固然是不可以的，但是在現實情況發展變化到和舊有的政治法律不相適應的時候，若不加以變動，也是勢不可能的。至於變法、革命，那更是歷史發展的必然事情，任何力量是不能阻止也不應阻止的。試想，我國古代沒有秦始皇的統一六國，君主專制政治的建立，如何能有秦漢以後中國的中央集權的統一局面？沒有歷代的農民革命，中國的歷史如何能夠不斷推進？世界上沒有資產階級的革命，如何能有資本主義社會？沒有無産階級的革命，如何能有社會主義社會？所謂"治大國若烹小鮮"，在歷史就是蕭規曹守的情形，這只能是大變動之後，新的秩序建立之後，在守成休養一個短時期的情形。老子這種思想，固然是由他的清靜無爲思想推演而來，也正可以說明是在社會變動的時候代表了沒落階級的保守思想。沒落階級惟恐怕社會有變動，他們舊有的地位保不住，所以《老子》說"治大國，若烹小鮮"，叫人不要有什麼變動。沒落階級，害怕社會矛盾，希望階級協調，所以要人"兩不相傷"，而"德交歸焉"。

章句異同 "烹"，《釋文》云："不當加火"，景龍碑、敦煌本均作"亨"，《御注》本、敦煌庚本作"享"。孔廣森《詩聲類》三"亨"字下曰："案'亨'、'烹'、'享'三字，後人所別，古人皆只作'亨'字，而隨義用之，其讀亦似只有亨音。"

《韓非子·解老》引此章文，"大國"、"天下"下各有"者"字，"非其鬼不神"、"非其神不傷人"下各有"也"字，"聖人亦不傷人"作"聖人亦不傷民"，"故德交歸焉"作"則德交歸焉"。

"傷人"，各本或作"傷之"。

陳柱將數"神"字改爲"魋"。

陶鴻慶言："非其神不傷人"句"非其"二字涉上文"非其鬼不神"而誤衍。高亨言："非其鬼"、"非其神"的"非"爲"不唯"二字的合音。陶高說均非是。

五十七章

　　大國者下流，天下之交，天下之牝。牝常以靜勝牡，以靜爲下。故大國以下小國，則取小國；小國以下大國，則取大國。故或下以取，或下而取。大國不過欲兼畜人，小國不過欲入事人；夫兩者各得其所欲，大者宜爲下。

　　解　"江海所以能爲百谷王者，以其善下之，故能爲百谷王。"（六十二章）大國的作風如能像水的下流一樣，兼納眾流，就可以爲天下所歸會，就像天下的雌性動物。雌性動物常常是以靜的態度制勝了雄性動物，因爲它能靜，所以謙下自處。因此大國能對小國謙下，就可以取得小國的歸附；小國能對大國謙下，就可以取得大國信任。或是謙下以取得別人歸附，或是謙下而取得別人信任，無論大國小國能謙下就能各得其所欲。大國的要求不過是要統率別人，小國的要求不過是要隨從別人；兩者都能謙下就都能達到目的，不過小國謙下是容易的，大國謙下就不容易了，所以最重要的是要大國能謙下。

　　"大國者下流，天下之交，天下之牝"是假言命題。意思是說，如果一個大國的作風能像水的下流一樣，兼納眾流，就可以爲天下所歸附，就像天下的雌性動物。但是一般大國多驕傲淩人，不能謙下，所以最後說“大者宜爲下”。高亨言：“首句當作‘治大國若居下流’，與上章‘治大國若烹小鮮’同樣句法一律。”按：上章是就人言，此章是就國言，上章重在“聖人”，此章重在“大國”，細玩二章全文，自可看出二者的區別，不必以意改。

“或下以取，或下而取”二句，各家校解多歧異。俞樾云：“兩句義無別，疑有奪誤。當云‘故或下以取小國，或下而取大國。’”易順鼎云：“兩句承‘大國取小國，小國取大國’分言。兩句不同，即在一‘以’字，一‘而’字，‘以取’者取人，‘而取’者取于人。”楊樹達云：“按：‘則取大國’及‘或下而取’二‘取’字，皆見取之義。”按前人解說，似多把“取”當作取人之國而有之的意思，即所謂滅人之國，也就是近人所謂顛覆別的國家。這樣，對別國謙下的目的就是要對它顛覆，謙下豈不成爲最可怕的手段嗎？按：“大國以下小國，則取小國”，“或下以取”，都是說大國取得小國歸附；“小國以下大國，則取大國”，“或下而取”，都是說小國取得大國信任。下文“兼畜人”即取得小國歸附的意思，“入事人”即取得大國信任的意思。王弼注“則取小國”云：“小國則附之”；注“則取大國”云：“大國納之也”。“而”猶“以”，王注是。俞校近是，惟非有奪謁，乃省略語。

此章言謙下在國際上的意義。老子之道以無欲無爲爲主。體現無欲無爲的精神，有各式各樣的作風與表現：不矜、不伐、不爭、不驕、不盈，去甚、去奢、去泰，知雄守雌、知白守黑、知榮守辱，不敢爲天下先等都是。此章所謂“下”也是老子體現道的一種重要作風與表現。下文說："欲上民，必以言下之；欲先民，必以身後之"（六十二章），"善用人者爲之下"（六十四章），同此義。

章句異同　"大國者下流"，傅奕本作"大國者天下之下流"。

"天下之交，天下之牝"，焦竑云："一本作天下之交牝。"按："交牝"難通。"天下之交"的"交"，羅振玉說敦煌本作"郊"。

"牝常以靜勝牡，以靜爲下"，吳澄謂"牝"字疑衍，魏源本無"牝"字；"以靜爲下"，一本無此句，敦煌庚本"靜"上有"其"字，傅奕本作"以其靜故爲之下也"，司馬本作"以其靜爲之下"。

魏源將首五句如此校改斷句："大國者下流，天下之交。天下之牝，常以靜勝牡，牝以靜爲下。"

"則取小國"、"則取大國"，傅奕本"則取於小國"、"則取於大國"。

"則取大國"、"或下而取"，河上本二"取"字作"聚"；羅振玉說，《御注》本、敦煌辛本均作"聚"。

"夫兩者"，傅奕本無"夫"字；羅振玉說，景龍本"夫"作"此"，景福、敦煌庚無"此兩者"。

"大者宜爲下"，一本作"故大者宜爲下"，一本作"大者爲之下"。

五十八章

　　道者萬物之奧，善人之寶，不善人之所保。美言可以市尊，美行可以加人。人之不善，何棄之有？故立天子，置三公，雖有拱璧，以先駟馬，不如坐進此道。古之所以貴此道者何？不曰求以得，有罪以免邪？故爲天下貴。

　　解　奧——《說文》宀部：“奧，宛也。室之西南隅。”段注：“宛者，委曲也。室之西南隅，宛然深藏，室之尊處也。”《釋名·釋宮室》：“室中西南隅曰奧，不見戶，明所在秘奧也。”何晏《論語集解·八佾篇·王孫賈章》：“孔曰：‘奧，内也。’”此所謂“奧”，即今語所謂深奧、奧妙、奧秘的意思，也就是事物的内部聯繫的意思，仍是事物規律的意思，因爲事物的規律不是人們的感官所能感覺到的，而是要用理性的思維纔能認識到，所以好像室中的奧。

　　善人、不善人——此指懂道和不懂道的兩種人言，懂道的人是善人，不懂道的人是不善人，不一定是行爲品質的善不善。

　　保——恃。

市尊——"市"即買，"市尊"即受到人的尊敬。

加人——"加"即益，"加人"即增加人的身份。

拱璧——拱抱的玉璧。"拱璧"言璧之大，因爲普通小璧不須拱抱，只用手指即可拿動。

駟馬——古代一乘四馬，即一輛車用四匹馬拉。拱璧駟馬爲古代的朝聘重禮。吳澄云："朝聘之享，駟馬陳於庭，先執拱璧以將命，其禮重矣。"

求以得——"以"猶"能"；"求以得"即求能得。

道是萬事萬物的奧秘，善人把它當作寶物，不善人也是不能離開它的。好的言行可以受到人的尊敬，好的行爲可以增加人的身份。就是不善的人，只要能遵循着道，說好話，作好事，何至於被世所棄。所以立天子，置三公的時候，人們貢獻禮物，雖然先奉大璧，後獻車馬，不如坐下進講此道來的貴重。古人所以把道看得很貴重是什麼原故？還不是說憑借道能獲自己的預期目的，而且能避免過錯嗎？所以它爲天下人所寶貴。

"善人之寶，不善人之所保。"這意思用今語來說，就是懂事物規律的人是能自覺地運用事物規律處理事物，不懂事物規律的人也不能離開事物規律來處理事物。前者是知其然而更知其所以然，後者是只知其然而不知其所以然。如農民種植稻麥，有農業科學知識的人是既對於稻麥的性能有明確認識，又能按稻麥的規律進行種植並且能將稻麥的規律靈活運用；但是沒有農業科學知識的人也不能不按稻麥的規律隨意種植。這就可以說對於稻麥的規律，善人是把它當作寶物，不善人是把它當作不能離開的東西。善人把事物規律當作寶物是已經進入自由王國，不善人把事物規律當作不能離開的東西是不得不處於必然王國。

"美言可以市尊，美行可以加人。""市"即《論語》"沽酒市脯不食"（《論語·鄉黨篇》）的"市"。"市"，即買。"市尊"直譯即買得尊敬，意即受到人的尊敬。"加"即《孟子》"萬鍾於我何加焉"（《孟子·告子上》）的"加"。趙岐注："加猶蓋也。""加人"即增加了人的身份。此二句是上承"不善之所保"而言不善之人能遵循道，即可以有美言美行，不至為世所棄。前人對此二句解釋多未妥，且上下文不連貫。

"求以得，有罪以免"的"罪"不必一定是指觸犯刑法的行為，普通過錯也可名為罪，此所謂"罪"即包括一般的過錯言。此句即求能得，有罪能免的意思，即今語所謂能獲得預期目的，能避免過錯的發生。掌握事物規律的人就能這樣，這就是道之所以為貴。

章句異同 "道者萬物之奧，善人之寶，不善人之所保"，傅奕本"奧"下有"也"字，"寶"上有"所"字；谷神子本"保"上有"不"字。

"美言可以市尊，美行可以加人"，王弼本作"美言可以市，尊行可以加人"，俞樾云："今本脫美字。"此從《淮南子·人間訓》、《道應訓》引文。"加人"一本作"加於人"。

"坐進此道"，傅奕本作"進此道也"。

"所以貴此道者何？"一本作"何也"，一本無"何"。

"不曰"，河上本或作"不日"，誤。

"求以得，有罪以免邪？"，一本"罪"下有"可"字。馬敍倫據王弼注"以求則得求，以免則得免"，疑原文當作"不曰有求以得，有罪以免邪？"可參考。

五十九章

爲無爲，事無事，味無味；大小多少；報怨以德；圖難於其易，爲大於其細。天下難事必作於易，天下大事必作於細；是以聖人終不爲大，故能成其大。夫輕諾必寡信，多易必多難；是以聖人猶難之，故終無難矣。

解 ［爲無爲，事無事］"爲"是作爲，"事"是事情。"爲"較概括，"事"較具體。

以無爲爲爲，以無事爲事，以無味爲味；大就是小，多就是少；以德行報答怨恨；解決困難問題從容易的地方着手，處理巨大的事情是從細小處下手。天下繁難的事情一定是從簡易做起，天下巨大的事情一定是從微小做起；因此，聖人始終不爲大，故能成其大。隨便作諾言的人一定是缺少信用的，把事情看得太容易了一定要遇到很多困難。因此，就是聖人還總是把事情看爲是困難的，所以他終沒有困難。

此章根據"反者道之動"的原則，說明事物的對立轉化情形，要人從容易處解決困難問題，從細小處作成巨大事業。此章與三十四章“將欲歙之，必固張之”云云，意思大略相同。三十四章的主要意思是論證柔弱與剛强的問題，此章的主要意思是論證難易大小的問題。

“爲無爲，事無事，味無味；大小多少；報怨以德；圖難於其易，爲大於其細”，這都是平等並列的語句，都是指聖人的認識與行爲言，就是說聖人是能掌握事物的對立統一與對立轉化道理，從事物的一面着眼看到它的對立面，從事物的一面着手達到它的對立面。“爲無爲，事無事，味無味”三句中，各句首字“爲”、“事”、“味”是動詞，末字“爲”、“事”、“味”是名詞，直譯爲現代語很難恰當地表達出原句的意義和神氣。此解爲“以無爲爲爲，以無事爲事，以無味爲味”，係採焦竑說。朱斯苠云：“‘損之又損，以至於無爲’，故聖人所爲者，無爲之爲也。‘取天下常以無事；及其有事，不足以天下’，故聖人所事者，無事之事也。‘道之出口，淡乎其無味’，故聖人所味者無味之味也。是謂‘無爲無，事無事，味無味。’”此說是。按：“味”當即今人所謂意味，不必只限於口味。“大小多少”句，各家解釋多歧異，均難從。此句是說大與小、多與少都是對立統一的，而又是可以互相轉化的。下文“天下大事必作於細”，“輕諾必寡信，多易必多難”云云，即承此章而言。

章句異同　“大小多少”，姚鼐云：“‘大小多少’下有脱字，不可强解”；馬敘倫云：“吳本無大小以下八字，疑是古注文。”均非是。

“報怨以德”，馬敘倫云：“當在七十六章 [1] ‘和大怨’上，錯入當章。”非是。

“圖難於其易，爲大於其細”，一本無兩“其”字，傅奕本兩“於”字上各有“乎”字。

“夫輕諾必寡信，多易必多難”，傅奕本“輕諾”、“多易”下各有“者”字。

“猶難之”，或作“由難之”。

“故終無難”，傅奕本“難”下有“矣”字。

六十章

其安易持，其未兆易謀，其脆易泮，其微易散。爲之於未有，治之於未亂。合抱之木，生於毫末；九層之台，起於累土；千里之行，始於足下。爲者敗之，執者失之。是以聖人無爲，故無敗；無執，故無失。民之從事，常於幾成而敗之。慎終如始，則無敗事。是以聖人欲不欲，不貴難得之貨；學不學，復眾人之所過。以輔萬物之自然而不敢爲。

解　安——安定。

持——執持，保持。

兆——朕兆，預兆，跡象。參閱十九章"解"部。

脆——脃，脆（音"粹"）古今字。《說文》肉部："脃，小臿易斷也"，今言脆弱。

泮——"泮"、"判"通。"泮"，消散，消滅的意思。《詩》"迨冰未泮。"《傳》云："泮，散也。"

累——高亨云：累當計爲蔂，土籠也。"起於累土"猶言"起於蔂土"也。

　　事物在安定的狀態下容易保持，事物還沒露出跡象時容易對它作計劃，脆弱的東西容易消滅，微小的東西容易散失。工作要從沒有事物的時候開始，治理要在情況未亂的時候着手。兩臂合抱的大木材是從細小的樹苗生成的，九層高台是從一籠土開始累起的，千里迢迢的行程是從立足的地方開始走起的。這樣說來，人們對於事物如能謹小慎微，逐漸發展，是不是可以永遠通順無阻呢？有爲就有敗，有執就有失。聖人懂得這種對立轉化的道理，對於事物沒有作爲，所以沒有失敗；沒有把持，所以不會失掉。由此可見，"爲之於未有，治之於未亂"，還是有爲有執。有爲有執，就不能無敗不失。人們作事，常是在快要完成的時候而失敗了，這是因爲在開始的時候能謹慎，到了後來就不能了。如果到後來還像開始的時候一樣謹慎，就不至有失敗的事情。眾人有爲有執，總難慎終如始，聖人無爲無執，自然可以慎終如始。因此，聖人所欲的是不欲，所以不寶貴難得的貨物；聖人所學的是不學，所以回到眾人所走過的路上。聖人對於萬物只是用輔導的方法順其自然，而不敢有一點作爲。

　　高亨云："欲不欲者，以不欲爲欲也。學不學者，以不學爲學也。"高解是。眾人是不學的，所以說回到眾人所走過的路上。

　　此章主要意思是說聖人無欲無知，"以輔萬物之自然而不敢爲。"可分爲三段，自開首至"始於足下"爲第一段，自"爲者敗之"至"則無敗事"爲第二段，"是以聖人"以下至末爲第三段。第一段承上章"圖難於其易，爲大於其細。天下難事必作於易，天下大事必作於細"。告人凡事應當早爲之備，即《韓非子·喻老》

所謂"聖人蚤從事焉"，也就是《禮記·中庸》所謂"凡事豫則立，不豫則廢"的意思。第二段是承第一段言，即使能"蚤從事"，也不能是無敗無失，因爲有爲就有敗，有執就有失，這是事物對立轉化的必然道理，要想無敗無失，必須慎終如始。第三段總結上文說，惟有無欲無知，"以輔萬物之自然"，纔能真正"慎終如始，則無敗事。"反過來說，有欲有知，就要有爲，有爲就很難慎終如始，不能慎終如始，就不能避免失敗。

章句異同　前人對此章與上章的章句多以意分合改易。王弼本分爲二章。吳澄本合爲一章，又任意顛倒其文。魏源本從吳本合爲一章，而不取吳氏顛倒文句。姚鼐也將二章合爲一章，而將"民之從事"至"則無敗事"十九字取出，別成一章。馬敘倫謂："'爲者敗之'二句爲二十九章[1]錯簡。"又謂"'合抱之木'六句當於'圖難於其易'上。"陳柱將原文大加變動，甚至對字句隨意刪除與增加。均不妥，此從王弼本。王弼本可通，上章與此章雖有聯繫，而因意思重點不同，分爲二章較妥。

"脆"，《釋文》云："河上本作膬（音粹）。"

"泮"，各本或作"判"，河上本作"破"。魏源云："按泮判通，破散不韻。"

"爲之於未有，治之於未亂"，傅奕本作"爲之乎其未有，治之乎其未散。"

"毫"，一本作"豪"。

1　本書編爲二十七章。——編者注

"九層"，一本作"九成"。

"千里之行"，一本作"百仞之高"。

"是以聖人無爲"，一本無"是以"，一本無"聖人"。

"常於幾成而敗之"，傅奕本"成"上有"其"字。

"則無敗事"，一本"事"下有"矣"字，一本"敗"作"失"。

"復眾人之所過"，《韓非子・喻老》"復"下有"歸"字，傅奕本"復"上有"以"字。

"輔"，《韓非子・喻老》作"恃"。

"不敢爲"，一本"爲"下有"也"字。

六十一章

古之善爲道者，非以明民，將以愚之。民之難治，以其智多。故以智治國，國之賊；不以智治國，國之福。知此兩者亦楷式，常知楷式，是謂玄德。玄德深矣遠矣，與物反矣，然後乃至大順。

解 楷式——"楷"，王弼本作"稽"，各本多作"楷"，此從各本。按："稽"、"楷"古通用。《說文》木部"楷"字段注："《儒行》曰：'今世行之，後世以爲楷。'楷，法式也。楷之言稽，我稽古，後世又於此焉稽也。"《說文》工部："式，法也。""楷式"猶"法式"，即今語典型的意思。

古來善於體現道的統治者，不要使得人民聰明，而是要使得人民愚蠢。因爲人民之所以難統治，就是因爲他們的智慧多了。智慧多，詐僞就多，詐僞多，作奸犯科者也就多，所以難統治。但是要人民沒有智慧，先要統治者不用智慧統治人民。倘若統治者不能絕聖棄智，不是處無爲之事，行不言之教，而是好行小慧，察察爲明，要人民不識不知，順帝之則，是不可能的。所以用智慧治國是對國家有害的，不用智慧治國，對國家是有福的。由此可知，用智慧治國，不用智慧治國，也是從來就有的兩種不同的法式。統治者如能常常知道這兩種法式，採取不用智慧治國的法式，而不採取用智慧治國的法式，就可以說是有玄德，玄德是幽深遙遠的，是和世俗所謂德相反的，而與道大極相合的。

王弼云：“明謂多見巧詐，蔽其樸也；愚謂無知守真，順自然也。多智巧詐，故難治也。以智術動民，邪心既動，復以巧術防民之偽，民知其術防隨而避之，思惟密巧，奸偽益滋。故曰：以智治國，國之賊也。”司馬光曰：“物情莫不貴智，而有德者獨賤之。雖反於物，乃順於道。是智之所順者小，而德之所順者大也。”

“知此兩者亦楷式”，此兩者是指以智治國和不以智治國的兩種法式。“亦”字有兩重意義：一重意義是說，這是從來就有的，不是我一個人的看法。另一重意義是說，治國的兩種方式還有剛強與柔弱，有為與無為等兩種不同的法式。單從智慧這一點來說，以智治國和不以智治國，也是兩種不同的法式。“常知楷式”，不是只限於知，兼有行義。不是對兩者同知並行，而是知道了兩者孰好孰壞，行其一而不行其另一。

按：人們的知識大別為二類，一為生產鬥爭的知識，一為階級鬥爭的知識。我國古代儒墨道三家所講的知識，除過墨家有一部分是關於生產鬥爭的知識，儒道二家所講的知識，都可說是直接間接有關階級鬥爭的知識，《老子》書中所說的知或智慧更明顯地是這樣。此章所說的智即完全是階級鬥爭的知識。所謂“民之難治，以其智多”的“智”即指能識破統治階級統治手段，動搖統治階級的統治秩序，甚至能對統治階級的政權進行打擊與推翻的知識。“以智治國，國之賊；不以智治國，國之福”的“智”，是指統治人民、壓迫人民和欺騙人民的知識與手段。老子說此話時，對於“智”的意義沒有明確限定，後來各家也不加以分析，糊塗渾沌，以爲所有的知識都是壞東西，於是要人民無知，也要統治者無知，全國上下都成爲傻瓜，那就“其政悶悶，其民淳淳”了。試問如果人民沒有生産鬥爭的知識，不能獲取生活資料，如何能“實其腹”與“强其骨”呢？揭穿來說，老子這話，即便將所謂“智”的意義有所限定，也仍是在階級社會站在統治階級立場上對人民的欺騙，因爲統治者能常常知道“以智治國，國之賊；不以智治國，國之福”的楷式，即說明他正是以智治國，而不是不以智治國。

章句異同　“以其智多”，傅奕本作“以其多智也”。

“國之賊”、“國之福”，傅奕本“賊”下、“福”下，並有“也”字。

“知此兩者亦楷式”，傅奕本“知”上有“常”字，“式”下有“也”字；高亨云：“‘知’字涉下文而衍。”均非是。按：“知此兩者”即由此可知的意思。

“乃至”，傅奕本作“乃復至”，一本“乃”上有“然後”二字。

六十二章

江海所以能爲百谷王者，以其善下之，故能爲百谷王。是以
欲上民，必以言下之；欲先民，必以身後之。是以聖人處上而民不
重，處前而民不害。是以天下樂推而不厭。以其不爭，故天下莫能
與之爭。天下皆謂我道大，似不肖。夫唯大，故似不肖；若肖，久
矣其細也夫。

解 谷——《說文》谷部：“泉出通川爲谷”；《爾雅·釋水》：
“水注谿曰谷。”“百谷”猶“眾谷”，即眾多的河流。

王——天下歸德之謂“王”。

肖——似。

江海所以爲眾河流所注入者，因爲它所處的地方比眾河流都低
下，所以能成爲眾流之王。因此，統治者要想居人民之上，一定要
在言語上對人民謙下；要想領導人民，一定要先能追隨人民。所以
有道的聖人處於人民之上，而人民並不覺得他有什麼貴重。處於眾
人之前，而人民並不覺得他有什麼妨害。所以天下人都樂於推戴他

而永不感覺厭惡。因爲聖人不和人爭，所以天下的人沒有能和他爭的。因爲我主張學江海的善下，學江海的大，所以天下的人都說我的道（主義）大，似乎不像任何東西。正因爲我的道大，所以不像個東西，假如像個東西早就不成其爲大而成爲小了。

所謂"欲上民，必以言下之"，如"侯王自稱孤寡不穀"（三十七章），"受國之垢"、"受國不祥"（七十四章）是，言謙行也。所謂"欲先民，必以身後之"，即"不敢爲天下先"（六十三章）、"後其身而身先"（七章）的意思，即"先當群眾的學生，纔能當群眾的先生"的意思。所謂"似不肖"，即今語不像個東西，不像樣子。

此章講"下"與"大"的關係。

章句異同　河上，王弼本以"天下皆謂我道大"至"久矣其細也夫"屬下章之首，各本多從之。姚鼐別出另爲一章。魏源以屬此章而對於所以屬此章的道理說不明。按：屬此章是。所以屬此章者，即因"下"與"大"有密切的關係。首言江海能下，所以成爲百谷王，次言聖人能下，所以天下樂推而不厭，末言我道主下所以能成其大。

"以其善下之"，傅奕本之"下"有"也"。

"必以言下之"、"必以身後之"，傅奕本作"必以其言下之"、"必以其身後之"，一本無二"其"字。

"處上"、"處前"，河上本作"處民上"、"處民下"，傅奕本作"處之上"、"處之前"。

"而民不害"，傅奕本"害"下有"也"。

“我道大”，景龍碑作“我大”，傅奕本作“吾大”。

兩“似不肖”，景龍碑均無“似”字。

“久矣其細也夫”，景龍碑無“也夫”，彭耜云：清源無“夫唯大，故似不肖”七字。

六十三章

　　吾有三寶，持而保之。一曰慈，二曰儉，三曰不敢爲天下先。慈，故能勇；儉，故能廣；不敢爲天下先，故能成器長。今舍慈且勇，舍儉且廣，舍後且先，死矣。夫慈，以戰則勝，以守則固；天將救之，以慈衛之。

　　解　慈——《說文》心部：“慈，愛也。”
　　器長——二十六章云：“樸散則爲器，聖人用之，則爲官長。”“器”指官長，“器長”即官長之長，即百官之長，即君王。成玄英云：“位居九五，爲神器之尊”，成意近是，惟將器解爲神器，未確。
　　且——王弼云：“且猶取也。”

　　我有三件寶物，是要常常保持它們的。一是“慈”，二是“儉”，三是“不敢爲天下先”。“慈”是慈愛，能慈愛所以能勇敢；“儉”是節儉，能節儉所以能闊綽；“不敢爲天下先”是謙下，能謙下所以能成爲百官的首長。這是自然的規律，這就是從事物的一方面着手能達到它的對立面的道理。現今的人不懂這種道理，他們不慈愛而要勇敢，不節儉而要闊綽，不謙下而要往前跑，那都是自走死路。這三件寶物，慈愛尤其重要，因爲能慈愛纔能有勇敢，所以慈愛用在戰爭上可以取得勝利，用在防守上可以守得鞏固。就是天對於事物要加以救護，也要通過人的慈愛之心。

　　慈愛和勇敢，節儉和闊綽，謙下和領導（器長）是對立的，又是統一的，即都是相反相成的。有愛國的思想纔能勇敢保衛國家，有愛人民的思想，纔能勇敢爲人民服務。平時能節儉，臨時纔不會感到窮迫。能向群眾學習纔能領導群眾。所以《老子》說“慈，故能勇；儉，故能廣；不敢爲天下先，故能成器長。”反過來也可以說，真正的勇敢行爲是出於真摯的愛，在需要的時候不受窮迫的人一定是平時能夠節儉的，被群眾擁戴的人一定是對群眾謙下的。

　　此所謂“儉”和上文“治人事天莫若嗇”的“嗇”意義相同，都是指精神和物質兩方面言，不濫費財物是儉，不濫費精神也是儉。無論精神或物質，用時想要闊綽，平時就得儉嗇。

　　“天將救之，以慈衛之。”前人對此二句解釋皆難曉。我意二“之”字指一切事物言，特別是指國家、天下與人民言。這是說，一切事物都須人有慈愛之心纔能作好，即便是天要救護一個事物，如要救護一個國家，或一些人民，如果統治者對國家人民沒有慈愛之心也是不成功的。如孔孟叫當時諸侯存仁心行仁政就是此意。

　　《韓非子·解老》：“愛子者慈於子，重生者慈於身，貴功者慈於事。慈母之於弱子也，務致其福；務致其福，則事除其禍；事除其禍，則思慮熟；思慮熟，則得事理；得事理，則必成功；必成功，則其行之也不疑；不疑之謂勇。聖人之於萬事也，盡如慈母之

爲弱子慮也，故見必行之道；見必行之道，則其從事亦不疑；不疑
之謂勇。不疑生於慈，故曰：‘慈，故能勇。’周公曰：‘冬日之閉
凍也不固，則春夏之長草木也不茂。’天地不能常侈常費，而況於
人乎？故萬物必有盛衰，萬事必有弛張，國家必有文武，官治必有
賞罰。是以智士儉用其財則家富，聖人愛寶其神則精盛，人君重戰
其卒則民眾，民眾則國廣，是以舉之曰：‘儉，故能廣。’凡物之有
形者，易裁也，易割也。何以論之？有刑則有短長，有短長則有小
大，有小大則有方圓，有方圓則有堅脆，有堅脆則有輕重，有輕重
則有白黑。短長、小大、方圓、堅脆、輕重、白黑之謂理；理定而
物易割也。故議於大庭而後言則立也，權議之士知之矣。故欲成方
圓而隨其規矩，則萬事之功形矣。而萬物莫不有規矩，議言之士計
會規矩也。聖人盡隨於萬物之規矩，故曰‘不敢爲天下先。’不敢
爲天下先，則事無不事，功無不功，而議必蓋世。欲無處大官，其
可得乎？處大官之謂爲成事長，是以故曰：‘不敢爲天下先，故能
爲成事長。’慈於子者不敢絕衣食，慈於身者不敢離法度，慈於方
圓者不敢舍規矩。故臨兵而慈於士吏，則戰勝敵；慈於器械，則城
堅固。故曰：‘慈，於戰則勝，以守則固。’”《韓非子》此解大體不
錯，惟言“聖人盡隨於萬物之規矩，故曰：‘不敢爲天下先。’”恐
非《老子》本義。

　　王弼云：“夫慈以陳則勝，以守則固，故能勇也。節儉愛費，
天下不匱，故能廣也。唯後外其身，爲物所歸，然後乃能立成器爲
天下利，爲物之長也。”王說近是，惟解“不敢爲天下先，故能成
器長”，未確。

章句異同 "吾有三寶"，一作"我有三寶"。

"持而保之"，《韓非子·解老》作"持而寶之"，景龍碑本同，一本作"寶而持之"。勞健云："保、寶二字，古義近同，互通。"

"不敢爲天下先"，羅振玉云："敦煌辛本無'敢'字"。

"器長"，《韓非子·解老》作"事長"。

"死矣"，傅奕本作"是謂入死門"。

"以戰則勝"，《韓非子·解老》作"於戰則勝"，傅奕本作"以陳則正"。

"不敢爲天下先，故能成器長"句，俞樾云："韓非引'能'下有'爲'字，當從之。蓋'成器'二字連文。成器，大器也。大器以天下言，故曰'爲成器長'。"按：各本"能"下多無"爲"字，司馬光本有"爲"字，一本作"故能爲民成器長。"無"爲"字可通，此從王弼及各本。

六十四章

善爲士者不武，善戰者不怒，善勝敵者不與，善用人者爲之下。是謂不爭之德，是謂用人之力，是謂配天，古之極。

解 士——王弼云：“卒之帥也。”

與——王引之《經義述聞》謂“古者相當於敵時謂之與”，陶鴻慶謂“與即相爭”，高亨云“與猶鬥也”。按：“不與”即不交鋒的意思。

善於帶兵的人不顯露威武的神氣，善於打戰的人不輕易動怒，善於打敗敵人的人不參與戰爭，善於使用人的人能謙下對人。這就叫作不爭的德行，叫作用人的能力，叫作與天相配合，古人的情形也只能是這樣。

“善勝敵者不與”，即孫子所謂“不戰而勝敵人之兵，善之上者也。”司馬法曰：“上兵伐謀，其次伐交，其下伐兵，其下攻城”，也是此意。

“善用人者爲之下”，如歷史傳說，成湯三聘伊尹，文王親訪太公，劉備三顧諸葛亮是。

"善爲士者不武，善戰者不怒，善勝敵者不與，善用人者爲之下"，前三句都是所謂"不爭之德"，末句是所謂"用人之力"。

"用人之力"，王弼解爲"用人而不爲之下，則力不爲用也。"不對。所謂"力"是指用人者的能力言，不是指被用者的能力言。用人的能力就是"爲之下"。"不爭之德"、"用人之力"，對文。朱斯蒂改"用人之力"爲"用人之方"，不知何據，可參考。能有"不爭之德"與"用人之力"就是"配天"。

"是謂配天，古之極"，"天"指自然言。二十三章云："人法地，地法天，天法道，道法自然。"此所謂"配天"即人與道相合，也就是與自然相合的意思。古人常言"德配天地"即此意。古代的極好情形與古代極好的人也就是這樣，所以《老子》說"古之極"。各家對"是謂配天，古之極"句，多所校改。俞樾謂當作"是謂配天之極"。馬敘倫同俞，馬其昶謂當作"配天極"。按原文可通，不須改，茲從各本。惟各本多以"是謂配天古之極"連讀，不對，據河上本應讀爲"是謂配天，古之極。"

章句異同　"善爲士者"上，傅奕本有"古之"二字。

"善勝敵者"，一本無"敵"字。

"不與"，傅奕本與景龍碑本作"不爭"，畢沅云：河上本作"不與爭"。

俞樾云："此章每句有韻。前四句以'武'、'怒'、'與'、'下'爲韻，後三句以'德'、'力'、'極'爲韻，若以'是謂配天'爲句，則不韻矣。疑'古'字衍文也。'是謂配天之極'六字爲句，與上文‘是謂不爭之德，是謂用人之力’文法一律。其衍‘古’字者，古即天也。《周書・周祝篇》曰：‘天爲古。’《尚書・堯典》曰：‘若稽古帝堯。’鄭《注》：‘古，天也。’是‘古’與‘天’同義。此經‘配天之極，’他本或有作‘配古之極’者，後人傳寫誤合之耳。”此說又見《古書疑義舉例》五，《兩字義同而衍》條。按：三“是謂”平列，“德”、“力”、“極”爲韻，此正是自然音節，不必文字多少與文句長短相同，纔是文法一律。俞氏受八股文章影響深，將古人文字以八股文的對仗爲比，非是。

〔此段是否有用？〕【整理者按：此句旁批於“俞樾云”左側】

六十五章

用兵有言："吾不敢爲主而爲客，不敢進寸而退尺。"是謂行無行，攘無臂，執無兵，扔無敵。禍莫大於輕敵；輕敵幾喪吾寶。故抗兵相加，哀者勝矣。

解 主——指主動攻擊別人。

客——指被動應戰，被迫抵抗。

進寸——難進的意思。

退尺——易退的意思。

行無行——上"行"字爲行走的"行"，下"行"字爲行列的"行"。軍隊行進排成隊伍行列的，行進不排隊即不是行軍。

攘無臂——《說文》手部："攘，推也。"此所謂"攘"即"攘寇"、"攘夷狄"的"攘"，即推開打擊的意思。"攘無臂"即打退敵人而不用臂膊，即不費氣力而能卻敵的意思，也就是不主動打擊敵人的意思。

執無兵——"兵"即兵器，"執無兵"即手裏不執武器的意思。

扔無敵——《說文》手部："扔，捆也。""捆，就也。""扔無敵”即與敵人無接觸的意思。

寶——指“慈，儉，不敢爲天下先”三寶言。

抗兵相加——王弼云：“抗，舉也”，“抗兵相加”即舉兵相加的意思。

關於用兵的事情有兩句格言說：“吾不敢爲主而爲客，不敢進寸而退尺。”這意思就是，我不敢主動攻擊別人而是爲了別人的進攻要作防禦與抵抗；不敢隨便前進一寸，卻勇於後退一尺。這就可以說是：行進不排隊，打人不伸手臂，手裏不拿武器，身體不和敵人接觸。這是無爲不爭的精神在軍事上的表現。這樣的無爲不爭，不是對敵的輕視。在軍事上最大的禍害就是輕視敵人。輕視敵人就是對自己的人民不慈；輕視敵人，以致敵人猖狂，染成大戰，勞民傷財，就是不儉；輕視敵人，驕傲自大，就是不謙下，這就差不多把所謂慈、儉、謙的三寶要喪失盡了。三寶之中慈最重要，“慈，以戰則勝，以守則固”。有慈纔有悲，有悲纔有哀，有哀的人一定有反抗力，所以雙方舉兵相加，有悲哀的一方是一定能取得勝利。慈悲二字常連用，如說“慈悲爲懷”，“大慈大悲”。悲哀二字更是常常連用的。慈者一定悲，悲者一定哀。“慈以戰則勝”，所以“哀者勝矣”。“哀者勝矣”猶“慈者勝矣”。

此章主要意思是說無爲、不爭在軍事上的意義。無爲不爭不是別人打在自己頭上的時候，自己也不加以抵抗，不過是不主動進攻別人，不輕易進兵罷了。在必須的時候，還是應當進行自衛抵抗，打擊敵人。最後提出“哀者勝矣”，即特別強調三寶之一的慈在軍事上的意義與價值。

章句異同　“用兵有言”，傅奕本作“用兵者有言曰”，馬其昶、馬敘倫等人改爲“古之用兵者有言”。按：王弼本及各家作“用兵有言”，意思是說關於用兵的事有兩句話（格言）說，本可通，不須以意改。

“執無兵”，舊在“扔無敵”下，傅奕本上下互易，王弼注：“猶行無行，攘無臂，執無兵，扔無敵也。”似“執無兵”也在“扔無敵”上，近代各家多據改，茲從之。

“扔”，一作“仍”。

“禍莫大於輕敵；輕敵幾喪吾寶”，二“輕敵”一本均作“無敵”，“喪”作“亡”。

“相加”，傅奕本作“相若”，又下有“則”字。

“哀者勝矣”，羅振玉云：景龍、敦煌辛本均作“則哀者勝”；俞樾云：“哀疑爲‘襄’字之誤……襄者讓之假字。古襄讓通用。上文曰‘吾不敢爲主而爲客，不敢進寸而退尺’，即所謂讓也。故曰‘抗兵相加，則讓者勝矣。’”俞說可作參考。

以上六十三、六十四、六十五三章，河上、王弼分爲三章，吳澄、姚鼐合爲一章，魏源從吳姚，並云：“章首‘我有三寶’，章末‘幾喪吾寶’，首尾相應，詞旨顯然。”我意合一章總覺牽強，不如分爲三章較妥。一家有係統的學說。詞旨相互聯繫的文句總是有的，不必因此即作爲一章的根據。如書中關於“無爲”的文句，多能互相照應，豈可因此把它們都合爲一章嗎？

六十六章

　　吾言甚易知，甚易行；天下莫能知，莫能行。言有宗，事有君；夫唯無知，是以不我知。知我者希，則我者貴。是以聖人被褐懷玉。

　　解　［言有宗，事有君］王弼云："宗，萬物之宗也。君，萬物之主也。""宗"本義爲祖宗、宗主。《說文》宀部："宗，尊祖廟也。"《白虎通》："宗者何？宗有尊也，爲先祖主也，宗人之所尊也。"引伸爲人物歸德謂之宗，如《書·禹貢》言"江漢朝宗於海"，《史記·孔子世家》言"孔子以布衣傳十餘世，學者宗之。"今將一派學說、一篇文章或一段言論的中心思想名爲宗旨，也是由此引伸義而來。此所謂"言有宗"，即言任何一句言語或一段言論都是有宗旨的，即都是有中心思想的。"君"本義爲君長、君上。《說文》口部："君，尊也。"《白虎通》："君者群也，群下歸心也。""君"本爲人民的尊長，所以稱爲人君。此言"事有君"，"君"即今人所謂"原則"，即言事情都是有原則的。"事"與"言"對，"言"爲言語，"事"指行動。

被褐懷玉——"褐"，即粗布。"被褐懷玉"，即身上穿着粗布，懷裏藏着寶玉，言聖人外表與一般粗陋之人相同，思想卻是很高明的。所謂"大智若愚"、"大巧若拙"，與此意略同。

我的話很容易了解，也很容易實行；但是天下的人莫有能了解的，也沒有能實行的。言語是有宗旨的，事情是有原則的；因爲人們對我的宗旨與原則無知，所以不能了解我。了解我的人稀少，正是我之所以爲貴。所以聖人之爲人好像身穿粗布內懷寶玉一樣，人們只從表面上看是不會認識聖人的真價值的。

王弼注此章云："可不出戶，窺牖而知，故曰甚易知也。無爲而成，故曰甚易行也。惑於躁欲，故曰莫之能知也。迷於榮利，故曰莫之能行也。宗，萬物之宗也。君，萬物之主也。以其言有宗事有君之，故有知之人不得不知之也。惟深，故知之者希。知我者益希，我益無匹，故曰知我者希，則我者貴也。被褐者同其塵，懷玉者寶其真也。聖人之所以難知，以其同塵而不殊，懷玉而不渝，故難知而爲貴也。"

"知我者希，則我者貴"，嚴復云："二語對峙，非相從之子母句也。"按：嚴意此二語似應解爲："了解我的人是稀少的，效法我的人是寶貴的。"此解也可通。惟據三十八章"上士聞道，勤而行之。中士聞道，若存若亡。下士聞道，大笑之；不笑不足以爲道"，及六十二章"天下皆謂我道大，似不肖。夫唯大，故似不肖；若肖，久矣其細也夫"，似非《老子》本義。我解即取王意。高亨云："則讀爲賊，賊我者貴，謂害我者皆居上位。"不妥。

"言有宗，事有君"，一切言行都如此，老子之道當然也是如此。從《老子》五千言看，所謂“言之宗”與“事之君”，即“道常無爲而無不爲”。此外許多言語，不過反復說明此旨；而其他一切行爲，如無知、無欲、無言；致虛，守靜；不矜、不伐、不爭；慈、儉、謙等也都不過是本此原則而來。懂得了這個宗旨與原則，就能了解老子所說的一切話，也能把他的話在實踐上表現出來，否則對於他的話就既不能了解也不能實行。

章句異同　“天下莫能知，莫能行”，傅奕本作“人莫之能知，莫之能行”。

“事有君”，傅奕本作“事有主”。

“夫唯無知”，陶紹學據王注“故有知之人不得知之也”，疑王弼本“無知”作“有知”。馬敘倫、陳柱贊同陶說。按：王弼本及各本均作“夫唯無知”是。王注或有誤。“無知”指一般人對於“言有宗，事有君”的道理無知，對於老子的言之宗與事之君無知，因而對於老子不能了解。陳柱將“言有宗，事有君”二句移至章首，又將六十八章“是以聖人自知不自見，自愛不自貴；故去彼取此”三句，刪去“是以”二字，移至本章末“被褐懷玉”下，無據意改，不可從。

“是以不我知”，傅奕本、《淮南子·道應訓》“知”下均有“也”字。

“則我者貴”，傅奕本作“則我貴矣”，馬敘倫云：“范、彭、白、張嗣成、吳、羅卷、奈卷及孫盛《老子疑問反訊》、《治要》、《漢書·楊雄傳》顏《注》引同此。”羅振玉云：“景福本則作‘明’，敦煌庚壬二本作‘則我貴矣。’”按：“則我貴矣”是。王弼本“則我者貴”，“者”字疑涉上文衍。

六十七章

知不知上，不知知病。夫唯病病，是以不病。聖人不病，以其病病，是以不病。

解 人們對於道的認識，已經知道了還以爲是不知道，是頂好的；如果不知道而自以爲是知道，就是毛病。人能把毛病當作毛病看待，就可以不至發生毛病。聖人是不發生毛病的；就因爲他能把毛病當作毛病看待，所以不發生毛病。

此所謂"知"與"不知"，是指人們對於道的認識言，即"知常"、"知和"的"知"（五十一章），也就是"知者不言，言者不知"的"知"（五十二章）。"病"即過錯，"病病"即以病爲病，即把毛病當作毛病看待，即今語所謂正視自己的錯誤，正確對待錯誤的意思。十九章云："我愚人之心也哉！沌沌兮，俗人昭昭，我獨昏昏；俗人察察，我獨悶悶"，四十一章云："大直若屈，大巧若拙，大辯若訥"，都可以說是"知不知"的意思。

此章所言即聖人謙虛不自是的意思。文句雖繳繞，意義很簡單。焦竑等以佛理釋此章，太玄了，非本義。有人引用《莊子·知北遊》泰清與無始的問答寓言論證此章，也不確。泰清所謂“弗知，乃知乎，知乃不知乎”是莊子相對主義的詭辯，與此章所言無共同之處。

　　章句異同　“知不知上，不知知病”，傅奕本作“知不知尚矣，不知知病矣。”

　　“夫唯病病，是以不病。聖人不病，以其病病，是以不病”，此五句各本多歧異，諸家校改多不同。俞樾云：“上言‘夫唯病病，是以不病，’下又言‘以其病病，是以不病，’則文復矣。韓非作‘聖人之不病，以其不病，是以無病’，當從之。”按：王弼本末句“是以不病”疑涉上文衍。《太平御覽》作“聖人不病，以其病病；夫唯病病，是以不病。”可參考。

　　魏源將以上二章合爲一章，理由不充足，此從王弼及各家分爲二章。

六十八章

民不畏威，則大威至。無狎其所居，無厭其所生。夫唯不厭，是以不厭。是以聖人自知不自見，自愛不自貴；故去彼取此。

解 狎——《說文》犬部：“狎，犬可習也。”段注：“引伸爲凡相狎之稱。”此所謂“狎”，即輕視，欺侮的意思。《書·泰誓》“狎侮五常。”“狎”與“侮”義略同。《左傳·昭二十年》：“水懦弱民狎而玩之。”注，狎，輕也。

所居——指所居的地方。

厭——《說文》厂部：“厭，笮也。”竹部：“笮，迫也。”“厭”即古“壓”字。此所謂“厭”，即今語厭迫的意思。

所生——指人民。“生”猶“養”也。古人以爲人民都是由國君養活的，所以把國君統治下的人民名爲“所生”。

［夫唯不厭，是以不厭］高亨云：“上‘厭’字即上文‘無厭其所生’之厭，下‘厭’字乃六十三章[1]‘天下樂推而不厭’之

‘厭’。言夫唯君不厭迫其民，是以民不厭惡其君也。”高說是。

不自見——“見”讀爲“現”。

統治者對人民總是要表現威風的，人民對於統治者的威風總是怕的，這好像所謂“威風”是惟有統治者纔有，而人民是沒有的。但是人民對於統治的威風不是永遠怕的，到了人民不怕統治者的威風的時候，人民的大威風就來了。所以統治者，不要欺侮自己所居的地方，不要壓迫自己所養活的人民。統治者能夠不壓迫人民，人民也就不會厭棄統治者。所以聖人知道自己有威風，卻不表現出來；愛惜自己的地位而不自以爲貴重。去其“自見”與“自貴”，取其“自知”與“自愛”，即去其有威而取其無威。〔自己知道自己，卻不表現自己，自己愛惜自己，卻不貴重自己。〕

“民不畏威，則大威至。”各家對此二句解釋多歧異。王弼云：“清靜無爲謂之居，前後不盈謂之生。離其清靜，行其躁欲；棄其謙後，任其威權，則物擾而民僻，不能復制民；民不能堪其威，則上下大潰矣，天誅將至；故曰‘民不畏威，則大威至。’‘無狎其所居，無厭其所生’，言威力不可任也。”王說近是，不明確。焦竑云：“威畏古通用。人不畏其所當畏，則大可畏至矣。”此解與下文難聯繫，難通。高亨曰：“至者礙止之義，言民不畏危，則君之威權礙止而不能通行也。”按：上“威”字指統治者的威風言，下“威”字指人民群眾的威風言，即今語“示威”的“威”。人眾勢大，故言“大威”。此義本簡明易曉，不須迂曲解釋。

此章是根據對立轉化的道理說明威風凜凜的統治者可以轉化爲毫無威風的人，怕威風的人民可以轉化爲有大威風的人，因此要求統治者不要顯示威風，欺壓人民，以求階級矛盾的和緩。人們常說：“捨得一身剮，敢把皇帝拉下馬”，就是此所謂“民不畏威，則大威至。”歷史上的奴隸起義、農民起義、市民革命，今日的無產階級革命以及世界上被壓迫人民反抗帝國主義的運動，都是“民不畏威，則大威至”的生動事實。

章句異同　“則大威至”，傅奕本作“則大威至矣”，魏源本作“大威至矣”，羅振玉云景龍本無“則”字，敦煌庚本作“大畏至矣”，敦煌壬本、景福本均作“大威至矣”。

“無狎其所居”，“狎”，司馬光本作“安”，焦竑本作“狹”。

“夫惟不厭，是以不厭”，兩“不厭”，傅奕本作“無厭”；上“不厭”，吳澄本作“不狎”。

“自知”、“自愛”，傅奕本其下各有一“而”字。

六十九章

勇於敢則殺，勇於不敢則活。此兩者，或利或害；天之所惡，
孰知其故？是以聖人猶難之。天之道：不爭而善勝，不言而善應，
不召而自來，繟然而善謀。天網恢恢，疏而不失。

解　殺——猶"死"。《孟子·盡心下》"凶年不能殺"，即凶年
不能死的意思。

繟——《説文》糸部："繟，帶緩也。""繟然"即舒緩的樣子。

恢——《説文》心部："恢，大也。""恢恢"即廣大的樣子。

"慈，故能勇"（六十三章），勇是人的一種德性；但是勇也可
以一分爲二，分爲對立的兩方面。一方面是"勇於敢"，具體的表
現是爭名奪利，矜、伐、驕、強。另一方面是"勇於不敢"，具體
的表現是懲忿制慾，謙下退讓。"強梁者不得其死"（三十九章），
"堅强者死之徒，柔弱者生之徒"（七十二章），所以《老子》説勇
於敢就要死亡，勇於不敢就能生活。勇於不敢是有利的，勇於敢是

有害的。這是一般的原則，也是自然的規律。但是有時候勇於敢的人倒是有利，而勇於不敢的人反而有害。這好像是人的利害是由天的欲惡而來，天的欲惡是誰也不知道它的原故，因此聖人也感到了疑難。但是總的來說，天的道理是與物無爭而善於取得勝利，不言不語而善於〔以事實〕表現報應，對於事物不加號召而事物自然就來歸附，看似從容舒緩卻是善於籌謀計劃。天包括萬物，好像一個大網羅，它看似疏鬆的，卻不會失掉一個東西。

"天之所惡，孰知其故？""惡"兼"欲"言，即"天所欲惡，孰知其故"的意思。古代語法，常將對立的兩個概念，舉其一而省其一，意思卻是仍指二者而言，如只言臭而兼指香，只言祥而兼指殃是。"不爭而善勝"四句，主要是首句，即言天之道就是"勇於不敢"。

此章主要意思是根據"堅強者死之徒，柔弱者生之徒"的道理論勇之爲德。因爲開首"勇於敢則殺，勇於不敢則活"的大前提在事實上有問題，所以以下文句委婉曲折，邏輯的聯繫不緊密。勇於爭名奪利，矜、伐、驕、強是死路，勇於懲忿制欲、謙下退讓是活路，這是事實；但是勇於敢革命，勇於敢抗敵衛國，勇於敢生產，勇於敢學習，勇於敢克服困難，勇於敢改過，如何能說就要死亡？反過來說，勇於不敢革命（反革命），勇於不敢抗敵衛國，勇於不敢生產，勇於不敢學習，勇於不敢克服困難，勇於不敢改過，又如何能說就能生活？因爲"勇於敢則殺，勇於不敢則活"的這個大前提在很多的事實上說不通，即在很多的事實上，不是"勇於敢則殺，勇於不敢則活"，而正是其反，因此說這兩者或是利或是害，似乎是由天意決定的，人是莫明其妙的，就是聖人也是難以解答的。但是天總是有一定道理的，按"天之道：不爭而善勝，不言而善應，不召而自來，繟然而善謀"看來，"勇於敢則殺，勇於不敢則活"的道理，還是正確的。那些適得其反的事例，只可以說一時的，一部分的，"天網恢恢，疏而不失"，大自然的規律是任何人逃不掉的。

按：抽象概念一定要和具體事物結合，纔能顯出它的意義，纔有它的價值。如愛是一抽象概念，必須愛與事物結合，如愛人、愛物、愛國家、愛工作，纔能顯出它的意義；愛友人而不愛敵人，愛和平而不愛戰爭，纔能表現出愛的價值。假如空空洞洞地說愛，是無意義的；不加分別而一切都愛，對於侵略者、剝削者甚至如蚊子臭蟲也都加之以愛，愛就毫無價值了。勇之為德也是如此，勇的意義與價值要從勇與具體事物的結合上來看。如勇於為公利人是好的，勇於自私自利是不好的。勇於為公利人也許當下得不到什麼顯著的效果，甚或要受到一些犧牲，但從大處遠處看總是有利的；勇於自私自利也許能獲得目前的一些小利，但從大處遠處看總是有害的。所以此章開首二句應當是"勇於非正義則殺，勇於正義則活。"老子在時代的局限之下要維持他的理論係統是不能這樣想的，但是後人不應當再替老子不合邏輯的思想加以曲解維護。

章句異同 "此兩者"，羅振玉云：景龍、《御注》、景福三本均作"知此兩者"，敦煌庚、壬二本作"常知此兩者"。

"是以聖人猶難之"，羅振玉云：景龍、敦煌辛本均無此句，馬敘倫言此句是六十三章[1]的錯簡複出者。

　　“繟”，河上本作“墠”，梁武帝本作“坦”，傅奕本作“默”。
魏源云：“繟、墠、坦三字通用，‘默’與‘不言’複。”

　　“疏而不失”，河上本作“疏而勿失”，景龍碑“失”作“漏”。

七十章

民不畏死，奈何以死懼之？若使民常畏死，而爲奇者吾得執而殺之，孰敢？常有司殺者殺。夫代司殺者殺，是代大匠斲者，希有不傷其手矣。

解 奇——王弼注："詭異亂群之謂奇也。"按："奇"爲正之反面，"奇"即不正，即奇邪詭異之事，即今所謂壞事。"爲奇者"即今語作壞事的人。此所謂"爲奇者"是包括一切對統治階級不利的人言，是站在統治階級立場上的看法。

斲——《説文》斤部："斲，斫也。"

人民是不怕死的，爲什麼要拿死來嚇他們？假如人民常常怕死，把那些作壞事的人，我們拿來殺掉，誰還敢再作壞事？事實上是殺了一批又有一批繼續發生，這就説明殺的辦法是無效的。作壞事的人是應當殺的，不過不是任何人可以殺，而是有專負殺人之責的人纔可以殺。那些代替專負殺人之責的人而任意殺人，是叫作替"大匠"斫木頭，那些替"大匠"斫木頭的人，很少有不傷害了自己的手的。

此章是老子對當時濫用刑罰的統治者的警告。當時在階級矛盾尖銳的情況下，統治者爲了保持政權，常常濫用刑罰，鎮壓人民，老子爲了要和緩階級矛盾，覺着統治者的這種行爲，是不會得到好的效果，故作此警告。

關於"司殺者"，前人有不同的解說。王弼云："爲逆，順者之所惡忿也。不仁者，人之所疾也。故曰'常有司殺者殺。'"王弼的意思是說，詭異亂群，就是違背人民，擾亂社會。這樣的人一定是爲人民所共棄的。千人所指，無病而死，這就是"常有司殺者殺"。所謂"司殺者"即所謂"順者"，即一般人民大眾。蘇轍云："司殺者，天也。方世之治而有詭異亂群之人姿行於其間，則天之所棄也。天之所棄而吾殺之，則是天殺之，而非我也。"張爾歧云："司殺者，法也。聖人立法本乎天討，不可以私意輕重於其間，此爲當時廢法任情者警也。"蘇說"司殺者，天也"，即孟子所謂"爲天吏則可以伐之"，是神秘的思想，非老子本義。張說"司殺者，法也"，即孟子所謂"爲士師則可以殺之"，是法家的思想，也與老子本義不合。王說"司殺者"爲"順者"，爲"人"，近是而不明確。所謂"順者"與"人"，不能理解爲我們現在所說的"人民大眾"、"人民"或"群眾"，因爲老子在當時是不會認識到人民大眾的力量的。我意老子所謂"司殺者"即"道"，即自然的規律。道是永遠存在的，所以《老子》說"常有司殺者"。道怎樣殺"爲奇者"？所謂"强梁者不得其死"就是例子。五十三章云："故聖人云：我無爲而民自化，我好靜而民自正，我無事而民自富，我無欲而民自樸。"準此以推，得道的聖人是，我無殺而爲奇者自死，何須代大匠斲。聖人不代大匠斲，一般統治者更無資格代大匠斲。

章句異同　"民不畏死"，傅奕本作"民常不畏死"。

"奈何以死懼之？"，傅奕本作"如之何其以死懼之？"

"吾得執而殺之"，傅奕本無"執"字，一本"得"作"豈"。

"夫代司殺者"，焦竑本"夫"作"而"。

"是代大匠斲"，一本"是"下有"謂"字。

"常有司殺者殺。夫代司殺者殺"，一本無第二"殺"字，一本第二第四"殺"字均無。

"希有不傷其手矣"，一作"希不自傷其手矣"，一作"希不傷其手矣"。

"殺"字，景龍碑均作"煞"。"斲"字，景龍碑作"斫"，龍興碑作"斬"。查"煞"、"斫"、"斬"《說文》皆無，疑皆俗寫。

七十一章

民之飢，以其上食稅之多，是以飢。民之難治，以其上之有爲，是以難治。民之輕死，以其上求生之厚，是以輕死。夫唯無以生爲貴者，是賢於貴生。

解 人民遭受飢餓，是因爲統治者收稅太多的原故；收稅多，人民生産所得多被剝奪，所以不得不遭受飢餓。人民難以統治，是因爲統治者有作爲的原故；有作爲則政令繁多，政令繁多，則人民難以遵守，所以難治。人民不怕死，是因爲統治者太貪生了；統治者只求自己的生活好，不顧人民的生活，弄得人民走投無路，於是不惜生命，挺而走險，所以不把自己生命看重的人反而比重視生命的人好。

王弼云："此言民之所以僻，治之所以亂，皆由上不由下也，民從上也。"上文五十三章云："我無爲而民自化，我好靜而民自正，我無事而民自富，我無欲而民自樸。"此章所言即五十三章的反面意思。"民之飢，以其上食稅之多"，這是階級社會上的必然道理，歷史上的很多事實可以證明。"民之難治，以其上之有爲"，這就必須加以說明。在階級社會上，政治是一個階級對另一個階級的統治與壓迫，在無產階級革命以前，都是剝削階級對勞動人民的統治與壓迫，是少數人對多數人的統治與壓迫，統治者有爲，政令必然繁多。所謂政令，不外是對人民剝削、壓迫與欺騙的事情，所以政令愈繁，人民動輒得咎，不堪其擾，反抗的事情就愈多，於是顯得人民就不好統治了。秦皇漢武可說大有爲之君，而在他們所統治之下產生的階級矛盾就甚形激烈。歷代王朝在開國之初，經過激烈的農民戰爭，統治階級受到農民起義的教訓，對農民的壓榨剝削暫時稍微緩和，在休養生息之後，得能出現一個階級矛盾比較緩和的所謂昇平時代。那不是由於統治者的有爲，而正是由於農民戰爭的有爲。所以《老子》所説“民之難治，以其上之有爲”是在階級社會上的情形。但是政權屬於人民的時候就不是這樣了。人民掌握政權以後，國家政治由廣大人民的意志來決定，它的目的是爲廣大人民興利除弊，那就政治上愈有爲，對於人民愈有利，絕對不會因爲政治上的有爲，人民和政府的矛盾愈加多。同樣，關於重生輕死的問題也是如此。在階級社會上，統治者爲了長享富貴，千方百計，想要長生不死，而人民則“樂歲終身苦，凶年不免於死亡”，所謂“庖有肥肉，廄有肥馬；民有飢色，野有餓莩。”正因爲統治者求生之厚，纔造成人民的謀生之難。人民生活艱難，老弱轉乎溝壑，壯者乃挺而走險，就要和統治者拼命了。假如社會階級已經消滅，人們都在幸福中生活，保健工作成爲社會的公共事業，絕不會再有少數人厚生、多數人輕死的事情。

　　“夫唯無以生爲貴者，是賢於貴生。”各家對此句解釋多歧義。主要的分歧是，此句係指統治者言，還是指人民言？蘇轍云：“貴生之極，必至於輕死，惟無以生爲，而生自全矣。"王道純甫云：
"'無以生爲者，是賢於貴生'即'吾善無身，吾有何患'之意。"
蘇、王解釋都是指人民言。張爾岐云："夫惟無生爲者，在上則不
多取多事以病其下，在下則不敢扞網爲姦以累其上，是賢於貴生
矣。"魏源云："我自厚其生，則人亦各欲自厚其生；人各欲厚其生
而不得，夫安得不輕死乎？則是民之輕棄其生，由於生生之厚；而
民之厚生，由於上之自厚其生，有以誘之而又奪之也，則無以生爲
者，其賢於貴生可知矣。"高亨云："君貴生則厚養，厚養則苛斂，
苛斂則民苦，民苦則輕死，故君不貴生，賢於貴生也。"張、魏、
高解釋都是就統治者言。按："夫唯無以生爲貴者，是賢於貴生"
是承上文"民之輕死，以其上求生之厚，是以輕死"而來。"以其
上求生之厚"，王弼本無"上"字，傅奕本有"上"字。上文如有
"上"字，則下文是指統治者言；上文如無上字，則下文是指人民
言。王弼本雖無"上"字，但是他的注說："民之所以僻，民之所
以亂，皆由上不由其下也，民從上也。"似本有"上"字而脫，此
從傅奕本，解與張、魏、高略同。王弼本，"爲"下無"貴"字，
各家多從之。

　　章句異同　"飢"，王弼本作"饑"，畢沅云："'飢'河上公、
王弼諸本皆作'饑'。按：古饑饉字作'饑'，飢餓字作'飢'。此
應作'飢'。"羅振玉云："'饑'諸本均作'飢'。畢、羅說是。"景
龍碑作"飢"。

　　"民之飢"、"民之難治"、"民之輕死"下，傅奕本均有"者"字。

　　"以其上食稅之多"、"以其上之有爲"、"以其上求生之厚"下，

傅奕本均有"也"字。

　　"以其上求生之厚"句，王弼本無"上"字，此從傅奕而刪"也"字。

　　"夫唯"，一本無"夫"字。

　　"無以生爲貴者"，王弼本"爲"下無"貴"字，傅奕本有，此從傅奕本。

　　"是賢於貴生"，《淮南子》"生"下有"焉"，傅奕本"生"下有"也"。

　　以上四章（六十八、六十九、七十、七十一四章）都反映了當時社會階級矛盾的激烈。老子對於當時統治者的殘暴行爲雖然作了嚴厲的譴責，但是他的立場仍是統治者的立場，他的目的只是希望統治者能學聖人，以道治民，和緩階級矛盾，以求獲得對立統一，並沒有要人民起來推翻統治者的革命思想。

　　吳澄將六十九章和七十章並爲一章，魏源從之。我意不必，兹從王弼本。

七十二章

人之生也柔弱，其死也堅強；萬物草木之生也柔脆，其死也枯槁。故堅強者死之徒，柔弱者生之徒。是以兵強則不勝，木強則兵。強大處下，柔弱處上。

解　徒——《玉篇》：“徒，衆也。”《廣韻》：“徒，黨也。”

兵——《說文》廾部：“兵，械也。”“兵”本爲兵器，後來人把執兵器作戰的人名爲“兵”，又把對敵進行的打擊也名爲“兵”。《左傳·定十年》：“公會齊景公於夾谷，齊犂彌使萊人以兵刼公。孔子以公退曰：‘士兵之。’”注：“命士官擊萊人也。”此所謂“兵”，王弼注云：“物所加也。”按：即斧斤斫伐的意思。

人在活的時候，身體是柔軟的，死了的時候就堅硬了。其他東西如草木之類也是這樣，活的時候是柔軟的，死了以後就變得枯槁了。所以堅強的東西是死的東西，柔弱的東西是活的東西。因此，軍隊強了就不能打勝仗，木材硬了就要受斧斤斫伐。強大的東西是處在下面的，柔弱的東西是處在上面的。

“兵强則不勝”，王弼注云：“强兵以暴（行）於天下者，物之所惡也，故必不得勝。”按此指最後勝負言。自古以來兵强的國家，多好窮兵黷武，起初雖能戰勝攻取，最後無不一敗塗地。如我國古代的秦，歐洲古代的羅馬帝國，以及近代兩次世界大戰中的德國都是如此。

此章是從事實上用對比的方法論證柔弱和堅强的優劣。論證的方法是先用歸納法從人和草木萬物的生死與柔弱及堅强的關係上得出結論：“堅强者死之徒，柔弱者生之徒。”再把這個結論用演繹法推及兵和木作證明。這都是用生物的例子作論證。最後更推廣到一切事物（包括生物與非生物），概括說：“强大處下，柔弱處上。”邏輯的形式是頗完整的，但是有些判斷並沒有充足理由。如“萬物草木之生也柔脆，其死也枯槁。”草木之柔脆與枯槁，主要的原因是水分的關係，有水分則柔脆，無水分則枯槁，所以把已經死了的草木，在水中浸到相當時候就可變爲柔脆。又如：“强大處下，柔弱處上”的判斷也有問題。王弼云：“强大處下，木之本也，柔弱處上，枝條是也。”吳澄云：“木强者近根之幹，是不若枝條之處上也。”王弼、吳澄都以樹幹在下，樹枝在上解釋“强大處下，柔弱處上”，不確。若以樹根和樹幹來說，是樹根柔弱處下，樹幹堅强處上。又如拿木與水來說，木是比較堅强的，水是比較柔弱的，但是木頭總是浮在水上，這又如何能說“强大處下，柔弱處上”呢？況且五十七章“牝常以靜勝牡，以靜爲下。”老子所謂“牝”即含有柔弱的意思，“以靜爲下”即柔弱處下的意思，前言“以靜爲下”，此言“柔弱處上”豈非自相矛盾？《老子》書中的譬喻，有些只是美詞而不是真理。

章句異同　“萬物草木之生也柔脆”，傅奕本無“萬物”二字，蔣錫昌云：“‘萬物’二字當爲衍文，蓋柔脆與枯槁均指草木而言也。”“柔脆”，蘇轍、葉夢得本並作“柔弱”。

“死之徒”、“生之徒”，傅奕本兩“徒”字下並有“也”字。

“兵强則不勝，木强則兵”，傅奕本“兵强”下有“者”字，河上本“木强則兵”作“兵强則共”，《淮南子・原道訓》、《列子・黃帝篇》並引作“兵强則滅，木强則折”。

“强大處下”，傅奕本作“堅强故處下”。

七十三章

天之道，其猶張弓與！高者抑之，下者舉之；有餘者損之，不足者補之。天之道，損有餘而補不足；人之道則不然，損不足以奉有餘。孰能有餘以奉天下？唯有道者。是以聖人爲而不恃，功成而不處；其不欲見賢。

解 張弓——《說文》弓部："張，敦弓弦也。"段注："敦，敷也。張弛謂弓施弦解弦。"此處"張"爲形容詞，"張弓"即施弦的弓。施弦的弓，弦很平直，有彈性，無論拉滿或放開，它都要恢復爲平直的原狀。

天的道理就像是施上了弦的弓。施上弦的弓有彈性，永遠保持弦的平直。天的道理是，對於高的東西把它抑下來，對於低下的東西把它舉起來，對有餘的東西把它損去一些，對不足的東西把它添補一些。天是損去有餘而添補不足的，人卻不是這樣，是損去不足，而給有餘的。誰人能把有餘的東西奉送給天下人呢？只是有道的人纔能。聖人是有道的人，所以他做了事情而不自恃才能，功成了而不以爲自己有功；他是不願意表現自己的。

　　關於"張弓"的意義，各家解說多歧異。蘇轍云："張弓上筋，弛弓上角，以況天之抑舉下。"魏源云："老子云：'將欲歙之，必固張之。'則張者剛强之意也。天之道，惡盈而好謙，猶弓之張者不久則廢弛，弛者有時而張。"蘇魏二氏皆以弓之張弛義釋"張弓"，原文只言"張弓"，並未言"馳弓"，似與本義不合。高亨云"《說文》曰：'張，施弓弦也。'蓋施弦於弓時，弦之位高則抑之，故曰'高者抑之'。弦之位下則舉之，故曰'下者舉之'。弦之長有餘則損之，故曰'有餘者則損之'。弦之長不足則補之，故曰'不足者補之'。"高將"高者抑之"四句都解爲張弓之事，也不合。因爲"高者抑之，下者舉之；有餘者損之"，還可說，"不足者補之"則難通。弓弦絕沒有補接而成的。我意"高者抑之"四句主要是指天道言，對於"張弓"略有雙關而不是全指"張弓"言。下文"天之道，損有餘而補不足"，是特別把"有餘者損之，不足者補之"的意思加以强調而作爲"天之道"與"人之道"的對比。所謂"天之道，其猶張弓"，即言天之道好像張起弦的弓，弓弦有彈性而能永遠保持平直的樣子。"張"爲形容詞，不是動詞。"張弓"即張起了弦的弓，不是施弦的意思。

　　此章主要意思，仍是要人"去甚，去奢，去泰"。

　　章句異同　"其猶張弓與"，一本"與"作"乎"，傅奕本作"者歟"，羅振玉說：景龍本、敦煌辛未本均無"與"字。

　　"不足者補之"，一本"補"作"與"。

　　"孰能有餘以奉天下？唯有道者"，傅奕本作"孰能損有餘而奉不足於天下者，其惟有道者乎！”

“爲而不恃”二句，馬敍倫云：“當在（王弼本——引者注）五十一章[1]。（王弼本）八十一章[2]‘聖人不積’以下三十三字，當在此章‘是以’下，‘其不欲見賢’上，但因錯簡衍‘聖人’二字。”馬以意校改，欠妥。

“其不欲見賢”，一本“賢”下有“邪”字。

楊柳橋譯此章首數語云：“天之道，大概就像拉弓一樣啊，高了就往下按一下，低了就向上升一下，過滿了就減損一些，不夠滿就補足一些。”頗足參考。

1　本書編爲第四十七章。——編者注
2　本書編爲第七十七章。——編者注

七十四章

天下莫柔弱於水，而攻堅強者莫之能勝。其無以易之，弱之勝強，柔之勝剛，天下莫不知，莫能行。是以聖人云：受國之垢，是謂社稷主；受國不祥，是爲天下王。正言若反。

解　天下沒有比水柔弱的東西了，但是能攻破堅強的東西，它總是勝不過水的。不要把柔弱看成是容易的事情，弱勝強，柔勝剛，這種道理是天下的人沒有不知道的，但是沒有人能實行。因此，聖人說：能承受全國的垢污，就可說是社稷的主；能承受全國的不祥，就可說是天下王。這話是正確的，而在一般人看來卻好像正是相反的。

“天下莫柔弱於水，而攻堅強者莫之能勝”，如所謂“抽刀斷水水更流”的事實是。

“受國之垢，是謂社稷主；受國不祥，是謂天下王”，即忍辱負重的意思。

此章主要意思是要人能忍辱負重。

章句異同　"天下莫柔弱於水"，河上本作"天下柔弱莫過於水。"

"莫之能勝"，"勝"字傅奕本作"先"，羅振玉云："景龍本、敦煌辛本'勝'均作'先'。"

"其無以易之"，傅奕本作"以其無以易之也"。

"弱之勝强，柔之勝剛"，一本"柔"上有"故"字，中無兩"之"字。

"莫不知，莫能行"，傅奕本作"莫不知而莫之能行"。

"是以聖人云"，河上本作"故聖人云"，傅奕本作"故聖人之言云"，羅振玉說："敦煌辛本無'云'字，《御注》本'云'作'言'。景龍本作'故聖人云'，景福本、敦煌庚本作'故聖人言云'。"

"是爲天下王"，河上本"爲"作"謂"。按："爲"、"謂"古通。

"正言若反"，李榮本無此句，高亨謂"乃後人注'受國'二句之辭，當刪去。"可參考。

七十五章

和大怨，必有餘怨，安可以爲善？是以聖人執左契而不責於人。有德司契，無德司徹。天道無親，常與善人。

解 左契——《說文》大部：“契，大約也，券契也。”“左契”即左券。《史記·田敬仲世家》：“常執左券，以責秦韓。”古代與人訂立財物契約，分爲兩方，左方由債權人（貸方）執，右方由債務人（借方）執，以爲信符。“左契”猶今言“存根”。

徹——《孟子·滕文公上》：“周人百畝而徹。”趙注：“徹取十畝以爲賦。”“徹猶人徹去物也。”“徹”有剝取義。《詩·豳風·鴟鴞篇》：“徹彼桑土。”《毛傳》：“徹，剝也。”《廣雅·釋詁》：“徹，稅也。”此所謂“徹”，即收稅的意思。

司契、司徹——“司契”即管理借貸契約之事。“司徹”即管理征收賦稅之事。彼此借貸可以通融、展緩，征收賦稅常用强迫手段。古代人對於稅吏常加賤視，老子也有“民之飢以其上食稅之多”的話，故云“無德司徹”。

與——助。《呂氏春秋·樂成篇》：“孰殺子產，吾其與之。”高

注：“與，助也。”此處“與”即照顧的意思。

　　人和人最好是永無怨恨，如果有了大的怨恨，如國與國之間的怨恨，人民與統治者之間的怨恨，就是和解了，一定不能根除而是還有餘怨的。有餘怨就隨時有發作的可能，怎能搞得好呢？因此，聖人雖然手裏執得債權人的契約也不向對方討帳；因爲如果討取，對方付不出，就不免要生怨。所以有德行的纔能給人管帳，沒有德行的人只能給官府管賦税，因爲給人管帳，不必常常向人討債，給官府管賦税是要常常向人民勒索。這樣，不願意和人結怨的好人不是常常要吃虧嗎？不然，天道是沒有什麽親近的人和不親近的人，對於好人總是常常要照顧的。

　　此章主要意思是要人與人之間，國與國之間，統治者與人民之間永遠不要有什麽矛盾，即永遠能求得對立的統一。要能如此惟有讓與不爭，“執左契而不責於人”即讓與不爭。讓與不爭是不會吃虧的，所以《老子》說“天道無親，常與善人。”

　　關於“有德司契，無德司徹”兩句各家校解多歧異。王弼《注》云：“有德之人，念思其契，不令怨生而後責於人也。徹，司人之過也。”此意難曉。蘇轍訓“徹”爲“通”。解“無德司徹”云：“彼無德者，乃欲人人而通之，則亦勞而無功矣。”“欲人人而通之”義難通。俞樾云：“徹與轍通。……‘有德司契，無德司徹，’言有德之君，但執左契，合符信而已；無德之君，則皇皇司察其轍蹟也。”所謂“轍蹟”，不知何指，是契約的轍蹟，還是言行的轍蹟。要證明契約是否符合，當然不能不察其轍蹟，對人的言行察其轍蹟，也不能說是無德。俞說不確。高亨云：“‘徹’疑當作‘殺’，有德之君仁而多施，故曰司契。無德之君暴而多刑，故曰司殺。"校"徹"爲"殺"，無據，此所謂"無德"不一定是專以殺人爲事。高說難通。

章句異同 "和大怨，必有餘怨"，傅奕本"大怨"下有"者"字，一本作"和大怨，有餘怨"。

"有德司契"，"有德"上傅奕本有"故"字。馬敘倫云：（王弼本）六十三章[1]"報怨以德"句，當在本章之首。高亨云："依馬氏校，移'報怨以德'，句於'安可以爲善'句上。釋云：安猶愛也，乃也。言和大怨，必有餘怨。若報怨以德，，則宿怨盡釋，乃可以爲處怨之善道也。'"可供參考。

1　本書編爲第五十九章。——編者注

七十六章

小國寡民，使有什伯之器而不用，使民重死而不遠徙。雖有舟輿，無所乘之；雖有甲兵，無所陳之；使人復結繩而用之。甘其食，美其服，安其居，樂其俗。鄰國相望，雞犬之聲相聞，民至老死不相往來。

解 什伯之器——質量好功效大的器具，即比一般器具好過十倍百倍的的器具。

陳——同"陣"。

這是老子的理想世界：小小的國家，少數的人民，使人民有十倍百倍精巧的器械而不用，使人民把生命看得很重而不願意往遠處遷徙。雖有舟車等交通工具，沒有地方要乘它；雖有甲兵武器，沒有戰陣上用它。使得人民結繩記事再像古代的情形。人民都吃得好，穿得美，安於他所居住的地方，樂於本地的生活風俗。鄰國很接近，彼此可以互相看見，雞鳴狗吠的聲音彼此都可以互相聽着，但彼此的人民卻自生下來直至老死（一輩子）不相往來。

關於"什伯之器"前人解釋多歧異。王弼注云："言使民雖有什伯之器而無所用，何患不足也。"王弼解"什伯"爲眾多的意思，故云："何患不足也。"按：器具的多少在此處不能說明任何意義，試問器具多而無用，這表示什麼意義？是說人多懶惰不勞動嗎？這對於上下文義有什麼聯繫？蘇轍解"器"爲材，即才能。云："民各安其分，則小有材者不求用於世。什伯人之器，則材堪什伯夫之長也。"蘇解更與全章意思不聯貫。吳澄云："十人爲什，百人爲伯。什伯之器，重大之器，眾所共也。不用者，不營爲，不貪求，重大之器，無所用也。"焦竑云："《漢書》：'謂天下吏舍無得置什器。'顏師古《注》云：'五人爲伍，十人爲什，則共器物。'故通謂什伍之具爲什物。不用者無往來，免儲偫，省徭役也。"吳焦二氏說大體相同，皆言"什伯之器"爲眾所共用之器。此解對於全章文義也覺不合。俞樾解"什伯之器"爲兵器，與下文"雖有甲兵，無所陳之"，重復，非是。嚴復云："漢陰丈人不取桔橰，則有什伯之器而不用者也。"嚴說頗有理，惟"什伯"之字未說明。按："什伯"是十倍百倍的意思，是指器具的質量和效用言，如桔橰即功效什伯之器。這樣解釋纔與老子的復古思想相合。下文"雖有舟輿，無所乘之"，是承上文"使民重死而不遠徙"言。下文"雖有甲兵，無所陳之"，是承上文"使有什伯之器而不用"言。舟輿是遠徙的重要工具，甲兵是什伯之器中的重要器具。上文籠統概括言，下文舉其重要代表者言。

此章是老子對於他的理想世界的描寫。這是一種空想，是復古的思想。這樣的社會有點像氏族社會的原始公社，也不完全像。老子以爲最高的道是無，人們體現道的表現是無爲、無事、無欲、無知。這種小國寡民的社會，就是從無爲、無事、無欲、無知的思想的基礎上演繹出來的。在以前各章，老子曾說："聖人之治，虛其心，實其腹；弱其志，强其骨；常使民無知無欲"。（三章）"絕仁棄義，民復孝慈；絕聖棄知，民利百倍；絕巧棄利，盗賊無有。"（十八章）"其政悶悶，其民淳淳"。（五十三章）"古之善爲道者，非以明民，將以愚之。民之難治，以其智多。故以智治國，國之賊；不以智治國，國之福。"（六十一章）"民之飢，以其上食税之多，是以飢。民之難治，以其上之有爲，是以難治。民之輕死，以其上求生之厚，是以輕死。"（七十一章）這些話就都可說是這一章的前提。老子這種空想的復古思想，是當時没落的奴隸主階級的思想的反映。當時的社會正是奴隸社會向封建社會急劇變化的過程中，奴隸主階級的利益將被封建領主取而代之，奴隸主眼看大勢已去而又無可奈何，對於社會的向前發展，感到極大的厭惡，覺得事事今不如古，乃幻想出這樣小國寡民的一種社會。這樣的社會是没有階級，没有戰爭的，但是人民的文化是很低的，人民和自然鬥爭的能力是很弱的，生産力是很不發達的，如何能甘其食，美其服？從社會發展史來看，這樣的社會是不能實現的，也不需要實現的。

章句異同　"使有什伯之器而不用"，河上作"使有什伯人之器而不用"，傅奕本作"使民有什伯之器而不用也"。

"使民重死而不遠徙"，葉夢得本無此句。

"使人復結繩而用之"，傅奕本"人"作"民"，《史記》、傅奕本此句下有"至治之極，民各"六字。

"安其居，樂其俗"，傅奕本作"安其俗，樂其業。"

"雞犬之聲"，傅奕本"聲"作"音"。

"民至老死不相往來"，傅奕本"民"上有"使"字，"相"下有"與"字。魏源云："諸'民'字或避唐諱改爲'人'。"

七十七章

　　信言不美，美言不信。善者不辯，辯者不善。知者不博，博者不知。聖人不積；既以爲人，己愈有；既以與人，己愈多。天之道，利而不害；聖人之道，爲而不爭。

　　解　［既以爲人，己愈有；既以與人，己愈多］兩"既"字皆"盡"的意思，即全部的意思。"既以爲人"，即完全爲人的意思；"既以與人"，即全部給人的意思。這兩句意思就是，我爲人，人也就爲我；我給人，人也就給我。我爲人人，人人爲我；我給人人，人人給我。人人爲我，我就愈有；人人給我，我就愈多。

　　真實的話不是華美的，華美的話不是真實的。好人是不和人辯論的，和人辯論的人不是好人。有知識的人不是見聞廣博的人，見聞廣博的人不是有知識的人。聖人不積聚財物；全心全意爲人工作，自己不會受到損失，而是愈有收穫；把自己所有的東西完全給了人，自己不是一無所有，而是愈見增多了。天之道是對物有利而無害，聖人之道是對人工作而不爭。

　　此章首六句，事實上甚有問題。所謂"信言"和"美言"不是完全對立的。真實的語言不一定是優美的詞句，優美的詞句也不一定是真實語言；但不是所有真實的語言都不是優美的語句，所有優美的詞句都不是真實的語言。語言的真實是關於邏輯的事，詞句的優美是關於修辭的事。自古以來有些膾炙人口、人人傳誦的詩詞文章正都是既真實又優美的，如何能說"信言不美，美言不信"呢？信與美是既對立又統一的，老子此言只强調二者的對立性而忽略二者的統一性，本來應當用特稱命題而用了全稱命題，是不合邏輯的。"辯者不善，善者不辯"兩句話也有問題。如把"辯"作爲"詭辯"解，這話是對的。但是"辯"不應當是專指詭辯言，普通的辯論，甚至一般的言論都可說是"辯"。好人不一定是和人辯論的，和人辯論的人不一定是好人，這樣的特稱判斷是對的；但是若用全稱判斷說，凡好人都是不和人辯論的，凡辯論的人都是不好人，就成爲謬論了。事實上駁斥謬論、維護真理的人都是辯者，也是善者。"知者不博，博者不知"的話也是有問題的。我們知道，正確的知識都是由豐富的感性材料上升爲理性認識的。古人所謂"由博反約"就是這個道理。只博而不約，即只有一堆感性材料而沒有經過理性的思維，認識到事物的條理系統，固然不能算是知；但是要想不博而約，即沒有感性材料作根據而要憑空思冥想認識到事物的條理系統，也是不可能的。在今日說來，所謂博不是要一個人把所有的各種科學知識都知道，而是說在他的專業範圍之內要由博反約的。因此，關於博與知的關係，應當是博者不一定能知，知者卻一定是博。或言老子這話是根據上文"爲學日益，爲道日損"（四十四章）而來。我意不然。"爲道日損"是要"損之又損，以至於無爲”，根本不是要有所知，而是要無所知。

《老子》書中常常將本應用特稱命題表達的道理，而用全稱命題來表達，這是邏輯上以偏概全的謬誤。此章所言是其顯例。

章句異同　“信言不美，美言不信”，俞樾云：“當作‘信者不美，美者不信’，與下文一律。”按：如爲“信者不美，美者不信”，則是指人或所有事物言。無論指人言或指事物言，“信者不美，美者不信”，難通。俞氏受八股文影響太深，所以校古書多重上下文一律。

“善者不辯，辯者不善”，傅奕本作“善者不辯，辯言不善”。

“不積”，一本作“無積”。

“天之道”，一本無“之”字。

“聖人不積”以下五句話與開首六句話毫無聯繫。姚鼐將首六句分爲一章，“聖人不積”以下五句爲一章，“天之道”以下又爲一章。馬敘倫、陳柱皆以意校改。（參閱七十三章章句異同）也欠妥。我意此章可分爲二章，自“聖人不積”以下當另爲一章。

老子音韻 [1]

【整理者按：抄錄劄記，分章依據的是王弼本，計八十一章，不同于作者的《老子今解》七十七章。】

關於老子音韻參考書

江有誥：老子韻讀　唐韻四聲正（江氏音學十書，中國書店影印本）

姚文田：古音諧（清道光乙巳刊本）

鄧廷楨：雙硯齋筆記卷三（清光緒二十二年刊本）

李賡芸：炳燭編卷三（古今圖書館據清同治刊本影印）

劉師培：老子韻表（丙午國粹學報　又左盦外集卷七　劉申叔遺書本第四十七冊）

奚侗：【老子集解（一九二五年序刊本）】【整理者校補】

陳柱：【老子集訓（一九二八年商務印書館本）】【整理者校補】

顧炎武：唐韻正（顧氏音學五書本）

1　原稿作於 1966 年 4 月 7 日至 6 月 10 日間，中病一月。此稿是抄錄劄記。——編者注

江永：古韻標準（貸園叢書初集，冊九—十）

孔廣森：詩聲類、詩聲分例（渭南嚴氏據顨軒孔氏本校刊）

吳棫：韻補（浙江書局本，連筠簃叢書校本）

楊億：古音略例（叢書集成初編本）

陳第：毛詩古音考（學津討源本）

陳第：屈宋古音義（學津討源本）

方日昇：韻會小補（李維楨校明刻本）

嚴可均：說文聲類（續清經解本）

王念孫：古韻譜（高郵王氏遺書冊三）

高本漢：老子韻考（Karlgren:The poetical parts in Lao-Tsi 1932-3）

魏建功：古音系研究

張畊：古韻發明凡例

馬敘倫：毛詩正韻後序（朱謙之屢引此書）

一般音韻書

古今韻考	李因篤	音韻學叢書第 28 冊
古韻標準	江永編	戴震參定　同上第 29 冊
古今通韻	毛奇齡	
古韻通	蔡紹炳	

一章　道可道章

江有誥韻讀：道、道韻（幽部）。名、名韻（耕部）。始、母韻（之部，母滿以反）。妙、徼韻（宵部、徼去聲）。玄、門韻（文真通韻，玄胡均反）（玄，真部。門，文部）

姚文田：玄、玄、門韻。

二章　天下皆知美之爲美章

江氏韻讀：生、成、形、傾韻（耕部）。和、隨韻（歌部，隨，徐禾反）。事、教、辭、有、恃韻（之宵合韻。教叶音記，辭去聲，有音以）。居、居、去韻（魚部，去平聲）。

陳柱：己、已爲韻

三章　不尚賢章

江氏韻讀：無韻。高本漢以腹、骨、欲爲韻。陳柱同。陳以爲治爲韻，云：“歌之音變也。”朱謙之以賢、爭爲韻，云：“王念孫《古韻譜》賢、堅同入真部，爭（音真）入耕部，此爲真耕通韻之證。”

四章　道沖章

江氏韻讀：紛、塵、存、先韻（文部，先，思殷反）。姚文田、鄧廷楨同。奚侗、陳柱、高本漢、朱謙之以盅、盈、宗爲韻。姚鼐云：“道沖爲句，與宗爲韻。”魏建功云：“盈、宗、紛、塵、存、先六句相叶，是共同讀爲 li 的鼻韻。”

五章　天地不仁章

江氏韻讀：屈、出韻（脂部）。窮、中韻（中部）。諸家並同。朱謙之言中、窮各上一字數、守亦相爲韻，本馬敘倫《毛詩正韻後序》說。

六章　谷神不死章

江氏韻讀：死、牝韻（脂部，牝音匕）。門、根、存、勤韻（文部）。姚文田同。

朱謙之云："王念孫《古韻譜》引《大戴禮·易本命篇》'高者爲生'四句，亦死、牝爲韻。"

薛蕙云："《老子》書大抵用韻，故其遣辭多變文以叶韻，非取義於一字之間也。如此章曰：'是謂玄牝'，則讀牝爲否，以叶上句。曰'玄牝之門'，則特衍其辭，與下句相叶。或者乃隨語生解後，指一處爲玄牝之門，殊失之矣。"

魏建功云："死、牝、門、根、存、勤六句相叶。《經典釋文》：'牝，頻忍反，舊音扶死反，簡文扶緊反。'是舊音與死相叶，而後改音與門、根諸字叶。其初當全相叶可知。"（《古音系研究》294）

七章　天長地久章

江氏韻讀：無韻。姚文田：先、存韻。奚侗同。陳柱：生、生韻。先、存私韻。私字音變與先均，猶西施又作先施。

按：此章，久、久、久韻。先、存韻。私、私韻。

八章　上善若水章

江氏韻讀：淵、信韻（真部，淵，一均反，信，平聲）。治、能、尤韻（之部，能，奴其反。尤音怡）。姚文田：淵、仁、信韻。治、能、時、尤韻。鄧廷楨同。鄧云：能，古音在之咍部，尤古讀若怡。

九章 持而盈之章

江氏韻讀：己、保、守、咎、道韻（之幽通韻，己叶音西，保音探）。姚文田同。鄧廷楨：保、守、咎、道韻。

十章 載營魄抱一章

江氏韻讀：離、兒、疵、爲、雌（江本誤作疵）、知韻（歌支通韻，離叶音黎，爲叶音惟）。有、恃、宰韻（之部，宰音梓）。姚文田、鄧廷楨：離、兒、疵、知、雌、知韻。

朱謙之云：“離、爲歌部。兒、雌、知支部，爲古音怡，此歌支通韻。又有、恃、宰、德爲韻。奚侗同，高本漢同。陳柱以離、兒、疵、知、雌、爲、之、有、恃、宰、德爲韻，則不但歌支通韻，之支亦通也。”

十一章 三十輻其一轂章

江氏韻讀：無韻。高本漢：輻轂韻。

十二章 五色令人目盲章

江氏韻讀：盲、聾、爽、狂、妨韻（陽東通韻，盲音芒，聾叶音郎，爽平聲）。腹，目韻（幽部）。姚文田同。朱云：“盲聾東部；爽、狂、妨陽部，此東陽通韻。”

十三章 寵辱若驚章

江氏韻讀：無韻。高本漢以身、患爲韻。朱言身患非韻。陳

柱以五"驚"字爲韻，三"身"字爲韻，四"下"字爲韻。楊樹達
云："上文身、驚系兩節，不必强以爲韻。"

十四章　視之不見章

江氏韻讀：夷、希、微、詰、一、昧、物韻（脂部，昧音密）。
狀、象、恍韻（陽部，恍去聲）。首、後韻（幽、侯合韻）。有、
始、紀韻（之部）。

（此章朱有較長的按語，未錄）

十五章　古之善爲士者章

江氏韻讀：通、容韻（東部）。川、隣韻（文、真通韻，川音
春）。客、釋韻（魚部，釋，書入聲）。樸、谷、濁韻（侯部，樸，
旁木反，濁、宅木反）。清、生、盈、盈、成韻（耕部）。

奚侗、高本漢皆以客、釋、樸、谷、濁爲一韻。姚文田以客釋
爲一韻，樸、谷、濁爲一韻。

十六章　致虛極章

江氏韻讀：篤、復韻（幽部）。芸、根韻（文部）。靜、命韻
（耕部）。常、明、常、凶、容、公、王韻（陽東通韻。明音芒。凶
叶虛王反。容叶音王。公叶音光）。道、久、殆韻（之幽通韻。道
叶徒引反。久音已。殆，徒以反）。姚文田以常、明爲一韻（十六
庚，平聲）。凶、容、公爲一韻（一東，平聲）。鄧廷楨同。

十七章　太上下知有之章

江氏韻讀：譽、侮韻（侯、魚通韻，譽，上聲。侮叶音武）。焉、言、然韻（元部）。

高本漢以信、言、然爲韻。

陳柱以四“之”字爲韻。有、譽、畏、侮爲韻。焉、焉、言、然爲韻。

十八章　大道廢章

江氏韻讀：無韻。姚文田：義、僞韻（十一麻，去聲）。鄧廷楨：廢、出亦韻。朱云：義，“古皆音俄”。《漢書·王莽傳》“以勸南僞”，師古“讀曰訛”。由此可知，義僞合韻。

馬敘倫《毛詩正韻後序》：“此章大、智、六、國相韻於上句之首，廢、出、和、亂又協於上句之末。”

十九章　絕聖棄智章

江氏韻讀：倍、慈、有韻（之部，倍音痞，慈上聲）。足、屬、樸、欲韻（侯部）。姚文田、鄧廷楨同。

高亨將“絕學無憂”句屬此章，云：“足、屬、樸、欲、憂爲韻”（足、屬、樸、欲在古韻侯部，憂在古韻幽部，二部往往通諧）。

二十章　唯之與阿章

江氏韻讀：阿、何韻（歌部）。惡、若韻（魚部，惡烏入聲，若入聲）。畏、畏韻（脂部）。哉、熙、臺、孩韻（之部，哉音兹，臺，徒其反，孩，胡其反）。歸、遺韻（脂部）。昏、悶韻（文部，悶平聲）。海、止、以、鄙，母韻（之部，海音喜）。

奚侗：阿、何、惡、若韻。熙、牢、臺、孩韻。歸、遺韻。沌、昏、悶韻。晦、止、以、鄙、母韻。

陳柱：憂、阿、何、惡、若韻。熙、牢、臺、孩、歸、遺、哉韻，餘同奚。

高本漢：荒（一作芒）、央韻。熙、牢、臺、兆、孩、歸、遺、哉爲一韻。歸、遺又自爲韻。昏悶（一作閔）、海（一作晦）、止、以、鄙、母爲一韻。

楊樹達曰："江韻得之，奚、陳、高並誤。"

江有誥以牢非韻，朱謙之云："牢古音讀若釐。"

馬敘倫云："熙、臺、孩爲句末之韻，前賢已能明之。若牢之與兆亦協於句末，乃詩之間韻也。"（《修辭十論》）

二十一章　孔德之容章

江氏韻讀：容、從韻（東部）。物、惚韻（脂部，惚，呼橘反）。怳，象韻（陽部）。惚，物韻（脂部）。冥，精韻（耕部）。真，信韻（真部，信平聲）。去，甫韻（魚部）。姚、鄧、奚同。

高本漢"自古及今"作"自今及古"，以古、去、甫爲韻。

"窈兮冥兮，其中有精；其精甚真，其中有信。"魏建功謂此四句，當注意其相叶之可能性，正如"名"之與"門"叶，"盈"之與"塵"叶。（《古音系研究》）

二十二章　曲則全章

江氏韻讀：盈、新韻（真耕通韻。此二句本在"枉則直"下，今據韻移至此）。直、得、惑、式韻（之部，惑，呼逼反）。明、彰、功、長韻（陽東通韻，功叶音光）。爭、爭韻（耕部）。

奚侗以全、正、盈、新爲韻，言以全、新韻，正、盈，乃音變。

高本漢同奚，惟以正、盈爲句中韻。又得、惑爲韻。一、式爲韻。明、彰、功、長、爭、爭爲一韻。

朱謙之云："江氏移經文就韻，似有未安，此章實兩韻隔協。全、盈、新爲一韻，直、得、惑、式爲一韻。"

碑本作"曲則全，枉則正。"

朱說似未妥。

二十三章　希言自然章

江氏韻讀：無韻。陳柱：三"德"、"之"字韻。高本漢：言、然韻。朱謙之："天地"二字疊句爲韻。六"同"字句首隔句爲韻。"信信"二字首尾爲韻，此爲《老子》書中所用的自由押韻式。按：朱說未妥。

二十四章　企者不立章

江氏韻讀：行、明、彰、功、長、行韻（陽東通韻，功叶音光）。惡、處韻（魚部、處去聲）。姚文田同，鄧廷楨未及"功"字。

二十五章　有物混成章

江氏韻讀：成、生韻（耕部）。改、殆、母、道韻（之幽通韻，改音己，道叶，徒以反）。大、逝韻（祭部：大，徒列反，逝，時列反）。遠、反韻（元部）。

姚文田、鄧廷楨均未及“道”字。奚侗：改、殆、母爲韻。逝、遠、反爲韻。云：“逝讀若鮮。”陳柱：五“大”字韻。焉、天、然韻。

高本漢：大、逝、遠、返爲一韻。遠、返又自叶韻。又天、然爲韻。

陳第云：“改音己，《說文》己聲。《老子》‘獨立而不改，周行而不殆。’《莊子》引古詩：‘美成在久，惡成不及改。’”

二十六章　重爲輕根章

江氏韻讀：根、君韻（文部）。行、重韻（陽東通韻。重叶宅王反）。觀、然韻（元部，觀音涓）。主、下韻（侯魚通韻，主叶音渚）。臣、君韻（冬、真通韻）。

高本漢同。

二十七章　善行無轍迹章

江氏韻讀：迹、謫、策、解韻（支部：謫音滴。策，初益反。解音擊）。師、資、師、資、迷韻（脂部）。

奚侗：迹、謫、策、開、解韻。師、資、師、資、迷韻。

陳柱：迹、謫、策韻。開、解韻。人、人、物、物韻。師、資、師、資、迷、妙韻。

高本漢：迹、謫、策、開、解，分爲二韻，與陳同。按：分爲二韻是。

鄧廷楨：謫、策、解韻，"迹"字不韻。

此章各家爭論在"解"字。

鄧廷楨云：解隸蟹部，爲支佳部之上聲。謫、策則支佳部之入聲。《詩·殷武》"勿予禍適，稼穡匪解"，是其證也。

二十八章　知其雄章

江氏韻讀：雌、谿、谿、離、兒韻（歌，支通韻，離叶音黎）。黑、式、式、忒、極韻（之部，黑，呼力反，忒，他力反）。辱、谷、谷、足、樸韻（侯部）。朱云："雌，谿，兒，支部。離，歌部，歌支通韻。"

高本漢：白、黑、式、式、忒【韓校補】[1]、極韻。器、割韻。

武內義雄：白、黑、式、式極韻。

朱云："白古音博。"今江浙人仍讀爲博。

高以器、割爲韻，何據？

二十九章　將欲取天下而爲之章

江氏韻讀：隨、吹、羸、墮韻（歌部，吹音磋，羸音羅，墮平聲）。

奚侗：羸，范本作剉，隨、吹、剉、墮爲韻。

1　指此處爲整理者韓曉梅在校讀手稿所增補，下同。——編者注

鄧廷楨：隨、吹、羸、墮爲韻，古音皆歌字部也。

韻例：此章首尾皆無韻，惟中間有韻。

（韻例爲我自己按事實的記錄以便歸納成例之用）

三十章　以道佐人主章

江氏韻讀：者、下韻（魚部，者音渚）。還、焉、年韻（元真合韻，還音旋。年叶奴連反）。朱云：還、焉元部，年真部，此元真合韻。奚侗：矜彊爲韻。老、道、已爲韻。

高本漢同，並以主、下、處爲韻。

按：者、下不必爲韻，此非二句乃一句。

三十一章　夫佳兵者章

朱云：此章舊說以文多錯亂，故不言其韻。實則此章以者、器、惡、處爲韻（魚部）。右、之、之爲韻（之部）。者古音渚，右古音以。知文多相協，只中間插入注語可刪。

朱校此章文如下：

夫佳兵者，不祥之器，（兵者不祥之器，非君子之器。）物或惡之，故有道者不處。（不得已而用之，恬淡爲上。）君子居則貴左，用兵則貴右。（吉事尚左，凶事尚右，是以偏將軍居左，上將軍居右。）殺人眾多，以悲哀涖之。（勝而不美，若美之，是樂殺人。夫樂殺者，不可得意於天下。）戰勝，以哀禮處之。（言居上世，則以喪禮處之。）

按：此校未確。

三十二章　　道常無名章

江氏韻讀：名、臣、賓、均、名韻（耕真通韻）。有止、殆、海韻（之部）。奚侗：臣、賓、均韻。有、止、止、殆、海韻。

王念孫云：“‘止’與‘有’爲韻，‘有’古讀若‘以’，見《詩》及《楚辭》。”（《讀書雜志》卷三之四）

三十三章　　知人者智章

江氏韻讀：明、强韻（陽部）。富、志韻（之部）。久、壽韻（之幽通韻。久叶音九）姚、奚同。鄧廷楨：富、志、久韻。高本漢、陳柱：富、志、久、壽爲一韻。

三十四章　　大道氾兮章

江氏韻讀：右、辭韻（之部，右音異。辭去聲）。居、主韻（侯魚通韻。居上聲，主叶音諸）。居，一本作有。

陳柱：右、辭、有、主韻。大、大、大韻。

高本漢、武内義雄：右、辭、有韻。

三十五章　　執大象章

江氏韻讀：象、往韻（陽部）。害、太韻（祭部。害，胡列反。太，他列反）。餌、止韻（之部）。味、見、既韻（脂元合韻）。鄧廷楨、奚侗：味、既韻。

三十六章　　將欲翕之章

江氏韻讀：明、剛、强韻（陽部）。淵、人韻（真部）。“將欲翕之”八句無韻。

鄧廷楨、姚文田：張、强韻。奚侗：張、彊、興、明韻。

勞健云：“按翕弱、張强、廢奪、舉與皆兩句相間成韻，取當作奪。”按：碑本取作奪。按：勞說未確。

三十七章　道常無爲章

江氏韻讀：爲、爲、化韻（歌部，爲音譌，化音呵）。樸、樸、欲韻（侯部）。靜、正韻（耕部）。

奚侗：爲、化韻。作、樸、樸、欲韻。靜、定韻（“正”一作“定”）。

高本漢同，鄧廷楨同，惟未及作字。

三十八章　上德不德章

江氏韻讀：無韻。奚侗：首、始韻。薄、華韻。

鄧廷楨云：“薄、華爲韻。華古音讀若荂，魚虞部字。薄從溥聲，則魚虞部之入聲也。”按：德、德、德、德韻。爲、爲、爲、爲韻。（？）。【整理者按：作者存疑的標記。下同】

三十九章　昔之得一者章

江氏韻讀：清、寧、靈、盈、生、貞韻（耕部）。裂、發、歇、竭、滅、蹷韻（祭部）。邪、乎、車韻（魚部，邪音余）。琭、玉韻（侯部）。落、石韻（魚部，落廬入聲，石蜥入聲）。

姚文田云：“‘落落如石’，落、石韻，此與上句皆句中自諧。”

朱云：“車輿皆轝之誤，邪、乎、轝爲韻。”又云：“‘天無以清將恐裂’下五句，實以清、寧、靈、盈、生、貞、與裂、發、歇、竭、滅、蹙爲句中兩韻互協。”

四十章　反者道之動章

江氏、姚文田、奚侗皆無韻。鄧廷楨、陳柱、高本漢：動、用韻。朱云：案孔廣森《詩聲類》（四）陽聲四東、鍾、江合爲一部，並收動、用二字。引《老子》曰：“反者道之動，弱者道之用。”

四十一章　上士聞道章

江氏韻讀：行、亡韻（陽部）。笑、道韻（幽宵通韻，道叶音盜）。昧、退、類韻（脂部，昧言寐，退，吐位反）。谷、辱、足、偷、渝、隅韻（侯部，渝，喻蕑反，隅，俄蕑反）。成、聲、形、名、成韻（耕部）。朱云：“道，徒皓切。古，徒苟切。道，首聲。九章與守、咎韻。十四章與有誤，四十七章與牖、少韻，此其例證。”

姚文田、鄧廷楨分谷、辱、足一韻（六屋，入聲），偷、渝、隅一韻（十三侯，平聲）。

顧炎武云：“四句二韻，而語助‘之’字，一有一無，在他詩也有可證者。《老子》曰：‘上士聞道，勤而行之；中士聞道，若存若亡。’行與亡爲韻。”（《唐韻正》五十二庚）

四十二章　道生一章

江氏韻讀：無韻。

四十三章　天下之至柔章

江氏韻讀：無韻。高本漢、奚侗：堅、間爲韻。朱云："堅，真部，間，元部，此元真通韻。"

四十四章　名與身孰親章

江氏韻讀：身、親韻（真部）。貨、多韻（歌部，貨平聲）。亡、病韻（陽部，亡平聲，病音旁）。愛、費韻（脂部，愛音懿）。藏、亡韻（陽部）。足、辱韻（侯部）。止、殆、久韻（之部）。

馬敍倫《毛詩正韻後序》引此章云："身、親，貨、多，亡、病，愛、費，藏、亡，足、辱，止、殆、久，皆句中韻也。"按：句中韻當名爲腰腳韻。（？）

四十五章　大成若缺章

江氏韻讀：缺、敝韻（祭部，敝音斃）。沖、窮韻（中部）。屈、拙、訥、熱韻（脂祭通韻，屈音缺，拙叶音棳，訥叶奴月反）。靜、正韻（耕部）。鄧廷楨、高本漢、奚侗、陳柱均不以"熱"字爲韻。

四十六章　天下有道章

江氏韻讀：無韻。姚文田：欲、足韻。鄧廷楨、奚侗同。高本漢、陳柱：欲、足、得、足韻。

四十七章　不出戶章

江氏韻讀：戶、下韻（魚部）。牖、道韻（幽部）。姚文田、鄧廷楨增名、成韻。陳柱：牖、道、少韻。名、成韻，高本漢同。

四十八章　爲學日益章

江氏韻讀：無韻。各家同。朱云：益、爲、爲【韓校補】韻。益爲皆支部。損、損、事、事，句各自韻。朱說未確。

四十九章　聖人無常心章

江氏韻讀：無韻。陳柱：二"心"字韻。三"善"字韻。三"信"字韻。

五十章　出生入死章

江氏韻讀：無韻。陳柱：三"三"字韻。朱云：角、厚韻。按：朱說於韻例牽强。

五十一章　道生之章

江氏韻讀：畜、育、熟、覆韻（幽部）。有、恃、宰韻（之部）。武内義雄、陳柱：有、恃、宰、德韻。鄧廷楨云："有、恃、宰皆之、咍部字，德則之、咍部之入聲也。"姚文田：生、形、成韻（十青，平聲）。畜、育、毒、覆韻（七沃，入聲）。按："亭之毒之"，碑本作"成之熟之"。

五十二章　天下有始章

江氏韻讀：始、母、母、子、母、殆韻（之部）。門、勤韻（文部）。事、救韻（之幽通韻，事叶士瘦反）。明、強、光、明、殃、常韻（陽部）。奚侗曰："母讀若每。事、救爲韻，《鶡冠子・世兵篇》以之韻遊、郵，亦其例。"

五十三章　使我介然有知章

江氏韻讀：無韻。姚文田：除、蕪、虛、餘、竽韻（十二魚，平聲）。鄧廷楨、奚侗：竽作夸。高本漢：除、蕪、虛、餘、竽（一作夸）與采、食、哉相間爲韻。顧炎武云："《說文》'從大於聲'。又洿、刳、瓠、綺字皆以夸得聲。楊慎據《韓非子》改《老子》'盜夸'爲'盜竽'，恐非。"

五十四章　善建者不拔章

江氏韻讀：拔、脫、輟韻（祭部，拔音蹩，脫，他厥反）。身、真韻（真部）。家、餘韻（魚部，家音姑）。鄉、長韻（陽部）。邦、豐韻（東部，邦博工反）。邦別本作國，或爲漢人避諱所改，從《韓非子・解老篇》作邦是。下、普韻（魚部）。

五十五章　含德之厚章

江氏韻讀：螫、據、搏、固、作、嗄韻（魚部，螫音恕，搏音布，作音詛，嗄疏去聲）。常、明、祥、強韻（陽部）。老、道、已韻（之幽通韻。老，盧叟反。已叶音酉）。

鄧廷楨云："螫、據、搏、固、作、嗄爲韻。"

五十六章　知者不言章

江氏韻讀：門、忿、塵韻（文部）。姚文田、奚侗同。

高本漢以兌、銳，門、紛、塵，光同交錯爲韻。兌與銳叶，門與紛、塵叶，光與同叶。此爲隔句押韻式。

五十七章　以正治國章

江氏韻讀：貧、昏韻（文部）。起、有韻（之部）。爲、化韻（歌部）。靜、正韻（耕部）。事、富韻（之部）。欲、樸韻（侯部）。

姚文田、鄧廷楨、奚侗同。奚云："無爲、好靜、無事、無欲，語異誼同，變文以叶韻耳。"按：奚說未確，爲叶韻而四句重，有何意義？

魏源云：爲、化並讀如訛。爲、化同韻，靜與正韻。事與富韻。欲與樸韻。悶與醇韻，察與缺韻。【整理者按：此段由《老子今解》五十四章"章句異同"移至此。】

五十八章　其政悶悶章

江氏韻讀：悶、醇韻（文部，悶平聲）。察、缺韻（祭部，察音掣）。禍、倚韻（歌部，倚音阿）。禍、伏、極韻（之部，福方逼反，伏扶逼反）。奚侗：伏、極、止爲韻。奇、妖爲韻（歌、宵相轉，如《易·大過》，過、弱爲韻之例）。割、劌、肆、燿爲韻。

江有誥《古韻總論》曰：古人有一句首尾爲韻者，如老子"禍兮福所倚"二句是也。顧炎武《唐韻正》卷八"四紙"：倚，古音於我反。《老子》："禍兮福所倚，福兮禍所伏。"禍與倚，福與伏爲韻。

五十九章　治人事天章

江氏韻讀：嗇、嗇、復、德、德【校補】、克、克、極、國、母、久、道韻（之幽通韻，嗇史入聲，服叶房逼反，克枯力反，國古通反，道叶徒以反）。朱云：嗇、復、德、克、極、國、母，之部，久、道，之幽並收，此之、幽通韻。姚文田分嗇、嗇、服、德、克、極、極、國爲一韻（一戠，入聲）。母、久爲一韻（四之，上聲）。鄧同。鄧云："久字上與母韻，與《詩》韻同；下與道韻與《易・象傳》韻同。"奚侗分嗇、嗇、復、復、德、德、克、克、極、極、國爲一韻，復、母、久、道爲一韻。"朱云："此皆未審之幽諸字其初皆全相叶也。"

六十章　治大國若烹小鮮章

江氏韻讀：無韻。姚文田：鮮、神、神、人韻（七真，平聲）。高本漢同。奚侗：鮮、神、神、人、人、人韻。陳柱：鮮、神、神、人、人、人、焉韻。朱云：鮮、神、人，真部，焉，元部，此爲元真通韻。

六十一章　大國者下流章

江氏韻讀：無韻。諸家並同。陳柱：四"國"字韻，兩"人"字韻。

六十二章　道者萬物之奧章

江氏韻讀：奧、寶、保韻（幽部，奧胡叟反，寶音　）。鄧廷楨同。奚侗、陳柱、高本漢增尊、人爲韻。勞健云："'坐進此道'，案

'道'字與上文'有'字、'馬'字韻。"奚云："各本挩下美字，而斷'美言可以市'爲句，'尊行可以加人'爲句，大謬，茲從《淮南・道應訓》、《人間訓》訂正，二句蓋偶語亦韻語也。"奚說待商。

六十三章　爲無爲章

江氏韻讀：無韻。奚侗：爲，味韻。易、細、易、細、大、大韻。朱云：爲、味實際非韻。

六十四章　其安易持章

江氏韻讀：持、謀韻（之部，謀、明丕反）。散、亂、末韻（祭、元通韻，散音綫，亂音戀，末音蔑）。土、下韻（魚部）。貨、過韻（歌部，貨平聲）。朱云："案散、亂元部，末祭部，此祭元通韻。"鄧廷楨：持、謀韻。散、亂韻。木、末韻。土、下韻。始、事韻。貨、過韻。高本漢：持、謀、有與泮、散、亂相間爲韻。木、末韻。土、下韻。欲、學與貨、過、爲相間爲韻。

"其脆易破"，王弼本作泮。朱云："破"字無韻。

六十五章　古之善爲道者章

江氏韻讀：國、賊、國、福、式、式、德韻（之部，賊阻力反）。遠、反韻（元部）。鄧廷楨：賊、福、式、德韻。遠、反韻。

奚侗：賊、福、式、式、德韻。遠、反、順韻。

六十六章　江海所以能爲百谷王章

江氏韻讀：無韻。　高本漢：下、後韻。陳柱：增二"爭"字韻。按：二“王”字韻。

六十七章　天下皆謂我道大章

江氏韻讀：勇、廣、長韻（陽東通韻，勇叶音枉）。朱云：“勇東部，廣長陽部，此陽東通韻。”奚侗同。姚文田、鄧廷楨：廣、長韻。“久矣其細”嚴本“細”作“小”，肖、肖、肖，小韻。

六十八章　古之善爲士者不武章

江氏韻讀：武、怒、與、下韻（魚部，怒上聲）。德、力、極韻（之部）。諸家並同。

六十九章　用兵有言者章

江氏韻讀：容、尺韻（魚部，尺、杵入聲）。行、兵韻（陽部）。臂、敵韻（支部）。並據韻移“執無兵”句於“仍無敵”之上。朱云：行、兵、臂、敵相間爲韻。姚文田：行、兵爲韻，臂、敵自諧。

七十章　吾言甚易知章

江氏韻讀：無韻。高本漢：希、貴韻。陳柱：知、知韻。行、行韻。知、知韻。武內義雄：褐、玉韻。勞健：君、宗韻。朱云：褐、玉、君、宗皆非韻。

七十一章　知不知上章

江氏、姚文田：無韻。高本漢：上、病韻。陳柱：六“病”

字韻。

七十二章　民不畏威章

江氏韻讀：無韻。高本漢：威、至韻。武內義雄：增知、愛、貴韻。

朱云：威、至、知、愛、貴爲支脂合韻。

七十三章　勇於敢則殺章

江氏韻讀：殺、活、害韻（祭部，殺音設，活、胡厥反，害，胡折反）。惡、故韻（魚部）。勝、應韻（蒸部）。來、謀韻（之部）。陳柱：來、謀、恢、失韻。

七十四章　民不畏死章

江氏韻讀：無韻。諸家並同。朱云：斲、手爲韻。又引李赓芸說，言斲之本音當與斸同。

七十五章　民之飢章

江氏韻讀：無韻。諸家並同。陳柱：饑、饑韻。治、治韻。死、死韻。

七十六章　人之生也柔弱章

江氏韻讀：無韻。姚、鄧同。奚侗：滅、折韻。陳柱增徒、徒韻。

七十七章　天之道其猶張弓與章

江氏韻讀：無韻。鄧廷楨：舉，與韻。云"與一本作補，舉、補亦韻也。"奚侗：舉、補韻。陳柱同，增餘、下韻。高本漢同。武內義雄：恃、處韻。朱云：與、舉、與（補）、餘、下、者、處，邪皆魚部，實通篇爲一韻。

七十八章　天下莫柔弱於水章

江氏韻讀：强、剛、行韻（陽部）。垢、主韻（侯部，主，朱撤反）。祥、王韻（陽部）。言、反韻（元部，反平聲）。姚、鄧同，惟未及"言"、"反"。

七十九章　和大怨章

江氏韻讀：怨、怨、善韻（元部）。契、徹韻（祭部，契音挈）。親、人韻（真部）。姚文田、奚侗同。武內義雄、陳柱：怨、怨、善、人韻（朱云：此元真通韻）。

八十章　小國寡民章

江氏韻讀：無韻。姚文田、鄧廷楨同。

八十一章　信言不美章

江氏韻讀：無韻。各家並同。朱云：信信、善善、知知，各首尾爲韻。知、積、多韻。知、積，支部，多，歌部，此歌、支通韻。朱說不盡然。

關於《老子》劄記 [1]

譚獻複堂日記（五）："易州石刻語助最少，論者以爲近古，傅奕定本在石本前，語助最繁，疑皆失真，過猶不及。"（轉錄自朱謙之：《老子校釋》第 40 頁）。按：語助指兮、乎、也等虛詞言。

各家對於老子音韻，有的失之太拘，有的失之太迂。按：古人詩歌用韻，純任自然，不至如後世作律詩絕句之拘。通韻合韻也是自然，不至如後人所說的那樣。

整理後記

　　大約十年前，陳高傭先生的女兒陳杰瑤老師找到我，說她父親 1976 年去世，留下大約一百萬字的手稿，内容主要是對於諸子百家著作的研究，希望我看看能否整理出版。我問爲什麽現在纔記起這事？她說母親健在時，一直催促盡快將父親遺稿整理面世。消息傳出，幾位這方面的專家都有意願，希望交與他們整理，甚或有人多次上門聯繫并承諾負責籌措出版費用。但鑒於父親在學術界的地位以及他是在極其艱苦的條件下寫出這些著作，她們深知書稿的分量，所以很慎重。此後，由於方方面面的原因，一直沒有定下最佳人選。當時我校校長趙世超，正是研究先秦史方面的專家，於是她就找趙校長商談這事。校長想了想，建議她找我，讓我看看這批手稿的價值再說。校長對她說我這人比較老實，不會剽竊別人的成果，專業又是先秦思想史，應該能看懂。

　　得到別人的推薦和信任，自然是一件高興的事，我當下就同意看看。幾天後，陳杰瑤老師和她姐陳杰玶拎來了手稿複印件，沉甸甸一大包。隨後我做了初步瀏覽，感到其中《老子今解》、《墨辯今解》都是成熟的著作，《鄧析子今解》、《尹文子今解》、《公孫龍子今解》也基本完成。這些寫作於二十世紀六十年代的文字，可以説代表了那個年代還在潛心著述的老一輩學者最高層次的水平，十分珍貴，應該整理出版。此外還有尚未完成的《晏子春秋譯解評》（寫於 1967 年），以及大體完成的《論語譯注評》（寫於 1974 年至 1975年）和接近完成的《鹽鐵論評注》（寫於 1975 年至 1976 年）。後二書寫於作者去世前不久，在當時特殊的歷史條件下，其評論部分自然打上時代的烙印，然在今日看來，這些都是學術思想史的珍貴資料。

那時我正忙於整理和審讀《尚書詞典》的初稿（約百萬字），希望她們耐心等一兩年。2005 年夏，我請趙燕姣同學、韓曉梅同學及惠媛同學完成了遺稿的電子版録入以及手稿與電子版的校對，正式開始了此項工作。

2011 年初，在逐字逐句審讀原稿的同時，我開始更多地瞭解陳高傭其人。首先令我驚奇的是，陳高傭先生是曾在暨南大學歷史學系工作過的幾位史學大師之一：

> 八十年來，歷史學系先後有周予同、周谷城、陳高傭、沈煉之、譚其驤、朱杰勤、陳樂素、金應熙等諸多史學大師執教，鑄就了歷史學系沉潛厚重、究心學術的學風，爲國家培養了大量杰出人才。（《暨南大學歷史學系舉行成立八十周年慶祝活動》，暨南大學新聞網，2008-12-3）

談到陳高傭先生，多提及由他主編的《中國歷代天災人禍表》（1940 年商務印書館出版）。這一著作的重要意義，如時任暨南大學校長的何炳松先生在爲此書作的序中所説：

> 這部書，篇幅的繁重，材料的充實，凡例的縝密與編制

的新穎，無論讀者一瞥的翻覽或吟味的通讀，都自能得到深刻
的印象，而將不能自己地發爲贊嘆。至於這部書有助於中國社
會史、經濟史、民族史、政治史的研究，而必能促"盡善盡美
的"中國通史早日産生，更是中國從事史學研究者所知曉，都
不待我再費辭多説。

　　不過我所不能已於言的：自從"八一三"事變爆發，本
校鬎舍毁於炮火，圖書化爲灰燼，學校局促於上海租界的一
角，可謂艱苦萬狀；但全校師生竟能繼續着"弦歌之聲"。而
高傭先生和文學院幾位教授以及史地學系多位學生，仍然計劃
搜討，編述校印，埋頭努力於本位的文化工作，不問辛苦，無
間寒暑，真使我百感交集！然而，轉念：全國文化工作者殆都
具有這種努力向上的民族精神，而謂這民族將要淪於奴役或絶
滅，雖極愚駃，也決不相信人世間會有此慘劇，則又不禁"色
然以喜"！若干年後，民族復興，國家安定，文化工作日異而
月不同，我如能和高傭先生、各位教授以及各位學生，促膝圍
坐，清茶淡酒，縱談史學，回話當年，那末，我們目前所身受
的一切艱苦都已得到無價的心靈的快慰了！

　　除了《中國歷代天災人禍表》，涉及陳先生較多的就是發表於
1935 年的《中國本位的文化建設宣言》（以下簡稱《宣言》），即著
名的"十教授宣言"，陳先生是發表此《宣言》的十教授之一。這
個《宣言》在中國近代思想史上的地位，一直存在較大争議。《宣
言》一開始赫然提出：

　　　在文化的領域中，我們看不見現在的中國了。……中國人

正在苦悶，正在摸索，正在掙扎。

《宣言》説：

> 有人以爲中國該復古，但古代的中國已成歷史。歷史不能重演，也不需要重演。有人以爲中國應完全模仿英美，英美固有英美的特長，但地非英美的中國應有其獨特的意識形態，并且中國現在是在農業的封建的社會和工業的社會交嬗的時期，和已完全進到工業時代的英美，自有其不同的情形，所以我們决不能贊成完全模仿英美。除卻主張模仿英美的以外，還有兩派：一派主張模仿蘇俄，一派主張模仿意德。但其錯誤和主張模仿英美的人完全相同，都是輕視了中國空間時間的特殊性。

歷史已經證明，《宣言》這樣的見解是不錯的。那麼中國應該向何處去？作者回答：

> 要使中國能在文化的領域中抬頭，要使中國的政治、社會和思想都具有中國的特徵，必須從事於中國本位的文化建設。

所謂"中國本位的文化"，當然包括諸子百家的經典。諸子百家的經典，形成於中華民族歷史上思想文化最爲活躍最爲輝煌的戰國時代，是中華民族精神歸宿之所在，猶如西方之有古希臘先哲著述。西方之文藝復興與啓蒙運動，正是在古希臘、羅馬思想家的基礎上發展而來。《宣言》發表在抗戰之前的 1935 年，日本侵占東北、深入華北、威脅平津，中華民族危急存亡之秋。十教授所希望的"中國本位的文化建設"，實質上就是希望來一場中國的科學與民主的啓蒙運動，形成凝聚中華民族共識的"中國本位的文化"。

　　《宣言》中涉及歐美文化的論述也絕非空談。十教授大體都有留學海外的經歷，且有吸收西方現代思想的著述。陳高傭先生的第一部著作《名理通論》（1930年開明書店出版），就是在對美國杜威的實驗主義和明儒王陽明哲學研究的基礎上，在大學二年級和三年級時（1925年）寫成的。我們且看該書簡介：

> 作者在研究實驗主義哲學的基礎上論述名學與哲學的關係，中國、印度、西方名學發展略史，中國秦漢以來名學的派別，宋明朱陸兩派不同的名學方法，并具體論述了邏輯思維與人類思想的一致性，以及與神秘主義之間的關係等。

　　該書内容分九章：名學與哲學，無名主義與正名主義，印度西洋中國三家的名學略史，中國近世哲學史上兩派不同的名學方法，中國近世哲學史上一個科學的求理方法，思想一致，事實與意義，知與行，神秘主義與邏輯。

　　所謂“名學”就是邏輯學。陳高傭先生1923年成爲北京師範大學教育史地系第一屆學生，進校不久就醉心於邏輯學的研究，《名理通論》就是他初步“接受科學洗禮”、“瞭解現代思想”的結晶。由此開始，這種對於科學思想方法的追求貫穿了陳高傭先生一生。我們看陳高傭先生遺稿，正是對先秦哲學和邏輯學的深入研究。

　　陳高傭先生的學術生涯和社會閱歷十分豐富，本後記難以容納。我們希望今後能够編寫《陳高傭先生年譜》，以利於讀者對本書和對那個時代做進一步瞭解。

臧　振

癸巳寒露